KB169598

일그러진 몸

BENT OUT OF SHAPE by Karen Messing

Originally published in English as: Bent out of Shape: Shame, Solidarity, and Women's Bodies at Work, ⓒ Between the Lines, Toronto, 2021
www.btlbooks.com

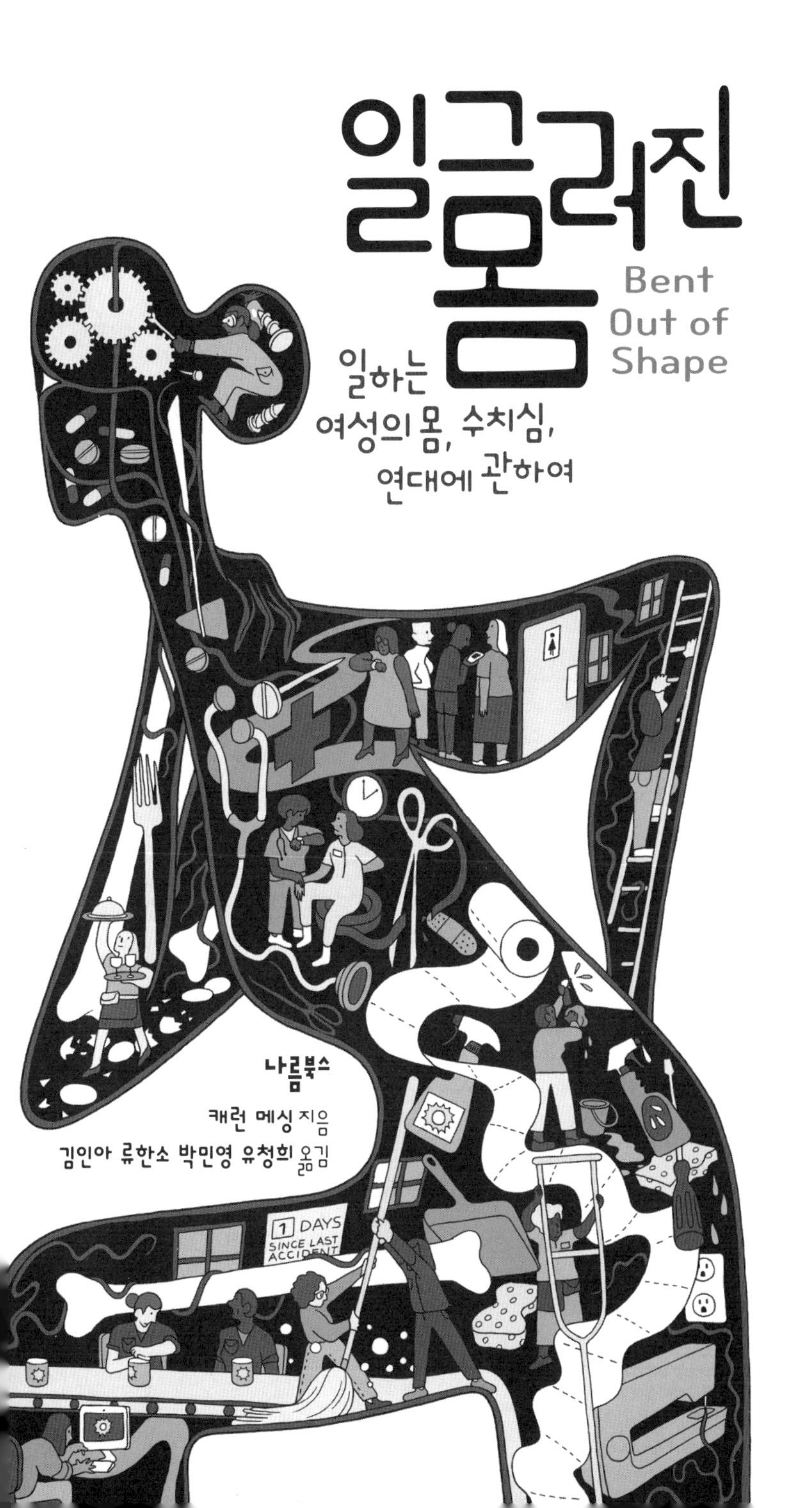
일그러진 몸
Bent
Out of
Shape
일하는
여성의 몸, 수치심,
연대에 관하여
나름북스
캐런 메싱 지음
김인아 류한소 박민영 유청희 옮김
1 DAYS
SINCE LAST

차례

일러두기

본문의 각주는 옮긴이, 미주는 저자의 것입니다.

한국의 독자들에게

2018년 가을, 동료들의 초대로 한국에 방문해 저의 이전 책 번역자들을 만났습니다. 그들 중 몇몇은 이 책도 옮겼습니다. 제 책이 그 모든 고생에도 불구하고 번역할 가치가 있다고 생각해주어 감사하고 또 기쁩니다. 제 책에 보여준 이런 관심에 두 가지 의미가 있다고 생각합니다. 하나는 한국의 노동운동과 직업보건 연구 공동체가 여성 노동자들의 삶을 개선하는 데 헌신한다는 것입니다. 그리고 다른 하나는 한국 여성노동자들의 분투, 그들이 조직한 방식이 캐나다에서 프랑스어를 사용하는 퀘벡주의 상황과 비슷하리라는 것입니다. 여기 퀘벡에서도 노동조합, 직업 건강 연구자들, 지역사회가 여성의 권리를 증진하기 위해 꾸준히 협력해 왔습니다. 이런 긴밀한 협력은 여성노동자의 권리뿐만 아니라 전반적인 노동자 건강을 보호하는 데에도 중요하게 작용했습니다. 보수적인 퀘벡 정부가 산업안전보건법 "개정"을 결정하면서 우리의 협력 활동이 최근에 알려졌습니다. 즉각 연대가 형성되어 일부 노동자의 권리를 지켜내는 데 성공했습니다. 모든 것을 지켜내지는 못했지만요.

서울에서는 즐거운 시간을 보냈습니다. 한국에 비교적 진

보적인 정부가 들어선 당시는 직업 건강에도 좋은 시기였습니다. 서울에 머무는 동안, 노동자에게 우호적인 정책 환경을 만들기 위해 열심히 일하는 정책 분석가들, 직업병 노동자를 돕는 의사들, 노동조건을 개선하는 노동조합 활동가들, 한국의 모든 여성과 남성 노동자 건강 문제를 조금이라도 더 파악하려고 애쓰는 연구자와 학생들을 만났습니다. 이들은 생명력 넘치고 활발한 공동체이자 바로 이 책에 쓴 연대의 훌륭한 모델입니다.

독자들은 제가 어떻게 이 주제, 즉 일터에서의 여성 생물학에 관심을 두게 되었는지 궁금할 것입니다. 약 20년 전, 저는 어느 저명한 미국인 연구자와 협업해 여성 직업 건강에 관한 논문을 쓰고 있었습니다. 저는 식품 가공 노동자들이 추위에 노출되어 발생한 월경 곤란이나[1] 장시간 선 자세로 인해 생긴 요실금처럼[2] 여성에게 특정된 직업성 질환 연구가 부족하다고 말했습니다. 더 나은 노동조건을 위해 평생을 싸워온 제 동료는 경악했습니다. "그런 종류의 연구는 하지 않는 게 훨씬 나아요. 그저 성별 고정관념만 부추기고 고용주들이 결국 여성을 고용하지 않게 만들 겁니다." 저는 동의하지 않았습니다. 여성에게 필요한 것이 무엇인지 가능한 많은 정보를 얻는 것이 낫다고 생각했습니다. 물론 더 좋은 직업과 더 높은 임금을 위한 싸움을 계속하면서요. 둘이서 논쟁을 크게 벌였지만, 결국 제가 졌습니다. 그 연구자를 설득하는 데 실패했고 우리 둘은 논문을 끝내는 데 애를 먹었습니다. 하지만 여성의 생물학적 특수성이라는 문제를 더 생각하고 더 효과적인 접근법을 발전시키겠다고 스스로 다짐했습니다.

제가 원하는 일이 아주 어렵다는 걸 압니다. 여성들이 평등에 대한 요구를 단념하지 않고 일터에서 건강을 보호할 수 있는 일 말입니다. 저는 생물학을 전공한 극소수의 페미니스트들(앤 파우스토-스털링Anne Fausto-Sterling, 루스 블레이어Ruth Bleier, 도나 해러웨이Donna Haraway, 특히 고故 루스 허바드Ruth Hubbard처럼) 중 한 사람으로서, 남성-여성 간 생물학적 차이가 이 목표의 달성에 어떤 영향을 미치는지 밝힐 책임이 있다고 생각합니다. 저임금 노동자들이 겪는 억압에 제가 슬퍼했듯(제 전작 『보이지 않는 고통』에 쓴 내용입니다), 연구를 하며 일터에서 여성의 신체가 얼마나 존중받지 못하는가를 보고 한탄하기도 했습니다. 그렇지만 그 문제에 대한 답은 신체적 차이를 숨기는 여성들이 아니라, 함께 모여 일터 위험에 맞서고 자기 몸을 지키는 여성들에게 있습니다. 이것이 지금 한국과 퀘벡의 많은 여성들이 하고 있는 일입니다.

전작과의 또 다른 유사성은 이 책이 단순히 과학 논문이 아니라는 것입니다. 제 아이디어가 과학 문헌에 기반해 있기는 하지만, 저는 다시 한번 제가 마주했던 여러 상황에서의 감정을, 또 때로는 무능한 탓에 돕지 못한 무력감을 표현하려 했습니다. 그러나 공동체의 좋은 점은 일터를 개선할 책임이 한 사람에게만 있지 않다는 것입니다. 우리는 모두 함께 나아가고 있고, 혹은 그렇게 해야 할 것입니다.

팬데믹 시기 저와 제 동료들은 공중보건 정책 때문에 노동을 관찰할 수 없었습니다. 제가 꾸리는 프로젝트가 몇 개 있습니다. 바네사 블란쳇-루옹Vanessa Blanchette-Luong과 함께 여성 쉼터의 노동자들을 관찰하는 일이 있고, 신바이오스CINBIOSE 직업환경건강 연구센터Centre de recherche interdisciplinaire sur le bien-être, la santé, la société et l'environnement 및 페미니스트 연구 공동체의 동료들과 젠더, 인종차별, 직업 건강에 대한 데이터를 어떻게 분석할지 숙고하는 일이 있습니다. 그리고 보건의료 노동자의 업무 스케줄을 어떻게 개선할 수 있을지 연구하는 일이 있는데, 이런 프로젝트에 이제 막 다시 돌입하고 있습니다. 제가 책 쓰는 일을 좋아한다는 걸 깨달았습니다. 언젠가 여러분도 위 프로젝트를 책으로 읽게 될지도 모르겠습니다. 우리의 연구에 관심을 가져주셔서 감사합니다. 마지막으로, 이 책이 일하며 자기 몸이 손상되지 않도록 분투하고 있는 여성들과, 일터에서 여성의 건강 문제가 더 잘 인식되도록 노력하는 전문가들에게 도움이 되기를 바랍니다.

2022년 8월

캐런 메싱

서문

나는 늘 활동적인 아이였지만 진짜 운동선수는 아니었다. 성장 속도가 빨라 6학년 때는 반에서 키가 제일 컸고, 같은 반 여학생 중 세 번째로 빨랐던 덕에 달리기 주자로 뽑히기도 했다. 몹시 기뻤고 계주 결승전에서 최선을 다했지만, 우리 팀은 꼴찌를 하고 말았다. 그러던 어느 순간 내가 제자리 멀리뛰기를 꽤 잘한다는 걸 알았다. 다시 신이 났다. 컨디션이 좋았던 어느 날, 같은 학년 남녀 학생을 통틀어 가장 좋은 기록인 1.8미터를 뛰었다. 그 이후 항상 멀리뛰기 연습을 했고 다음 시 대회 우승을 꿈꿨다.

이 꿈은 "아빠가 너를 걱정하고 있단다. 아빠는 멀리뛰기가 여자애 장기에 나쁜 영향을 줄까봐 염려하셔"라고 엄마가 말했을 때 산산조각이 났다. 열한 살의 나는 여성 장기에 대해 깊이 생각해 본 적이 없었고 사실 무슨 말인지도 잘 몰랐다. 그리고 1954년의 나는 부모님께 그 의미를 묻지 않았다. 하지만 엄마의 말씀을 듣자 마치 닭의 간과 모래주머니처럼 생긴 내부의 것들이 긴 줄로 내 몸속 어딘가에 매달려 있어서 서로 튕기고 부딪히는 것처럼 상상하게 되었다. 그리고 멀리뛰기를 하기에는 내 몸이 그리 적합하지 않다고 생각하기 시작했다. 멀리뛰기에 대한 열정이 사그라져 대회에서도 우승하지 못했다. 그 후 몇 년 동안 나는 치렁치렁 매달린 간 이미지를 계속 떠올렸고 많이 뛰지 않게 되었다. (여기서 주목해야 할 것은 내가 이 모든 일을 혼자 감내했고, 친구들과 내 몸에 대해 한 번도 이야기를 나눈 적이 없었으며, 체육관 선생님에게도 이러한 걱정을 털어놓지 않았다는 사실이다. 이 수치심에 대해서는 뒤에서 더 자세히 이야기하겠다.)

9년 후, 첫 임신 기간에 나는 다시 사람들이 내 몸을 향해 던지는 많은 의견에 맞닥뜨렸다. 지나가는 사람들은 내 임신한 배를 보며 자기들이 한마디씩 거들어도 된다고 생각하는 것 같았다. 내가 자전거를 타고 출근하는 걸 걱정하는 새로운 잔소리꾼들이 여럿 나타났다. 그들이 보기에 나는 넘어져 유산하고, 아기를 다치게 하고, 조산을 하려는 사람이었다. 그래서 이번에는 전문가의 조언을 받았다. 산부인과 의사는 걱정하지 말라고 했다. 그의 환자 중 한 명이 임신 5개월에 2층 창문에서 떨어졌는데 태아에 아무런 영향이 없었다고 했다. 나는 계속 자전거를 탔고 열린 창문에서는 멀리 떨어져 있었으며 한동안 여성 장기에 대해 걱정하지 않았다. 그러나 나는 내 몸에 결함이 있고 지나가는 모든 사람이 이를 지적한다는 것을 돌이킬 수 없을 정도로 확실히 깨달았다.

여성 생물학Women's biology 연구

두 아들이 다섯 살, 두 살이던 1968년, 나는 엄마라는 사실 자체가 박사학위 수여 결격 사유라 생각하는 교수들의 반대를 무릅쓰고 생물학 대학원에 입학했다. (남성인) 지도교수가 나를 입학시키기 위해 싸웠고 나는 그것만으로 만족했다. 의대 도서관에서 흥미로운 실험을 하고 세포와 DNA에 관한 논문을 읽을 수 있었다. 생리학 서적 구역에서 달리기와 멀리뛰기의 올림픽 기록이 실린 책을 우연히 발견하기도 했다. 많은 임신부가 올림픽에 출전했고 태아나 여성 장기에 아무런 영향도 주지 않았다는 사실을 알게 되어 기뻤다.[1] 초파리 유전에 관한 내 석사 논문과는 거리가 멀었지만, 여성의 생물학에 궁금증이 생겼다. 때때로 인간의 성염색체에 관한 논문이 파리에 관한 논문 더미 속으로 미끄러져 들어왔다.

아직 학생이던 1972년, 몬트리올 퀘벡대학교Université du Québec à Montréal, UQAM의 교수 그룹으로부터 여성학 과목 개설과 관련한 전화를 받았다. 그들은 역사학과에서 가르칠 한 과정을 구성하려는 중이었다. 그러나 그들은 야심이 커서 여성과 경제학, 여성과 정치 등 여러 버전의 과정을 원했다. 나는 도나 머글러Donna Mergler 교수의 도움으로 '여성과 생물학' 과정을 개설했다. 이것이 내 첫 번째 강의 경력이 되었다. 이 강의는 실험실 연구와는 상당히 거리가 멀고 또 도전적인 일이었다. 나도 여성의 생물학에 관해 공부할 것이 많았고 학생들도 계속해서 어려운 질문을 했기 때문이다. 학생들은 완경, 생리통, 체형, 임신에 환경이 끼치는 영향을 궁금해했다. 대학원생들처럼 도서관에서 답을 찾으려고 했지만, 질문의 대답이 될 만한 과학적 문헌이 거의 없어 좌절할 수밖에 없었다. 결국 유전학 박사학위를 위한 실험실 연구를 계속하며 최대한 강의를 병행했다.

박사학위를 딴 후 퀘벡대학교의 교수가 되었다. 그러나 다른 곳에서 말했듯이,[2] 나는 곧 연구실 밖으로 나오게 되었다. 이는 직업 건강(및 기타 분야)에 대한 연구와 교육의 재원을 제공하던 3개의 퀘벡 노동조합이 퀘벡대학교와 합의를 맺은 데 따른 것이었다. 나는 저임금 노동자들과 많은 시간을 보내기 시작했는데, 그들 대부분은 여성이었고 자기 일을 나에게 이해시키기 위해 애썼다. 동시에 내 동료 하나는 많은 시간이 필요하지 않다고 꼬드겨 내가 교수노동조합 간부를 맡게 했다. 결국 나는 1970년대 후반에 평등과 건강 보호 문제로 고심하던 노동조합의 여성위원회에서 일하게 되었다. 동등한 일이란 무엇인가? 여성의 급여가 남성보다 낮은 이유는 무엇인가? 육체적 부담 때문인가? 그렇다면 왜 의사는 청소부보다 더 많은 보수를 받을까? 여성이 남성만큼의 중량물을 취급해야 동일한 급여를 받을 수 있는가? 그 중량물이 어린이집과 노인요양시설에서 몸부림치고 저항하는 사람들이라면 급여를 더 쳐줄 수 있는가? 어떤 화학물질이든 그로 인한 건강 손상의 위험은 남성과 여성이 똑같은가? 모든 화학물질이 그러한가? 임신한 여성은 일할 수 없는가? 모든 직업이 불가능한가? 여성은 공장에서 밤에 일해도 되는가? 그렇지 않다면 왜 병원에서는 밤에 일하는가?

나는 직장에서 여성과 남성의 생물학적 차이를 어떻게 다루는지 생각하기 시작했다. 우리의 신체가 정말로 우리의 꿈을 제한할 수 있나? 평등해지려면 남자와 똑같아야 할까?

유전자와 염색체가 어떻게 작용하는지 이해하는 내가 이런 질문들의 답을 가지고 있다고 사람들은 생각했다. 나는 사람들이 보통 46개의 염색체를 가지고 있고 생물학적으로 여성과 남성은 단 하나의 염색체가 다르다는 걸 잘 알고 있었다. 여성과 남성은 완전히 동일한 22쌍의 염색체를 가지고 있지만 23번째 쌍은 다르다. 여성 성별을 지정받은 사람의 99퍼센트는 두 개의 큰 X 염색체가 있으며, 남성의 99퍼센트는 하나의 큰 X와 하나의 작은 Y 염색체를 가지고 있다. X 또는 Y 염색체를 갖는 것과 성별에 의한 직업 분리 사이의 연관성을 설명하는 어떤 유전학 논문도 찾을 수가 없었기 때문에 이 사실은 내게 큰 도움이 되지 않았다. 트럭 운전(가장 일반적인 남성 직업)이나 회사원 또는 교사(가장 일반적인 여성 직업)에 적합한 특성의 유전자를 발견한 사람은 아무도 없었다. 그리고 여전히 없다.

병원 청소노동자들의 날카로운 질문들을 받으면서, 일을 이해하고 더 건강하게 만드는 과학인 인간공학에 관해 공부할 방법을 찾게 되었다. 이후 몇 년 동안 나는 은행원, 초등학교 교사, 청소노동자, 그리고 많은 다른 여성들의 노동을 연구하기 위해 노동조합 여성위원회 및 직업보건위원회와 함께 일했다.

수치심을 넘어 연대로

유전학과는 그들이 소위 "학제 간 융합"이라고 부르는 과정에 내 '여성과 생물학' 과정을 몇 년간 추가하도록 마지못해 허가했다. 마치 여성의 생물학은 *진짜* 생물학이 아닌 것처럼 말이다.

한번은 수업 시간에 1977년 영화 〈노틀상테*À notre santé*(To Our Health)〉를 상영했다.[3] 퀘벡과 이탈리아의 보건 운동가들이 제작한 여성 자조 운동에 관한 영화였다. 여성의 생물학에 대한 운동적 견해를 토론하기 위해서였고 마침 그들의 경전이라고 할 수 있는 『우리의 몸, 우리 자신*Our Bodies, Ourselves*』의 프랑스어판이 막 출간되었기 때문이기도 했다. 그러나 토론은 엉뚱한 방향으로 흘렀다. 영화가 끝난 후, 수업을 듣던 여성들은 한동안 침묵했고 곧 키가 큰 젊은 여성이 이 영화가 추하다고 말했다. 알고 보니 여성의 외음부가 드러난 몇 장면을 말하는 것이었다. 수업의 나머지 시간은 학생들이 자기 몸을 얼마나 싫어하는지를 공유하는 데 썼다. 전부가, 이 모든 아름다운 젊은 여성들이 신체의 모든 곳이 추하다고 느끼고 있었다. 내 반응은? 학생들은 모두 아름답고 나만 못생겼다는 사실을 제외하면 나도 그들과 똑같이 느끼기 때문에 대화를 이어가기가 정말 힘들었다. 생각지도 못한 성기 이야기는 말할 것도 없었다. 이 사건은 우리가 우리 몸에 대해 부끄러움을 느낀다는 것, 정말로 매우 깊이 부끄러워하고 있다는 걸 모두에게 깨닫게 했다. 그리고 우리 자신에 대해서도.

이 수치심 중 일부는 성폭력에 대한 딜레마에서 비롯된 것이 아닐까 생각한다. 젊은 여성다움을 정의할 수 있는 올바른 방법은 없다. 미투 운동에서 잘 드러나는 것처럼 여성들은 어떠한 상황에서도 모두에게 미소를 짓지 않으면 쌍년이 되고 미소를 지으면 창녀가 된다. 나는 열네 살 때 내가 "쉬운 애"라고 거짓말한 남자애들 때문에 수치심을 느꼈고, 그 말을 믿는 어른들에게 나 자신을 설명하기가 너무 굴욕적이었다. 캠프 인솔자가 숲을 걷고 있는 열다섯 살의 나에게 덤벼들었을 때도 수치스러웠다. 영악한 법대생이 나를 속이고 겁주고 압박해 성적인 행위를 한 열여섯 살 이후 남성의 몸에 대한 느낌은 영원히 바뀌었다. 하버드대 강사가 경제 이론에 대한 나의 질문에 "생식 능력"을 비유로 들어 대답했을 때 다른 학생들은 모두 웃었지만, 나는 그 후 2년 동안 입을 닫았다. 유난 떤다는 시선에 대한 수치심, 파리와 몬트리올에서 내 신체 부위를 움켜쥔 남자들, 크고 무거운 상자를 운반하는 틈을 타 내 가슴을 만진 아테네의 어린아이. 이렇게, 저렇게, 그리고 다르게 해보라는 끊임없는 압력에 직면하는 것. 미소와 함께.

미소를 지을 때 느끼는 수치심이 나를 침묵하게 했다. 내가 간이나 모래주머니에 대해 침묵을 지켰던 것처럼, 나는 50년 동안 이 모든 성폭력에 대해 아무에게도 말하지 않았다. 왜냐하면 나는 내가 비난받을 것이라고 확신했기 때문이다. 내가 종종 다른 여자들을 비난했던 것처럼.

여성의 노동에 대한 연구

앞서 있었던 생물학 수업에서의 수치심과 여성 노동자들에게서 들은 것과 듣지 않은 것 사이의 관계를 주목하기까지는 시간이 좀 걸렸다. 여성들에게 이전의 남성 게토에서 편한지 질문했을 때의 긴 침묵, 성차별적인 농담에 시달리는지 물었을 때 보인 신경질적인 부정, 환자를 부축하기 어렵다는 점에 대한 마지못한 인정, 아기를 가족에게 맡긴 후 제시간에 출근하기 위한 절박한 노력을 스스로 아무렇지 않은 걸로 치부하려는 태도 같은 것 말이다. 남성 은행원만 고객에게 등을 돌리고 일할 수 있게 한 은행 관리자 이야기나 여성 청소노동자 성희롱 같은 불공정을 말해준 사람들은 대체로 그들의 남성 동료들이었다. 의류 공장의 한 이민자 남성은 다음과 같이 말했다.

때로 기계나 생산 라인에 문제가 있거나 관리 방법에 문제가 있죠. 아니면 동료와 문제가 생깁니다. 경쟁하고 괴롭힘을 당하기도 해요. 말은 못 하죠. (…) 나는 중국인 몇 명을 알고 있는데, 어떤 여성들은 마음에 상처를 받았지만 말할 순 없습니다. 말할 수 없기 때문에 그 사람들은 침묵할 수밖에 없어요.[4]

나는 이 남성이 여성의 부족한 영어와 프랑스어 구사 능력을 말한 거라 생각하지 않는다.

1993년부터 2012년까지 3개 조합 여성위원회와의 공동 연구를 통해 "마음의 상처"를 눈에 띄는 것으로 만들고자 노력했다. 실제로 우리 프로그램에 부여한 이름은 *보이지 않는 상처l'Invisible qui fait mal* 또는 마음을 다치게 하는 보이지 않는 것들The Invisible That Hurts이었다. 우리 연구를 통해 나는 여성 노동자들이 "다른" 신체에 대한 수치심과 정면으로 맞서 싸워야 한다고 생각하게 되었다. 우리는 작업 중 겪는 여러 위험을 과감하게 직시해야 하고 다쳤다는 것을 이유로 비난하려는 모든 시도에 대항해 싸워야 한다. 그리고 무엇보다도, 일을 우리 몸과 삶에 맞게 조정하도록 함께 노력하는 동안 우리는 서로를 보호하는 방법을 개발해야 한다.

나는 우리가 직장에서 평등하고 건강한 삶을 이룩하는 데 실패하는 이유 중 일부는 우리가 직면하지 않고 말하고 싶어 하지 않은 장애물에서 온다고 믿게 되었다. 바로 여성과 남성 사이의 생물학적 · 사회적 차이 같은 것 말이다. 일하는 여성들이 신체적으로 약해서, 생리 중이라, 제시간에 아이를 데리러 가야 해서, 완경기 열감이 수치스러워서 침묵하는 것을 보았다(그리고 나도 그중 하나였다). 그리고 우리가 침묵의 비용에 관해 치열하게 생각하고 해결 방법이 무엇일지 대화해야 한다는 것을 깨달았다.

나는 성폭력과 수치심에 대한 개인적인 경험뿐만 아니라 우리의 직업적인 성공과 실패에 대해서도 재검토해야 했다. 연대는 직장에서의 인간공학적 개입과 어떤 관련이 있는가? 연대가 직장에서 여성의 건강과 안전을 향상하는 데 도움이 될까? 여성의 일을 개선하기 위해 인간공학적인 개입에 연대를 적용하려는 시도는 터무니없는 일인가? 무려 우리의 개입 뒤에 있는 과학에도 연대를 적용하려는 것 역시 그러한가?

직장에서 여성들은 우리의 몸이 다르고, 비정상적이며, 크기와 힘이 열등한 "제2의 몸"으로 여겨지는 상황에 대처해야 한다. 노동시장에 진입할 때 여성의 노동은 종종 "부차적 노동"이 되는데, 이에 따라 이 일자리는 더 쉽고, 더 적은 능력을 요구하며, 더 적은 보수를 주는 게 당연한 것으로 여겨진다. 사업주들은 계획성 있으며 임금을 받고 일하기를 고집하는 엄마라면 누구나 '제2의' 가족 역할을 눈에 띄지 않게 하면서도 하루도 빠짐없이 제시간에 출근할 수 있어야 한다고 말한다. 어떤 엄마도 그것이 가능하다고 믿지 않았지만, 앞서 이주 노동자들이 그랬던 것처럼 "말할 수 없다". 그리고 여성의 업무 관련 건강 문제는 허약함(근골격계 질환), 기괴함(임신 또는 완경 관련) 또는 역겨운 무엇(월경 장애) 때문에 발생한 가상의 것(우울증, 불안)으로 간주되기 때문에 중요하게 여겨지지 않는다. 여성의 특정한 요구가 존중받지 못하므로 결국 여성들이 평등과 건강 보호를 동시에 요구하기란 불가능하다.

이 상황을 어떻게 바꿀 것인가? 여성들은 우리가 직면하는 폭력에 이름을 붙이고 우리를 공격하는 사람들에게 책임을 물어야 한다. 여성이라는 이유로 공격받았을 때 느끼는 수치심에 이름을 붙이고 맞서 싸울 필요가 있다. 우리를 공격하는 사람들을 지원하는 시스템에 실질적인 변화를 일으키기 위해 뭉쳐야 한다. 강하고 아름다운 페미니스트 인간공학자들의 네트워크는 연대를 통해 이러한 수치심과 맞서기 위해 노력하고 있으며, 나는 우리의 투쟁과 우리가 그간 배운 것들을 설명할 것이다.

이 책에서 다루지는 않지만 중요한 이야기

한 번만 이야기하겠지만 이는 중요하다. 남성 역시 직장에서 억압받는다. 업무상 사고와 질병을 인정받지 못하고, 매정한 사업주 및 정부 기관과 싸워야 한다. 많은 (어쩌면 대부분의?) 남성들은 성별과 성적 역할에 대한 고정 관념을 완전히 따르지 않는, 적응이 잘 안 되는 작업 현장에서 고통받는다. 이 책은 여성 노동자에 관한 내용인데, 이는 내가 주로 여성의 노동을 연구해왔고 성평등과 건강 사이에서 선택을 강요당한 경험이 있는 여성(그리고 성역할에 순응하지 못하는 남성)이 더 많기 때문이다.

한 친구는 처음부터 이 책이 시스젠더Cisgender* 여성만 다뤄선 안 된다고 우려했다. 그러나 우리가 관찰한 저임금 사업장에서 성역할에 순응하지 못하는 남성을 볼 수 없었던 것처럼 트랜스와 논바이너리Non-binary** 여성도 발견할 수 없었다. 나는 그들이 존재하지 않았다고 말하려는 게 아니라, 그저 그들이 보이지 않았다고 말하는 것이다. 그리고 이 책의 주요 메시지는 내가 현장에서 보고 들은 것에 근거할 수밖에 없다. 맞다, 여성과 남성 대부분의 신체적, 사회적, 심리적 특성이 겹친다. 그렇다, 여성과 남성, 그 밖의 모든 사람이 모든 직업에 접근할 수 있어야 한다. 그러나 신체적 특성이 거의 또는 전혀 겹치지 않는 영역이 있으며, 많은 여성(그리고 소수의 다른 사람들)이 작업장과 직업이 평균적인 XY 신체를 위해 설계되었다는 사실에 의해 불균등하게 영향을

---

* 태어났을 때 지정되었던 젠더/섹스로만 스스로를 정체화하는 사람을 일컫는다. 애슐리 마델의 『LGBT+첫걸음』(팀 이르다 옮김, 봄알람, 2017) 참조.

** "젠더 이분법의 바깥에 있는 젠더정체성들을 위한 구체적인 정체성이자 포괄적 용어. 논바이너리인 사람은 여성도 남성도 아닐 수 있고, 동시에 다수의 젠더일 수도 있고, 젠더들 사이를 유영할 수도, 혹은 정말 다른 그 무엇일 수도 있다."(앞의 책, 147쪽)

받는다. 업무 공간과 도구, 업무 일정과 팀 구성도 유럽, 상류층, 시스젠더 남성이 지배하는 성별 이분법의 세계에서 설계되었다. 따라서 여성 대부분의 신체적 현실(체형, 강점과 약점, 월경, 임신, 완경, 이중 노동,* 성폭력 가능성)은 배제되었다. 그리고 (시스젠더와 시스젠더가 아닌) 여성들은 권력 불균형, 약한 목소리, 무지, 성차별뿐만 아니라 변화에 대한 요구가 직업 능력과 자격의 부족으로 간주되는 현실 때문에 작업장 개선을 위해 싸우기 어렵다는 걸 알게 된다.

성별(생물학적 성차)과는 다른 젠더(사회적 역할)에 관한 한, 나의 메시지는 스스로든 다른 사람들에 의해서든 여성으로 정체화한 모든 이가 경험하는 성차별과 관련이 있다. 여성 노동자는 특정 직업, 업무, 동작 및 행동에 갇혀 있고 이의 결과로 어려움을 겪는다.

또한 다인종 및 이주 노동자들에게도 이들의 일을 관찰할 기회가 별로 없었다는 점에 유감을 표한다. 박사과정 중이던 스테파니 프렘지Stephanie Premji 교수는 이주 노동자가 많은 노동조합의 요청으로 우리와 함께 연구했으며, 이주 노동자의 직업 보건에 관해 많이 공부했다. 그의 책과 논문을 추천한다.[5]

---

* 두 가지의 보수를 받는 일을 하거나 보수와 무보수(가사 노동 포함)의 일을 동시에 하는 경우 등을 정의하는 용어.

1부

수치심과 일터

1장

여성 노동자의 침묵을 깨는 시간

공동 연구자들과 나는 저녁 7시쯤 창문도 없는 작은 방에 있었다. 그 방에 있던 다섯 명의 여성은 통신 기술자들로, 온종일 집, 사업체, 건설 현장에서 자재 수리와 설치 일을 하고 모인 참이었다. 이들은 전화선을 설치하고 인터넷 연결에 생긴 문제를 해결하는 사람들이다. 노동조합 여성분과는 여성 수가 매우 적고 점점 줄어드는(퀘벡에 있는 회사의 1,273명 중 30명이 여성) 이 직종에서 여성 노동자들이 떠나지 않게 할 방법을 찾고 있었다. 그래서 우리 연구진이 이 노동자들을 초대했다. 여성 노동자 감소가 전반적인 문제였기 때문에 여성분과는 비전통적인 직종에서 여성들이 계속 남아 있도록 도울 방법을 알고 싶어 했다.[1]

몬트리올 지역의 여성 노동자 열 명 중 다섯 명이 일을 마치고 미팅에 참석했다. 참석자들은 서로 만난 적은 있었지만 한 팀으로 일해본 적은 없었다. 우리는 참석자들이 어떤 일을 했는지, 그 일이 건강에 어떤 영향을 미치는지, 그리고 이 업무에서 무엇이든 여성이라는 것과 관련해 제기하고 싶은 문제가 있는지 물었다. 처음에는 아무도 할 말이 없는 듯했다. 참석자들은 왜 우리와 만나고 있는지 갈피를 못 잡고 있었다. 대체 무엇 때문에 모인 것인가? 이들은 우리에게 말할 특별한 문제도 없고 남성 동료와 다르게 대우받지도 않았다. 고객들이 이들이 여성이라는 이유로 집에 들이지 않으려 하거나 모욕하는 경우는 가끔 있었다. 이 여성 노동자들은 이런 문제를 스스로 해결하려 하고 있었다. 샹탈Chantal[2]은 가장 목소리를 내는 사람이었지만 그도 불만이 있지는 않았다. 동료들도 좋고 현장 감독도 잘 대해주며 자기 일을 좋아한다고 말했다. 소피Sophie는 모든 성적인 농담이 싫어서 하지 말라고 거절한 적이 있다고 했다. 우리 연구진은 목록에 있는 모든 질문을 했는데, 조제Josée, 바바라Barbara, 조헨Johanne은 나누고 싶은 말이 특별히 없었다.

두 시간째에 접어들자 우리가 있던 방이 더 작게 느껴지기 시작했다. 그리고 조금 더 동요했다. 샹탈은 어느 고객의 집에 자기 대신 다른 기술자를 보내달라고 비밀리에 요청했다고 한다. 그 고객이 수작을 걸어왔기 때문이었다. 그런데 요청받은 현장 감독이 그 일을 곧바로 다른 사람들에게 말해버렸고 샹탈의 문제는 현장에서 재미난 얘깃거리가 되어버렸다. 그러면 샹탈의 동료 패트릭이 남성 고객에게 성추행당했을 때 그 현장 감독은 왜 그리 쉬쉬했을까? 그러나 샹탈은 그 일이 자기를 그렇게까지 *불편하게* 한 건 아니고 그저 자기 일을 계속했다고 말했다. 여성 노동자 몇 명은 작업 도구를 사용하는 데 애를 먹었고, 왜 작은 사이즈가 없는지 궁금해했다. 이들은 그러나, 그런 것은 *심각한* 문제는 아니라고 말했다. 조헨이 몇 번이나 크기가 작은 공구 벨트를 요청했지만 요구한 대로 받아본 적은 없었다. 큰 벨트로도 일을 할 수는 있지만, 무게가 3킬로그램이 넘고 골반이 아프다고 한다. 우리 연구진은 가슴을 대각선으로 가로지르는 형태의 하네스를 더하면 무게가 어깨와 골반으로 분산될 테니 작업 도구를 들기 쉬워지지 않겠냐고 물었다.

모두가 소리 내 웃었다. "아, 그럼요. 몸 앞에 매는 끈이 가슴을 내밀게 하고 일하면 되겠네요. 우리는 우리가 여성이란 걸 동료들이 잊게 만드는 데 온종일을 쓰고 있는데 말이죠." 탄식이 방 안에 가득 찼다.

그런 다음, 세 시간째가 되자 우리는 이들의 일이 정말 어떤지 들을 수 있었다. 조헨을 제외한 모든 여성이(조헨은 남편과 함께 일하기 때문에 보통 불쾌한 일을 겪지 않았다) 각자 성적인 농담과 모욕적 언사에 대처할 방법을 마련해놓고 있었다. 한 사람은 절대 사회적 관계를 맺지 않는 식으로 "벽을 쌓았다." 몇 사람은 크게 웃어넘기거나 심지어 재치 있는 농담으로 그런 대화에 참여하는 법을 배우기도 했는데, 모두가 이런 식의 대꾸가 피곤하다는 것을 깨달았다. 페미니스트인 소피는 존중받기 위해 끊임없이 치러야 하는 전쟁이 지긋지긋해져 일을 그만둘 생각을 하고 있었다(소피는 2년 후 회사를 그만두었다).

참석자들이 사다리 때문에 혼자 치러야 하는 전쟁에 관해 말해주었다. 회사에는 7.3미터, 7.9미터, 8.5미터 세 가지 크기의 사다리가 있었다. 이 사다리들은 무겁고, 옮기기도 불편하고, 트럭 위에 설치하기도 꽤 어려웠는데, 체구가 작은 사람에게는 특히 더했다. 몬트리올 지역에 필요한 사다리는 이론적으로 7.3미터 사이즈라서 모든 트럭에 다소 다루기 쉬운 이 소형 사다리를 설치하도록 한다. 하지만 실상 7.9미터나 8.5미터 사다리만 설치할 수 있는 경우가 많았다. 여성들은 각자 현장 감독에게 작은 사다리를 더 주문하라고 요구하거나 적어도 자신들을 위해 작은 사다리를 확보해달라고 했지만 효과가 없었다.

세 시간째에 더 깊이 들어가면서 우리는 많은 이야기를 들었다. 사이즈가 맞지 않는 다른 작업 도구, 언어폭력, 계속되는 괴롭힘, 여성들과 일하기를 거부하는 동료들과 적극적으로 여성들이 해고당하게 하려는 동료들의 이야기 말이다. 여성들은 이런 문제를 수월하게 감내해야 했고, 그것이 남성 영역을 "침범한" 대가인 것처럼 느꼈다. 하지만 이 시간에 이르러, 그 방의 여성들은 그들 모두가 같은 장애물을 마주하고 있음을 알게 되었다. 그리고 이들은 동료들과 문제를 나누고 해결책을 생각해 낼 수 있음을, 그리고 이것을 무려 열망하기까지 한다는 것을 깨달았다. 우리 모두가 느낀 연대의 순간이었다.

우리 연구진은 고용주의 허락을 받아 기술자들의 일을 관찰했다. 나, 마리-크리스틴 티보Marie-Christine Thibault라는 학생, 내 동료 셀린 샤티니Céline Chatigny는 총 123시간 동안 통신 기술자들인 여성 노동자 세 명과 남성 노동자 네 명의 업무를 관찰했다.[3] 우리는 노동자들이 온갖 상황에서 패널을 연결하는 것을 관찰했다. 바깥에서, 안에서, 날씨가 좋을 때, 날씨가 끔찍할 때도 작업이 이루어졌다. 노동자들은 한 현장에서 다른 현장으로 이동하기 위해 혼자 밴을 운전하는 데 오랜 시간을 썼다. 여성 노동자들은 때때로 일반 가정집 고객들이 "자격을 갖춘"(즉, 남성) 기술자가 와야 한다고 고집할 때 문 앞에서 고객을 납득시켜야 했다. 이들은 새 전선을 설치하고 낡은 설비를 고쳤다. 기술자들은 휴식시간이나 식사 시간에 임의로 동료들을 만나 작업과 관련한 문제를 상의하거나 해결했다. 노동자들은 작은 공간으로 비집고 들어가야 했고(작은 여성이 유리하다) 벽 높은 곳에 닿기 위해 몸을 쭉 뻗어야 했다(키 큰 남성이 유리하다).

우리의 첫 모임에 발레리Valérie라는 여성 한 명이 더 오기로 했었지만 당시 병가를 내고 집에 있어서 오지 못했다. 몇 달 후, 우리는 발레리가 일터에서 다른 노동자에게 강간당했고 아무도 그 사실을 알려주지 않았으며 심지어 모임이 있던 날 세 시간이 흘렀을 때도 이 얘길 하지 않았다는 걸 알게 되었다. 우리가 연락하는 노동조합 담당자도 발레리 일을 말하지 않았다. 강간이 우리가 이 연구를 요청받은 이유였을 텐데도 말이다. 셀린은 동료들로부터 발레리의 끔찍한 경험에 대해 들었고, 발레리의 현장 감독, 동료들, 또 노동조합까지 얼마나 비협조적이었는지, 심지어 적대적이었는지도 들었다. 발레리가 바로 경찰에 신고했는데도 현장을 떠난 범인을 아무도 "확인할 수 없었다." 그 남성은 급여를 받는 직원이니 그가 누군지 알 수 없다는 건 말이 안 되는 일이었고, 그래서 발레리는 남성들이 공모했을 거라고 의심했다. 작업장을 벗어난 발레리는 외상 후 스트레스 장애를 겪으며 괴로워했다. 이틀 후 출근하려 했지만 같은 조로 배정된 동료가 두려웠다. 그의 태도에서 강간범이 떠올랐기 때문이다. 조 배정을 바꿔 달라고 했지만 현장 감독은 그저 극복하라고만 했다. 발레리는 결국 2년간 근무한 회사에서 해고됐다. 우리에게는 자신의 동료가 여성과 일하고 싶지 않아 해서인 것 같다고 말했다. 셀린이 여성과 남성이 일터에서 어떻게 다른 대우를 받는지에 대한 기본 질문을 했을 때 발레리의 대답을 듣고 깜짝 놀랐다. "문제는 없어요, 차이도 없고요. 남성과 여성은 다 똑같아요." 우리는 발레리가 자신의 강간 피해를 자신의 약점이나 실수 때문에 겪은 사적이고 개인적인 문제로 생각한다고 볼 수밖에 없었다.

셀린은 소피를 인터뷰하며 여성과 남성이 똑같이 대우받지 못할 가능성에 대해 더 들을 수 있었다. 소피는 공개적으로 자신을 페미니스트로 정체화한 노동자이고 남성들이 성적 농담을 못 하게 하려고 애썼다. 소피는 진척이 있다고 느꼈고 "그놈들 중 하나"로 무리에 받아들여졌다고까지 생각했다. 그러나 기술자들이 작업 계획을 세우고, 문제를 공유하며, 즐거운 시간을 보내던 어느 날 아침 그 생각이 깨져버렸다. 소피가 씁쓸하게 말했다.

> 뭣 때문에 시작됐는지는 모르겠어요. 내 앞에 있던 기술자가 식당 직원에게 "젠장, 이 쌍년!"이라고 말했어요. 다른 비슷한 말도요. 제가 "뭐라고요!"라고 반응했어요. (중략) 저는 식당 직원을 쳐다보며 "실례지만, 저라면 나한테 저렇게 말하는 사람한테는 서빙하지 않을 거예요"라고 말했어요. [남성 기술자가 나한테 하는 말이] "아! 그냥 농담이야! 너도 우리랑 한편이잖아!" 내가 그랬어요, "미안하지만, 다른 사람에게 그렇게 말하는 건 좋지 [않은] 매너예요, 나는 하나도 재미없어요." 동시에 그놈들이 전부 일어났어요. 거짓말이 아니고 그 테이블에 열 명이 있었거든요. [그 사람이 말했어요,] "어, 그래, 좋아. 우린 지금 가야겠다." 그 사람들이 전부 자리를 떠서 [다른 테이블에 앉았어요]. 그리고 전 혼자 토스트를 먹었어요.[4]

그 일이 있고 난 뒤 소피는 항상 혼자 아침을 먹었고, 동료관계뿐만 아니라 기술상 노하우나 문제 해결을 위한 정보에서도 도움받지 못하고 배제됐다. 실제로, 우리는 모든 여성이 혼자 식사하고 남성 동료들에게서 떨어져 있다는 점에 주목했다.

이 슬픈 이야기와 기술자들이 말해준 다른 이야기는 우리가 도울 능력이 없다는 것에 부끄러운 기분이 들게 했다. 지역 노동조합은 여성들의 문제에 그다지 관심이 없었고, 노동조합 연맹의 여성분과는 이런 문제에 아무 영향력도 없는 것 같았다. 여성 기술자들과의 첫 회의 후에 지역에서 후속 조치는 없었고 여성 기술자 중 누구도 여성위원회를 결성하려 하지 않았다. 아마도 여성 노동자들은 여성임을 더 드러내고 싶지 않았던 것 같다.

차별과 건강

기술자들의 업무가 건강에 미치는 영향에 관심이 있던 우리는 업무상 사고 현황을 살펴봤다. 그 결과 여성들이 남성보다 업무상 사고를 더 많이 경험한다는 것을 알아냈다. 4년간 발생한 사고를 봤을 때 노동자 한 사람당 여성의 사고율이 남성보다 세 배가량 높았다(그림 1.1).

이는 드문 일이 아니다. 우리 연구진은 나중에 또 다른 비전통적인 직종인 조경 분야에서도 비슷한 결과를 찾아냈다.[5] 미군은 여성 군인의 재해율이 상당히 높다는 것을 밝혀냈다.[6] 또 퀘벡주의 안전보건청은 여성이 남성과 같은 업종에 있을 때 보통 여성이 더 높은 사고율과 재해율을 보인다고 보고한다.[7] 중공업에서 여성은 남성보다 36퍼센트 더 재해를 겪었다.[8] 이런 현상을 설명할 수 있는 것들은 다음과

그림 1.1 통신업에서 직원 성별에 따른 사고 발생률

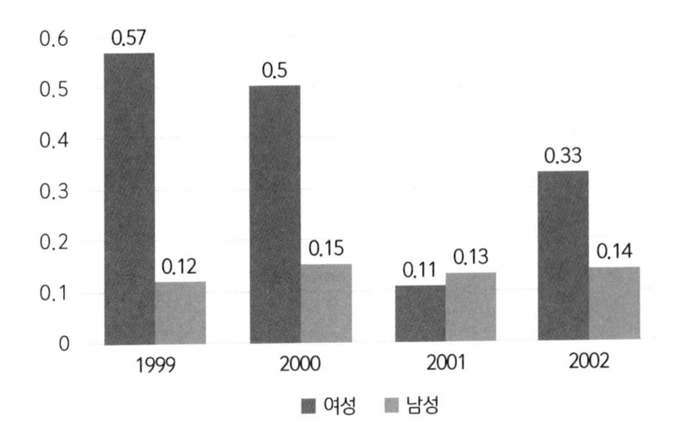

출처: Karen Messing, Ana Maria Seifert, and Vanessa Couture, "Les femmes dans les métiers non-traditionnels : Le général, le particulier et l'ergonomie," *Travailler* 15(2006), 131-48.

같다. 여성은 사고를 더 많이 보고할 가능성이 있고, 장비와 훈련이 적합하지 않거나 경험이 더 적을 수 있다. 또 여성이 신체적으로 이 업종에서 재해를 겪지 않고 일하기가 어렵기 때문인지도 모른다. 통신 기술자들과 진행한 우리 연구의 경우, 통계적으로 구분할 수 있을 정도로 여성이 많지 않았지만, 우리는 여러 가능성 중에서 장비에 주목했다. 여성들이 첫 번째 모임에서 이야기를 꺼낸 사다리 때문에 겪는 사고에 초점을 맞췄다.

사다리 위에서 수행하는 업무는 신고된 사고 원인 중 가장 순위가 높았다. 여성과 남성을 통틀어 사고의 31퍼센트

가 사다리에 오르기, 사다리 옮기기 등을 포함해 사다리와 관련한 사고였다. 여성의 사고율이 더 높았다는 점을 감안하면 31퍼센트라는 비율은 여성이 사다리 때문에 정말 많은 사고를 겪는다는 사실을 알려준다. 셀린과 마리-크리스틴은 사다리를 어떻게 사용하는지 관찰하면서 많은 문제를 발견했다. 사다리는 50킬로그램(체구가 작은 여성의 몸무게)가량이었고 온갖 형태의 바닥으로 옮겨 다녀야 했다. 겨울엔 이 사다리를 들고 얼어붙은 골목길을 걸었고, 봄에는 진흙 위로 지나가야 했다. 기술자들은 미끄러운 기둥에 사다리를 기대 세우고 반들반들한 표면 위에 놓아야 했다. 사다리를 오르는 중에는 무거운 공구 벨트까지 매고 있었다. 셀린의 발견에 따르면 보통 모든 장비가 너무 크거나 많은 여성에게 적합하지 않았다. 사다리는 접었을 때도 쓸데없이 길었고, 하네스는 너무 컸으며, 벨트는 너무 넓고 무거웠다. 사다리를 나르는 일은 모든 여성에게 더 어려웠다.

훈련 역시 (여성 노동자) 현실에 맞지 않았다. 교육받은 기술은 무게 중심이 낮은, 키가 작거나 힘이 세지 않은 사람에겐 아무 효과가 없는 것이었지만, 여성들은 이 기술을 사용하라는 지시를 받았다. 한쪽 끝 가까이에 있는 두 개의 가로단을 1미터 간격으로 잡고 어깨 위로 사다리를 옮기라는 추천 방식은 많은 여성에게 불가능한 방법이었다. 가장 작은 여성은 키가 154센티미터였다. 훈련 강사들은 여성이 사다리를 어떻게 운반해야 하는지에 관해 질문을 받아본 일조차 없었다.

그러니 여성들은 다치지 않고 일하기 어려웠다. 다양한 신체 특성을 가진 사람들이 이 일에 어떻게 적응해야 할지 아무도 생각해보지 않았기 때문이다.

현장을 떠나는 여성 기술자들

이 연구를 시작하고 3년이 지난 뒤에는 몬트리올에서 일하던 여성 열 명 중 둘만 근무 중이었고, 두 사람 모두 업무상 사고를 겪었다. 나머지 8명 중 두 사람은 병가를 냈고 여섯은 회사를 떠났다. 이제 퀘벡주에서 기술자 1,257명 중 여성은 16명뿐이었다. 그리고 몬트리올에는 오직 이 두 명만 남았다. 노동조합 사람들과 이야기하면서 비전통적 직업군에서 여성들을 먼저 해고하는 것이 비교적 흔한 일이라는 걸 알게 되었다. 페미니스트로서 우리는 여성 노동자들이 "남성처럼" 일하려고 열심히 노력했지만, 실패했다고 느끼게 되는 것이 안타까웠다.

연구 보고서를 노동조합 연맹에 제출했다. 우리는 문제를 설명하고, 수습사원부터 관리자의 훈련, 작업 도구, 장비, 작업 방법의 변화까지 비전통적 직업에 진입하는 여성을 통합할 적절한 방법을 협상하도록 노동조합에 제안했다. 내용을 조금 순화했으면 좋겠다면서 노동조합은 여러 차례 보고서를 돌려보냈다. 노동조합 서열의 맨 꼭대기에 있는 사람들은 연맹의 다수인 남성들이 모욕감을 느끼고 화를 낼까 봐 두려워하는 것 같았다. 마침내 다양한 비전통적 직업군의 백여 명의 여성들 앞에서 우리가 연구 보고서를 발표하기로 한 날이 왔다. 셀린이 결과 발표를 마치자 침묵이 흘렀다. 그때 한 여성이 나서서 남성이 주류인 직장에서 겪은 자신의 고통스러운 경험을 이야기했다. 그러자 다른 여성이, 또 다른 여성이, 더욱더 많은 여성이 마이크 앞에 줄을 섰다. 그들은 이 직업군에서 장비 때문에 겪는 신체적 문제, 훈련 문제, 직장 내 통합과 고용의 유지 앞에 가로 놓인 사회적 장애물에 관해 이야기했다. 셀린과 나는 울음이 터질 것 같았다. 또 하나의 연대의 순간이었다.

우리는 여성들의 힘, 용기, 솔직함에 감동했다. 노동조합의 고위 남성 간부가 마이크를 쥐기 전까지는 말이다. 그는 "부정적인 분위기"를 질책하고 더 "긍정적인" 결과물을 요구했다. 큰 강의실이 조용해졌다. 여성위원회를 포함해 여성들이 완전히 입을 다물었다. 우리를 초대한 여성들을 곤란하게 하고 싶지 않았고, 또 자신들의 선출직 간부를 어떻게 대할지는 노동조합 조합원들이 결정할 문제라고 생각했기 때문에 우리 역시 침묵했다. 그렇지만 그때 내가 목소리를 더 냈어야 했던 게 아닌지 종종 생각했다. 셀린은 그 일을 생각하면 지금도 몸이 떨린다고 말한다.

여성들이 남성 권력자와 맞서기 꺼리는 상황에서 우리는 어떻게 해야 했을까? 여성들을 방어하지 않고 주저했으니 부끄러워해야 하나? 그 방을 가득 채운 여성들은 모두 수치심으로 괴로워하고 있었을까? 아니면 결속이 부족하거나 단지 두려움 때문에 괴로워했을까?

고용주는 왜 침묵하는가?

여성들이 가입한 노동조합이 여성 노동자를 옹호하는 데 소극적이었을지 모르지만, 사람들은 여성이 더 생산적으로 일하도록 돕는 데 고용주가 관심 있을 거라 생각할 수도 있다. 하지만 회사 경영진이 여성을 위한 변화 관리 능력으로 평가받지는 않는 것 같다. 2000년대 초반, 나는 여성 지지그룹인 행동하는 여성 노동자회*가 지역 가스회사에 맞서 제기한 인권 소송의 전문가 증인이었다. 일곱 명의 고소인이 파이프 유지보수 업무에서 채용이 거부됐다. 이들은 사전 채용 시험과 채용 전형이 여성을 차별했다는 혐의로 회사를 고발했다. 인사관리 직원들이 적대감을 드러냈고 시험도 그 직업의 실제 요구조건과 상관없는 내용이었기 때문이다. 직무와 관련 없는 시험의 일부는 차량 수리처럼 남성에게 더 익숙한 능력과 경험을 테스트하는 것이었고 상대적

---

* Action travail des femmes(ATF). 사회경제적으로 열악한 모든 연령과 지역, 특히 비전통 노동 영역에서 여성들이 제대로 된 직업에 진입하도록 지원, 활동하는 독립 비영리단체.

으로 여성들은 서툴렀다. 2007년에 소피 브로슈Sophie Brochu가 가스회사 대표가 되었다. 최초의 여성 대표였고 진취적으로 사고하는 사람이었기 때문에 대대적인 환영을 받았다. 퀘벡 사람들은 브로슈가 기업의 사회적 책임과 환경을 위해 노력하겠다고 언급하는 것을 자주 들었다. 브로슈는 여성의 발전과 가난한 지역사회의 더 나은 교육을 지원하는 자신의 활동에 대해 발언하기 좋아했다.[9] 그래서 우리도 브로슈가 여성 편에서 힘을 실어줄 것으로 생각했다.

그런데 2008년 인권 재판소가 고소인들에게 유리한 판결을 한 바로 다음 해에 브로슈의 회사가 항소하는 바람에 판결 적용이 3년간 유예됐다. 결국 가스회사는 재판에서 패했다.[10]

가스회사에 벌금형이 내려졌고 사회적 약자 우대 계획을 도입하라는 명령이 내려졌다. 혹시라도 브로슈가 회사의 항소를 막으려고 했는지, 여성들에 맞선 소송을 진행하지 못하게 했는지는 알 수 없다. 그 결정에 대한 브로슈의 공식 대응은 없었고 여성 지지그룹 역시 브로슈로부터 아무 반응도 듣지 못했다. 2017년, 브로슈가 노동기준 관련 주 당국의 임금평등 대변인 자리를 수락했다. 2020년에는 퀘벡 주정부가 브로슈를 전력 공기업인 하이드로-퀘벡Hydro-Québec의 대표로 임명했다. 공공기관 직원을 관리하는 중요한 자리에 오르고자 할 때 반드시 일하는 여성을 보호하진 않아도 되는 모양이다.

조경업에서의 유사한 경험

같은 연구 프로그램의 일부로, 그리고 노동조합 여성위원회의 요청으로 우리 연구진은 조경업계 여성들의 일도 조사했다. 이들은 사유지에서 일하는 다른 노동조합의 조합원들이었다. 이 일은 기술자들의 일보다 육체적으로 더 힘들었고, 남성-여성 간 생물학적 차이가 훨씬 뚜렷했다. 여성들은 청소 기계를 작동시키기 위해 세게 밀어야 하는 페달이 운전자의 좌석에서 너무 멀어 애를 먹었다. 굴삭기의 레버를 작동하는 데에도 팔 힘이 많이 필요했고, 구덩이를 파는 일도 여성의 근력으로는 힘들었다. 여성들은 남성보다 훨씬 많은 만성 통증을 호소했고, 이전 연구에서 밝힌 대로 여성이 남성보다 업무상 사고를 2~3배 많이 겪었다.

또다시 지역 노동조합은 도움이 되지 않았고, 마찬가지로 여성이 대표인 회사는 우리 연구 보고서에 전혀 관심을 보이지 않았다. 조경업에 종사하는 여성들은 통신회사에서보다 다른 사람들과 훨씬 더 떨어져 있었다. 노동자들이 매일 만나더라도 거의 대화하지 않았다. 커밍아웃한 레즈비언은 특히 고립되었고 동성애 혐오 발언 대상이 되었다. 회사 본사에서 멀리 떨어져 일하다가 업무상 사고가 발생할 수 있기 때문에 이 직업에서 고립은 특히 위험했다. 벌에 공격받아 쏘인 노동자를 목격한 적이 있는데, 이때 동료 한 명이 재빠르게 응급 처치해서 도와주었다. 우리는 작업자가 깊은 구덩이에 빠지면 금세 흙에 덮여 질식할 수 있다는 이야기를 들었다. 이럴 때 오직 주의 깊은 동료만이 도울 수 있다. 이처럼 노동자가 즉시 도움받으려면 동료들에게 의지할 수 있어야 하는데 고립된 여성들은 보호받기 어려웠다.

정부 페미니스트들의 더 많은 공격과 거절

이 연구를 하는 동안 퀘벡주 여성 담당 부서와 계약을 맺은 어느 젊은 기자가 나에게 연락해왔다. 그 사람은 비전통적인 직업에 종사하는 여성에 관한 소책자를 쓸 계획이었다. 당시 나는 여성들이 겪는 어려움은 전혀 언급하지 않고 "원하는 건 무엇이든 하세요"라고 부추기는 명랑한 주정부 홍보물을 싫어하던 참이라 인터뷰를 반겼다. 젊은 여성들을 거래에 초대하는 Chapeau, les filles!(소녀들이여, 모자를 벗어던져라!)11*같은 경연대회는 마치 빨간 모자를 쓴 아이가 늑대 소굴로 걸어 들어가도록 꾀는 것처럼 보였다. 나는 여성들에게 조심하라고 말하고 싶었고 여성들이 잡아먹히지 않을 프로그램을 정부가 개발할 수 있는지 보고 싶었다.

---

* 1996년부터 퀘벡의 모든 지역 고등학교, 대학 및 사립 교육기관에서 매년 개최되는 대회. 남성의 일이라 여겨지는 직업을 여학생들에게 홍보하고 선택하도록 격려한다는 취지로, 직업 기술 훈련에서 우수한 여성을 선발해 상금을 수여한다.

여성과 남성 사이의 생물학적 차이와 유사함을 설명한 다음 그 기자와 나는 우리 연구진이 발견한 장애물, 작업 도구와 훈련을 변경하기 위한 제안에 관해 긴 대화를 나눴다. 나는 그에게 일터에서의 여성-남성 관계에 대해 우리가 권장하는 접근법을 설명했다. 사다리와 벨트 교체가 거부된 일, 발레리의 강간 피해에 대한 잘못된 대처, 소피가 식당에서 겪은 일, 그리고 노동조합 회의에서의 경험과 관련한 정부의 정책적 해법을 확인하고 싶었다. 나는 공격을 주도한 알파 남성은 재교육이 어려울 수 있다고 생각했다. 하지만 다른 남성들이 그 선례를 따르지 않게 할 수는 없었는지 알고 싶었다.

이 기자는 열렬히 메모했고, 나중에 소책자 초안의 검토를 부탁해왔다. 하, 이것 봐라. 초안은 나를 생물학 전문가로 인용했고, 여성들은 남성들이 하는 어떤 일도 다 할 수 있다고 적혀 있었다. 여성들을 위해 필요한 변화와 지지에 관한 내 모든 분석과 제안은 전부 사라져 있었다. 그의 글을 조심스럽게 수정해서 돌려보냈지만, 주정부 해당 부서는 그의 인터뷰 초안 그대로 책자를 출판했다.

이렇게 실망스러울 수가! 비전통적인 일터에서 일하는 여성 노동자의 전진을 위해 여성들이 구상해낸 행동은 결국 헛된 일이 되었고, 문제를 개선할 책임이 있는 노동조합 상층부와 정부 페미니스트들은 눈을 감고 귀를 닫아버렸다.

어떤 공격에 이름 붙여야 하는가?
어떤 수치심과 싸워야 하는가?

우리가 목격한 바로는, 여성들은 (1) 잠재적인 사회문제로 공론화하기 어렵고 훈련, 장비, 작업 도구에 적응하기도 어려운, 여성들이 한 줌의 소수인 직업군을 소개받고, (2) 공공연하게 적대감을 드러내며 성적 농담과 비하 발언을 통해 배제하려는 노골적이고도 얄팍한 노력을 마주하게 된다. (3) 여성들은 성폭력의 위험에 처하기도 했다. (4) 노동조합은 보통 노동자 권리 보호에 적극적으로 관여하지만, 여성들을 보호할 때는 노동조합 여성분과를 명확하게 지원하지 않았다. 그리고 (5) 여성들은 자신들이 위험에 처해있다고 털어놓지 않았고 차별을 겪는다는 사실도 강하게 부정했다.

이 마지막 지점이 중요하다. 왜 여성들이 사회적, 신체적 문제를 명명하거나 심지어 인정하는 것조차 꺼릴까? 통신기술자들과 만나 이야기할 때 여성들은 세 시간째에 접어들어서야 각자의 경험을 나누기 시작했다. 또 그때조차 여성 노동자들은 자신들이 직면한 위협을 최소화하려는 경향을 보였다. 우리는 그 후로 이 “세 시간” 현상을 몇 차례 목격했다. 나는 이를 강간 피해자와의 공통점으로 보았다. 이들은 자신들이 겪은 일을 부끄러워하기 때문에 자신들이 겪은 피해를 인정하는 데 몇 년이 걸린다. 노동자들은 자신들이 더 강하고 더 똑똑하고 더 친절했다면(너무 친절하지는 않아야 하지만) 그런 폭력이 일어나지 않았을 거라고 생각할 수 있다. 이들은 결국 포기하고 떠날 때까지 노력하고 또 노력한다.

통신 연구에 참여하는 노동조합 여성위원회가 지역의 다른 노조원 여덟 명과 인터뷰를 잡았다. 트럭 운전사, 정원사, 정비사, 용접공들이었다. 또다시, 여성들이 경험한 문제를 꺼내기 시작하는 데 두 시간 이상 걸렸다. 일터에서 신체적으로든 사회적으로든 문제를 겪는지 물었을 때 처음엔 모두 부인했다. 그러다 안전하다고 생각되자 마침내 각자 느낀 패배의 감정, 신체적 · 정신적 고갈에 관해 말하기 시작했다. 그리고 우리는 다수가 여성인 다른 노동조합 연맹에서 같은 이야기를 들었다. 제시카 히엘Jessica Riel은 전통적으로 남성 직업인 중등 수준 직업 훈련에 몸담은 여성들을 연구했다. 박사 과정을 마무리하고 있을 때, 제시카는 연구 결과에 대한 피드백을 얻기 위해 그룹 전화 인터뷰를 잡았고 나도 초대했다. 아무 문제없다는 부정, 여성이 다른 교사들과 동등하게 대우받는다는 주장이 두 시간 동안 이어졌다. 그러고 나서 조금씩 육체적, 사회적 문제에 관한 비밀을 털어놓고 유대감을 갖게 되었다. 여성들은 자신의 이야기를 터놓기 전에 끔찍하고 용서할 수 없는 무능이나 개인적 실수 때문에 스스로 불행을 초래한 것이 아님을 확인받아야 하는 것 같았다. 두 시간 동안 여성 노동자들이 자기 경험을 말할 때 우리는 응원을 보냈고, 그 시간이 마침내 수치심을 지우고 서로 지지하게 만들었다. 그렇지만 우리는 그다음 무슨 일이 생길지 걱정해야 했다. 노동자들이 학교에 혼자 있을 때, 다른 주의 도시에 나갔을 때 무슨 일이 생길까? 이들의 노동조합이 따라가서 지원해줄까?

혼자서는 할 수 없다

몇 년 전에 나는 퀘벡대학교 이공계 교수들의 노동조합 대표였다. 그 말은 사람들이 문제가 있을 때 나를 찾아왔다는 것을 뜻한다. 어느 신참 교수가 근무 전반에서 괴롭힘과 성희롱을 당했다며 나를 찾아왔다. 그 교수는 기존에 교수 전원이 남성이던 학과에서 어쩔 수 없이 채용된 사람이었다. 그의 연구 점수가 압도적으로 뛰어났고 우리 여성위원회와 여성학 그룹 역시 모두 채용 의견을 냈다. 그렇지만 학과는 그를 싫어했다. 연구실 장비를 갖추는 것에서부터 채용 목적이었던 수업 강의까지 그 교수가 하려는 일은 모두 막혔다. 기혼 남성인 학과장이 늦은 밤에 "이야기하자"며 몇 차례나 집에 찾아와 돌려보낸 일도 있었다. 이 모든 문제에도 불구하고, 그 교수는 여성이라는 것이 이와 무관하다고 주장했다. 그 교수는 그들이 성차별주의자나 약탈자가 아니라 그냥 비열한 남성들이라고 생각했다. 이미 페미니스트로 알려진 나를 찾아온 것이 우연이 아니었음에도 그는 다른 방식의 해결책을 원했다. 그렇지만 노동조합이 공식적으로 개입하기를 원하지도 않았다. 나는 그 교수가 원하는 방향의 조언을 해주지 않았고 그는 결국 스트레스로 휴직했다. 그가 쉬는 동안 학과는 전반적인 무능으로 해산해버렸고 그 교수는 다시 돌아올 수 없었다.

이 일화가 내게 가르쳐준 것이 있다. 우리 대부분이 젠더 차별이라는 이름을 붙이는 걸 극도로 두려워한다는 점이다. 통신 기술자들처럼 그 교수 역시 자신이 일터에서 차별을 겪었다는 사실을 받아들이지 않았다. 왜냐하면 차별을 인정하는 순간 공공연하고 "정치적인" 문제가 되어, 묵묵히 능력을 발휘했던 자신의 평범한 기술로 대처하기에 너무 거대해지기 때문이었다. 비전통적인 직업에 접근하기 위해 이 모든 여성이 많은 장애물을 하나씩 극복했고, 인내심과 집요함이 효과가 있기도 했다. 여성들은 모욕과 적대를 겪었지만, 이를 악물고 끝까지 버텨냈다. 통신 기술자들의 일은 급여가 괜찮은 일자리이고, 과학자들은 연구비를 받고 부러움을 살만한 대학에서의 지위를 갖고 있었다. 계속하지 않을 이유가 무엇이겠는가?

하지만 안타깝게도, 아프거나 직장을 그만둔 수많은 여성에게서 볼 수 있듯이 하나의 싸움은 여기에서 그친다. 근본적인 변화가 일어나야만 그 사람들이 계속 남아있을 수 있다. 일터의 사회적 관계 면에서의 변화뿐만 아니라 직장 훈련, 작업 도구, 설비에서의 변화, 또 기록 보관, 사고 예방, 노동조합 활동에서도 변화가 필요하다. 하지만 이런 변화가 일어나려면, 여성들이 획기적으로 자신들의 상황이 남성들의 상황과 똑같지 않다는 것을 받아들여야 한다. 이는 어떤 차이든 열등함으로 보인다는 맥락에서 참으로 위험하다고 할 만큼 시인이 어려운 일이다.

예를 들면, 단순히 크기와 힘뿐만이 아니라 체형, 근육 피로 축적 과정, 통증의 경험과 표현, 또 독성 화학물질 반응에 영향을 끼치는 호르몬 차이, 특정 작업환경에서 불편해질 수 있는 생리통, 업무에서 배제되는 임신, 화학적 유해요인에 영향을 받는 수유 등과 같은 여성과 남성 간 생물학적 차이를 받아들이자. 여성의 생물학이 무시당할 때, 일하는 여성들은 고통받고, 업무상 사고를 더 많이 당하며, 근골격계 문제를 더 겪기 마련이다. 바로 지금, 여성들은 이런 차이가 일자리와 승진에 대한 접근을 좌절하게 만들 위험 때문에 어떤 것이든 언급하기를 주저한다. 그리고 이 위험은 실제로 있다. 하지만 내가 볼 때, 우리의 침묵은 여성들을 경제적으로 어렵게 하고 우리를 아프게 만들 뿐이다.

우리가 왜 장비, 작업 공간, 교육 훈련을 변경하고 새로 설계하라고 주장하는 대신 차이를 부정하려 애써야 할까? 그렇다, 많은 직장에 남성이 여성보다 먼저 있었고, 그래서 그 일들이 대부분의 시스 남성 몸에 효율적인 방식으로 기능하도록 짜였다는 것은 이해할 수 있다. 그렇지만 여성의 신체가 두 번째 계급으로 대우받지 않으려면 우리는 어떤 구체적 변화가 필요한지 생각해야 한다. 그렇지 않으면, 신체적 요구조건이 있는 비전통적 직업군에 여성이 진입할 때 계속해서 더 많은 사고와 질병의 위험에 처할 것이다.

정부는 폭력적인 동료들, 소극적인 고용주와 일하면서 여성들이 겪은 경험을 부정하려는 시도에 공모해왔지만 그런 부정은 소용이 없었다. 첫 번째 차별철폐조치 프로그램 시행 15년 후인 2018년 현재, 퀘벡주의 전체 건설 여성 노동자 비율은 전체 건설 노동자들의 2퍼센트도 되지 않는다.

일터에서 공격당하거나 무시당할 때 우리를 압도하는 수치심을 없애는 것이 여성의 건강 및 안전과 평등을 조화시킬 첫걸음일 수밖에 없는 이유가 바로 이것이다. 나 역시 그 수치심을 잘 안다. 1970년대 중반 처음으로 아홉 명의 다른 교수들과 우리 학부 세포 생물학 프로그램을 개선할 방법을 정하던 자리를 기억한다. 회의실에 여성은 나뿐이었고 대학에서 나는 (당시) 유일한 분자 유전학자였다. 또 큰 규모의 연구 지원금을 따낸 상태이기도 했다. 이 모임에서는 유전자와 세포 생물학에 관한 새 지식을 고려해 생물학 프로그램을 다시 쓰기로 했고 누가 책임을 맡을 것인지 고민하고 있었다. 사람들이 장-피에르Jean-Pierre, 그다음엔 로버트Robert, 또 그다음에는 찰스Charles, 마크Marc를 추천했지만, 이들 중 아무도 특별한 자격을 갖춘 사람이 없었다. 나는 내 팔을 내려다보고 몸을 만지작거리며 나도 그 방에 살아 숨쉬고 있다는 걸 알리려 했다. 그렇지만 결국 아무 말도 못했다. 나에게 무언가 결격 사유가 있고 그걸 남성들이 알아챘을 것이라고 나 자신을 설득했다. 그 후 몇 년간 나는 침묵을 유지했다.

이제 우리의 수치심, 두려움과 정면으로 맞서 싸워야 한다는 걸 안다. 특히, 남성들이 하는 일 역시 특정한 유형의 위험을 갖고 있다는 걸 인식하는 한편, 우리의 일에 있는 보이지 않는 위험을 기록하고 위험을 똑바로 볼 필요가 있다. 또 우리는 함께 일할 방법을 개발하고 연대하며 이 목표를 위해 서로를 보호할 필요가 있다.

1980년대에 도나 머글러와 나는 적극적인 연구자 그룹과 협업을 시작했고, 이 그룹이 나중에 신바이오스 직업환경건강 연구센터가 되었다.[12] 1993년에는 직업 건강 과학자들이 퀘벡의 세 개 주요 노동조합 여성위원회, 안전보건위원회와 파트너십을 맺었다. 목표는 일터에서의 여성 건강과 안전을 개선하는 데 있었다. 그 후 17년간 인간공학자들이 스무 곳 이상의 노동 현장에 개입했고, 법률 전문가들이 중요한 공공 정책 개혁을 이끌어냈으며, 단체협약과 이의 일터 적용을 위한 자문까지 했다.[13] 젊은 연구자 그룹이 지금 이런 활동을 이끌고 있고, 우리는 우리가 한 일이 설득력을 갖도록 노력하고 있다.

다음 장에서는 우리의 접근법을 설명하고 우리가 했던 개입과 그 후 어떤 일이 생겼는지 소개하려 한다.

2장

보건의료 현장의 수치심과 침묵

루시 다지네Lucie Dagenais는 근무환경 개선을 위해 헌신하는 전형적인 "노동조합 활동가union maid*"였다. 전문적인 간호 교육을 받은 다지네는 간호사 노동조합을 설립하고 퀘벡의 공중보건 시스템을 유지하는 데 중요한 역할을 했다.[1] 조합은 루시를 본부로 보내 전국노동조합연맹Confédération des syndicats nationaux, CSN에서 교육과 훈련을 담당하게 했다. 루시는 아주 영리했고, 항상 노동자들을 도울 새로운 아이디어를 찾아다녔다.

1991년에 내가 파리에서 인간공학 과정을 끝마치고 돌아오자 루시는 곧바로 나를 데려가 일하게 했다. 그 일은 병원 노동자들이 과로하지 않고 다치지 않도록 자신을 보호하며 일하는 방법을 가르치는 것이었다.[2] 병원 노동자들은 보건

* 노동조합 남성union man(노동조합을 평생 지지하는 조합원)과 대응되는 단어. 미국 민중가수 우디 거스리Woody Guthrie의 여성 노조원에 관한 노래 제목이기도 하다.

의료 전문가에 둘러싸여 있기 때문에 환자를 들어올릴 때는 무릎을 구부리되 허리를 굽혀서는 안 되며, 환자 출입문의 감염 경고문이나 방사선과 화학물질 표지판에 유의해야 한다는 말을 이미 수없이 들었다. 하지만 일련의 규칙을 배웠다고 해서 그들이 안전하게 일할 수 있는 더 많은 시간과 공간이 주어진 것은 아니었다.[3] 대부분 여성(80퍼센트)으로 구성된 간병사는 여전히, 특히 고령 여성에서 업무상 사고가 일어날 가능성이 높은 업종 중 하나였다.[4] 퀘벡에서는 매년 100명당 6명의 전업 간병사가 직업성 근골격계 질환으로 보상받는데, 이는 보건의료에 종사하는 모든 유형의 병원 노동자 중 가장 높은 수치였다.[5] 온타리오주의 2019년 노동조합 보고서는 인원 감축뿐 아니라 저임금, 과로, 존중 부족, 전반적인 열악한 환경 때문에 채용마저 어려워지면서 "고용 위기"가 발생했다고 기술했다.[6] 퀘벡에서는 코로나19 대유행으로 인력 부족이 심각해졌고, 그 결과 교대조, 부서, 병원 간에 노동자들이 무방비하게 재배치되어 노동자와 환자 모두 감염되었다.

간병사들과 직무분석 방법에 관해 이야기를 나누기 시작하면서 나는 그들의 직업이 고용 형평성을 위한 전쟁터이기도 하다는 걸 알게 되었다. 1960년대 이전에는 간병사들이 "간호보조인nursing assistant(여성)"과 "들것 드는 사람stretcher-bearer(남성)"과 같이 성별이 명확하게 구분된 직무를 맡았고 남성은 더 많은 보수를 받았다. 노골적인 성차별이 불법이 되자 육체적 노동강도가 낮은 "가벼운 직무light work"와 육체적 노동강도가 높은 "무거운 직무heavy work"로 이름이 바뀌었고 무거운 직무 담당은 더 많은 보수를 받았다. 대부분 여성으로 구성된 가벼운 직무에서는 환자의 옷을 입히고 씻기거나 식사를 돕는 직접적인 환자 관리를 담당했고, 대부분 남성으로 구성된 무거운 직무에서는 공격적인 환자를 제지하거나, 환자를 들어올리고, 휠체어에서 침대로 환자를 옮기는 등의 일을 담당했다.

고용 형평성에 대한 법률과 노동조합의 압박 때문에, 1979년부터 1982년까지 전국노동조합연맹 단체협약에서 가벼운 직무와 무거운 직무가 통합되었다. 하지만 10년이 지난 후, 직무 통합이 좋은 일이었다는 데 동의하는 사람은 없었다. 내가 교육 과정을 진행하는 동안 여성과 남성 모두 통합은 실수였고, 여성들은 환자를 옮길 만큼 충분히 강하지 않았다고 했다. 통합된 직무를 맡은 여성 간병사들은 일하다 다치기도 했고, 남성 간병사들은 약한 동료의 일을 떠맡아 환자 들어올리기를 더 많이 하며 과로한다는 데 모두 동의했다. 그리고 사실, 이 직종의 여성들은 남성보다 30퍼센트 높은 업무상 사고율을 보였다.[7]

간병사들에 따르면 일부 병원 부서에서 층마다 무거운 환자를 들어올릴 한 명 이상의 남성을 고용하려 했지만, 법원이 이를 여성 차별 행위라고 판단하므로 해당하는 곳은 이런 관행을 숨겨야 했다. 이후의 법률도 이 직업에서 여성과 남성의 노동 조건이 동일해야 한다는 쪽으로 강화되었다. 그런데도 간호사들이 육체적으로 힘든 일이 생겼을 때 도움을 요청하는 쪽은 결코 여성이 아니라 남성이라는 점을 모두 인정했다. 모든 사람이 남성의 추가 업무가 불공평하다고 불평했다. 특히 고령의 남성들은 환자를 들어올리는 추가 업무 때문에 허리 질환이 생길까 두려워했다.[8] 나는 내가 남성에 대한 차별이라는 흥미로운 사례를 접하게 되었다고 생각했다.

교육 과정이 끝난 후, 우리는 여성과 남성 모두를 위해 간병사의 직무 개선 방안을 노동조합 여성위원회와 논의했다. 공교롭게도 한 산업보건의사가 우리에게 연락해왔는데, 그는 힘에 부치는 일을 수행하기 때문이라는 사실을 떠나 직무 통합이 남성과 여성 모두의 건강에 해롭다고 우려하고 있었다. 이 여성 의사의 지원 덕분에 우리는 캐나다 정부의 지원금을 받아 이 상황을 연구할 수 있었다.

그런 다음 우리는 퀘벡 곳곳의 15개 병원 경영진과 노동조합 간부들을 찾아가 직무 통합이 어떻게 진행되었는지 상황 전반을 확인하고, 이에 관한 인간공학적 분석 작업에 참여할 의지가 있는지 물었다. 이들 공식 응답자들은 직무 통합이 성공적이었고 여성과 남성이 정확히 같은 직무를 수행했다고 한목소리로 말했다. 하지만 두 병원을 제외한 모든 병원은 "Ne réveillons pas le chat qui dort(긁어 부스럼 만들지 말라)"라며 연구 참여를 거부했다. 그래도 밀어붙이자 노동조합과 경영진은 직무 통합 과정이 고통스러웠고 논란이 많았으며, 여성 간병사와 남성 간병사 간의 오랜 앙금과 상처를 다시 건드리기가 무섭다고 털어놨다. 여성과 남성 간병사들은 대개 통합에 반대했고, 자신들 사이에서도 의견이 분분했다. 성별화된 직무 분담을 논의하기가 쉽지 않을 것임을 알 수 있었다.

성별화된 직무 관찰

병원 두 곳이 마침내 연구 참여 제안을 수락했다. 단 보고서의 초점이 젠더보다는 직업 관련 부상을 줄이는 데 맞춰져야 한다는 명확한 조건을 내걸었다. 석사과정 학생인 쥘리 두쏘Julie Dussault가 또 다른 병원의 간병사들을 모집했고 이들은 직무에서 물리적 힘이 필요한 요소가 무엇인지를 조사하는 간단한 설문에 응답해 우리를 도와주었다. 그들은 환자 체위 변경이나 침대 정돈과 같은 각 작업의 난이도를 평가했다. 이미 알게 된 사실들을 고려할 때, 여성 응답자들이 평균적으로 모든 작업에서 남성보다 육체적 고충이 훨씬 심하다고 평가한 것은 놀랄만한 일이 아니었다.

나는 또 다른 인간공학자 다이앤 일라비디Diane Ellabidi와 함께 여성과 남성을 인터뷰했고, 60퍼센트의 여성 인력을 고용한 4개의 부서에서 100시간 동안 직무를 관찰했다. 우리는 다른 시간, 다른 환자 유형(치매 환자 대 기타 질환자) 혹은 혼합된 젠더의 표본도 관찰할 수 있도록 대상자를 선정했다. 그리고 어느 정도 경험을 갖춘 노동자들을 관찰 대상자로 선택했다.

이들의 일은 상당한 중노동이었다. 우리는 간병사들이 환자를 침대에서 이리저리 옮겨 씻기고, 옷을 입히고, 그러면서 내내 대화하는 것을 보았다. 그들은 환자를 침대에서 휠체어와 들것으로 옮기고, 끌어당기고, 들어올렸다. 환자의 필요에 따라 샤워시키고, 식사를 챙기고, 여기저기 이동시키기도 했다. 환자의 신체적인 저항, 심지어 폭력이나 보호자로부터의 비난까지도 다뤄야 했다. 이 일은 힘든 일이었다. 우리는 치매 여성인 릴리Lily를 씻기는 간병사의 길고 복잡하고도 힘겨운 과정을 보았다. 휠체어에서 슬링장치로 옮겨 씻긴 후 다시 옮겼으나 릴리는 기저귀를 채우기도 전에 배변하고 말았다. "오, 릴리." 간병인은 샤워를 다시 시작하기 전에 한숨을 내쉬었다.

우리는 두 병원의 직무관찰용 체크리스트*를 만들었다. 관찰된 모든 작업은 (젠더로 구분되지 않은) 노동자들의 설문지 답변 평균을 기준으로 "육체적 요구도 매우 높음", "육체적 요구도 높음", 혹은 "육체적 요구도 낮음"으로 분류되었다. 우리는 육체적 요구도가 높은 각 작업에 대해 동료와 함께 수행했는지 여부, 그리고 (해당하는 경우) 우리가 관찰한

* observation grid. 인간공학적 직무별 위험을 판단하는 그리드.

노동자의 젠더와 일을 나눈 동료의 젠더에 주목했다.

결과는 놀라웠다. 우리가 들은 것과 정반대였기 때문이다. 우리가 관찰한 것을 분석했을 때 남성이 육체적으로 힘든 작업을 가장 많이 하고 있다는 징후는 전혀 없었고, 남성들이 여성들보다 간호사를 더 많이 돕고 있지도 않았다. 물론 모든 간병사는 병원 지침에 따라 육체적 작업을 동료와 상당 부분 나눠 맡았고, 모든 육체적 작업의 45퍼센트와 육체적 요구도가 매우 높은 작업의 62퍼센트가량을 짝을 이뤄 수행하고 있었다. 그러나 여성이 남성에 비해 시간당 30퍼센트 더 많은 육체적 작업(부담 정도가 시간당 15퍼센트 더 높은 작업)을 수행했고, 여성은 그러한 작업을 남성만큼이나 자주 혼자 수행한다는 사실을 발견했다.[9] 여성은 더 많은 시간을 직접적인 환자 관리에 할애했다. 가장 의외의 사실은 간호사가 육체적인 작업에 여성 간병사의 도움을 요청할 가능성이 남성 간병사에게 도움을 요청할 가능성보다 *4배* 높았고, 반대로 간병사가 간호사에게 도움을 요청할 가능성은 여성 간병사보다 남성 간병사가 상당히 *높았다*는 것이다. 100시간을 관찰하는 동안 남성 간병사가 오직 그의 성별을 이유로 특히 위험한 작업 수행을 요청받은 경우는 단 세 번이었다. 두 명은 고도 비만 환자를 들어올리거나 이동시키기 위해, 한 명은 공격적인 환자를 제지하기 위해 호출되었다. 이들 중 한 명은 무거운 환자를 혼자 들어올릴 수 없다며 남아있던 여성 간병사에게 도움을 요청했다. 우리는 젠더를 이유로 여성에게 부과되는 비슷한 육체적 요구는 어떤 것도 명시적으로 관찰하지 못했다.

결과 발표

결과에 대한 피드백을 받기 위해 한 병동의 모든 간병사들과 회의를 했다. 병원 당국과의 약속에도 불구하고 젠더에 대한 놀라운 결과를 은폐할 생각은 하지 않았다. 우리는 고용주가 업무의 육체적 부담을 감소시킬 몇 가지 방법을 제안하고 싶었지만, 해결책을 논의할 만큼 나아가지 못했다. 노동조합 위원장인 빈센트Vincent는 연구 결과를 믿지 않는다고 직설적으로 말했다. 보고서의 숫자가 뭐라고 말하든, 그는 여성들이 육체적인 일을 더 적게 한다고 알고 있었다. 그는 로즈Rose가 중년 여성이라는 이유로 무거운 것을 들어올리기를 거부한다고 말했다. (우리는 로즈가 일하는 모습을 관찰하지 못했다.) 그는 일정표를 보고 로즈와 함께 일하는 날을 확인하면, 그날이 자신에게 나쁜 날이 될 것임을 안다고 했다. 로즈는 여성들이 들어올리는 작업을 해서는 안 된다고 생각했고 직무가 통합되기 전에 더 행복했다면서 이것을 부끄러워하지 않았다.

빈센트가 가진 인식에 대한 사실을 조사하기 위해 참석자 전원에게 부서원들의 이름이 적힌 종이를 나눠주었다. 그리고 각각의 사람들과 함께 일하는 게 좋은지 나쁜지 (비밀스럽게) 표시해달라고 부탁했다. 함께 일하기 나쁜 사람은 둘이었다. 모든 사람이 로즈를 꼽았지만 회의에 참석하지 않은 제이콥Jacob도 마찬가지였다. 빈센트는 제이콥이 게으르기 때문에 함께 일해야 한다면 나쁜 날이라고 했지만, 로즈의 행동은 "여성"이기 때문에 그 일을 할 수 없다는 걸 의미한다고 생각했다. 그는 (경력자만 조사했기 때문에 관찰하지 못한) 일부 신입 여성들이 직무를 수행하기에는 "이쑤시개"처럼 연약하다고 불평했다.

나는 로즈의 나이와 비슷한 50대였고 나도 들어올리는 모든 작업에 어려움을 겪었을 것이기 때문에 그의 관점을 이해할 수 있었다. 그러나 다른 여성들을 곤란한 처지에 몰아넣은 것에 대해 로즈에게 화가 났다. 제이콥의 행동이 젊은 남성을 바라보는 누구의 시각에도 영향을 미치지 않는 것 같았고, 또 당시 제이콥은 로즈와는 달리 "나는 젊은 남성이라 게으르다"라며 분명하게 자신의 젠더를 내세운 적이 없었다는 것에도 화가 났다.

우리는 노동자들과 관리자들을 상대로 각각 결과를 발표했다. 육체적 강도가 높은 여성의 직무 빈도를 제시한 우리의 결과를 놓고 여성과 남성 모두 논쟁을 벌였고, 노동자들과의 의견 교류 현장은 다소 험악하고 불편해졌다. 그럼에도 불구하고 어떤 여성들은 이후에 그 결과를 신뢰한다고 개인적으로 말해주었다. 두 명의 (여성) 관리자도 우리의 보고서가 그들의 관찰과 일치하고 여성들이 매우 열심히 일한다고 말했다. 그러나 (빈센트가 위원장으로 있는) 노동조합은 결과에 전혀 관심을 보이지 않았다. 나는 여성들의 침묵에 놀랐고 어떻게 연구를 진전시켜야 할지 고민했다.

젠더는 쉽게 잊힌다

팀워크를 지원하고 리프팅 장비를 더 쉽게 사용하게 함으로써 육체적 직무 부담을 줄일 방법에 관한 제안을 담아 병원과 노동조합에 보고서를 작성해 보냈다. 우리는 젠더 고정관념이 여성과 남성 모두에게 근골격계 문제와 업무상 사고 위험을 가하는 것으로 보이는 점에 주목했다. 여성들은 자기 몫을 하지 않는다는 비난을 받기 때문에 과로하는 것 같았고, 남성들은 그들의 젠더 때문에 몇몇 과도한 작업을 요구받았다. 우리의 보고서는 간병사 연구 경험이 있는 인간공학자 도미닉Dominic과 헬렌Helen이 검증하고 승인했다.

간병사에 대한 최종 보고가 있은 지 6개월 후, 길에서 우연히 도미닉을 만났다. 여성의 직업안전보건에 관한 책인 『반쪽의 과학*One-Eyed Science*』(1998)* 출간 소식을 전하자,[10] 그는 "왜 여성에 관한 책인가요? 남성의 직업이나 여성의 직업이나 차이가 없어요. 여성 간병사, 남성 간병사, 모두 같은 직업이에요"라고 말했다. 나는 그가 검토하고 승인한 보

---

* 『반쪽의 과학: 일하는 여성의 숨겨진 건강 문제』, 정진주 외 옮김, 한울, 2012.

고서가 정확히 그 반대라고 말했지만, 그는 기억하지 못하는 것 같았다.

도미닉이 어떻게 우리 연구 결과를 그토록 빨리 잊을 수 있었는지 이해하기 어려웠지만, 나는 그가 병원의 일상 업무를 하면서 젠더에 관해 생각해볼 어떠한 요구도 받은 적이 없다는 걸 깨달았다. 그는 모든 사람을 위해 직무 개선 제안을 해야 했고, 우리의 보고서가 몇 가지 가능성을 제시했기 때문에 거기에만 집중했다. 짐처럼 여겨질까 두려워 스스로 과로하는 여성들의 직업안전보건 문제는 눈에 띄는 인간공학적인 문제가 아니었고, 병원이 젠더에 대해 언급하는 것조차 꺼린다는 사실과 여성들의 수치심에 의한 침묵을 고려할 때 그는 결코 이런 문제들을 다루도록 요구받지 않았을 것이다. 온화하고 친절한 도미닉은 일터의 젠더 관계라는 벌집을 들쑤시기 싫었을까? 성가신 사회적 문제는 잊고 자기 능력껏 처신하는 게 좋았던 걸까? 가능성이 없진 않다.

그러나 과학적 근거 문헌을 조사해보고 간병사의 직무에서 남성과 여성의 차이를 우리가 처음으로 설명한 것은 아니라는 사실을 알게 되었다. 1987년에 모니크 로티Monique Lortie가 이미 남성 간병사가 여성보다 육체적으로 힘든 작업을 더 적게 한다는 것을 발견했고, 그가 발견한 차이점들은 훨씬 두드러졌다.[11] 모니크는 여성들이 육체적 요구도가 높은 작업을 더 많이 수행하는 이유에 관해, 여성들은 종종 하나의 어려운 작업을 다소 수월한 부분 작업으로 나눠 수행한다는 것을 관찰 결과를 들어 설명했다. 여성들은 환자를 직접 들어 옮기기보다는 침대 위에서 매트리스 패드를 사용하여 환자를 미끄러지게 하는 것과 같이 환자를 더 쉽게 다룰 수 있는 특정 기술을 발견했다. 이러한 기술의 차이를 우리 연구 결과에도 적용할 수 있었지만, 간호사들이 여성에게 우선 도움을 요청하는 이유를 설명하지는 못했다. 간호사들이 간병사에게 호의적이지 않은 노동조합의 일원이었기 때문에 이 결과에 대한 집단 차원의 입장은 알 수 없었지만, 간호 관리자들은 양심적인 간호사들이 남성 간병사를 착취했다는 비난을 듣지 않으려 노력한다는 인상을 받았다고 우리에게 말했다.

연구 결과는 단지 병원 두 곳에 국한된 것이고 이 중 한 곳에만 결과를 제출할 수 있었다는 걸 말해둔다. 이곳 노동조합과 경영진이 특별히 사이가 좋지는 않았고, 초기에 열의가 없었던 경영진은 젠더 문제를 개입시키지 않은 직무 환경의 변화 제안에도 연구 진척에 관심을 보이지 않았다. 지역 병원의 노동조합도 연구 결과를 믿지 않는다며 변화를 시도하지 않았다.

관리자들이 남녀 간 긴장감을 의식하고 있음에도 불구하고 이러한 상황에 대해 무엇이든 해야 한다는 생각이 없는 것 같아 놀라웠다. 그들은 어떻게 개입해야 할지 모르는 것 같았고, 직무 통합 당시 입은 상처를 다시 벌리지 않는 데 관심을 보일 뿐이었다. 우리는 그들의 냉담한 태도가 빈센트가 노동조합 위원장이라는 점과 연구 결과로 물의를 빚을 수 있다는 사실 때문만은 아니라고 생각했다. 다른 참여 병원도 연구 결과를 무시했고, 처음 접촉했던 13개 병원도 참여 거부 의사를 밝혔다.

세 번째 병원에 독자적으로 접촉했던 줄리는 젠더를 언급하지 않고 그곳에서 자신의 결과를 발표하면서 작업 구성에 관한 흥미로운 제안을 했다. 예를 들어, 2인 병실 단위로 간병사 한 명을 할당하는 관행을 바꾸는 것이다. 간병사 한 명이 방 하나의 환자 두 명을 담당하면 간병사는 도움이 필요할 때 병실을 나와 다른 사람을 찾아야 한다. 그러나 만약 간병사 두 명이 2인실 두 곳을 세트로 배정받으면, 그들은 자연스럽게 서로 밀고 당기고 들어올리는 일을 도울 수 있게 된다. 병원은 줄리의 제안을 채택했고 모두를 기쁘게 했다. 결국 젠더가 언급되지 않았을 때, 제안이 변화를 이끌 수 있었다.

수치심과 터부

우리의 경험을 돌이켜볼 때, 노동자와 동료 모두 결과를 받아들일 수 있게 노력하는 과정에서 우리가 직면했던 어려움을 어떻게 설명할 수 있을까? 이것은 진실로 수치심과 부정의 힘에 대한 이야기다. 남성보다 적게 일하기 때문에 수치심을 느끼고, 이를 만회하기 위해 허리를 다쳐가며 일할 수밖에 없다는 모든 여성을 생각해보자. 그리고 자신들이 한 관찰을 잊어버린 관찰자들을 생각해보자.

노동조합의 요청에 응하는 인간공학자로서 중립적인 내 자세가 도움이 되지 않았다는 걸 인정한다. 처음에는 젠더 문제에 침묵하는 조건을 받아들인 것에, 그리고 이후에는 그 조건을 어긴 것에 대해 나는 내 자신이 부끄러웠다. 비록 빈센트에게 당신 태도는 부당하다고 직설적으로 말했지만, 내가 해야만 했던 일을 하지 못했다. 여성들뿐 아니라 (모든 여성) 관리자들까지 소집해 회의를 여는 등의 일 말이다. 한편, 모든 사람이 자신의 몫을 하지 않는 사람은 바로 남성들이라고 말하기 시작했다면 이 또한 도움이 되지는 않았을 것이다. 사실 인원 감축과 하청이라는 환경에서 여성과 남성 모두 과로했고, 남성들은 더 극단적이고 (비록 드물지만) 위험한 상황에 먼저 불리고 있었다.

나는 쥘리가 젠더를 언급하지 않음으로써 더 긍정적인 변화를 만들 수 있었다는 사실에 놀랐다. 우리는 이후로도 이런 현상을 여러 번 보았다. 나의 동료 니콜 베지나Nicole Vezina와 그의 학생들은 젠더를 언급하지 않고 많은 여성을 돕는 데 성공했다(6장 참조). 쉬운 일이었던 것처럼 말하고 싶진 않지만, 니콜의 연구진은 남성이 앞, 여성이 뒤쪽 공정에 배치된 많은 일자리를 찾아내 개선했다. 여성들은 남성이 앞 공정에서 넘겨준 제품을 믿을 수 없을 정도로 빠르게 조작하고 있었다. 예를 들어, 니콜의 학생인 이딜 수지Idil Suge는 두 남성이 컨베이어 벨트에 올려놓은 접시를 여성 한 명이 분류하는 주방 일을 관찰했다. 그 여성은 크기가 다른 접시, 유리잔, 컵을 분리하고, 품질 검사와 동시에 각각의 식기를 다른 위치에 두는 작업까지 수행해야 했다. 그러므로 그의 작업량은 적어도 각 남성의 두 배 이상이었지만 아무도 이 사실을 알아채지 못했다. 그는 지쳐갔고 팔과 어깨의 통증을 호소했다. 수지는 젠더에 대해 언급하지 않고 여성 노동자를 위한 보조 인력 배치에 성공했다. 문제가 해결된 것이다.

페미니스트가 풀어야 할 퍼즐

그러면 우리는 젠더에 대해 그냥 입을 다물어야 할까? 더 넓은 맥락으로 들어가지 않고 한 번에 한 가지 직업만 조정하는 것이 좋은 생각일까? 그런데 식기를 분류하던 여성 노동자는 보조가 필요하다는 사실을 부끄럽게 생각했을까? 힘들다고 불평한 뒤에 죄책감을 느꼈을까? 왜 그는 변화를 그렇게 오래 기다려야만 했을까? 특히 경영진은 또다시 같은 실수를 저지를 것인가?

생물학적 차이에 대해 이 모든 것이 말하는 것은 무엇일까? 로즈는 보건의료 분야에서 나이 든 여성의 전형이라 볼 수 있을까? 남성과 여성의 힘 차이와 여성이 겪는 추가적인 고통이 젠더가 완전히 구분된 직무로 돌아가게 할 만큼 충분히 중요한 사안인가? 로즈가 자신의 젠더를 동료로부터 도움받는 구실로 사용하지 않을 수 있게, 로즈에게 배정된 작업을 바꿔야 했을까? 고령 남성 중 일부도 작업을 수정할 필요가 있다고 말한 사실을 기억해야 한다.

그렇다면 1년도 채 되기 전에 연구 결과를 잊은 인간공학자 도미닉에게 뭐라고 할 수 있을까? 그에게 젠더를 들여다보라 조언하면서 우리가 고정관념을 조장하진 않았길 바란다고 하면 좋을까? 아니면 그가 몰성적gender-blind이라는 사실에 기뻐하며 병원 여성 노동자의 직무에 긍정적인 변화를 준 것에 감사하면 될까?

이 연구와 다른 여러 연구를 진행하는 동안, 나는 변화를 만들기가 왜 그렇게 어려웠는지 궁금했다. 그러나 보다 분명한 것은 페미니스트의 개입이 반드시 도움이 되는 것은 아니라는 점이었다. 청소노동자의 또 다른 직업 차별 철폐 사례를 연구할 때 알게 된 것처럼 말이다.

3장

여성주의적 개입이 여성에게 상처를 준다면?

퀘벡에 있는 병원들은 공립 병원이고, 병원의 청소노동자들은 공무원이며, 노동조합에 가입되어 있고, 다른 청소노동자들보다 비교적 보수가 좋았다. 1990년대에 퀘벡주는 예산 절감에 힘썼고, 병원 내 직종 중에서 가장 만만한 청소 업무가 비용 절약에 제격인 곳으로 보였다. 정치인이나 일반 대중에게 청소 일 같은 건 아픈 사람을 치료하는 병원의 "핵심 임무"와는 아무 관련이 없어 보였다(코로나19 대유행 시기와 마찬가지로, 의사와 간호사, 간병사에게는 대중이 강한 동정심을 느꼈지만, 청소노동자의 감염 노출은 거의 언급되지 않았다). 병원 행정부서는 청소 일을 하찮게 여기는 대중과 생각이 같았고 관련 비용을 삭감했다. 청소노동자의 수를 줄이고, 청소 업무를 외주화했으며, 노동자 한 명당 배정된 층수를 늘렸다.[1]

그러나 노동조합은 좋은 위생 상태가 질병 확산을 예방할 수 있기 때문에 청소 업무가 환자 돌봄에 필수적이라고 확신했다. 그들은 외주화와 노동강도 강화에 반대하는 캠페인을 시작했다. 노동조합은 이 캠페인의 일환으로 퀘벡대학교와 노동조합 간 협약을 활용해 우리에게 연락해왔다. 우리 팀이 청소 노동을 연구했던 적이 있기 때문이었다. 우리는 세균에의 노출, 부식성 화학물질, 불편한 자세와 같은 생물학적이고 인간공학적인 위험에 관한 교육을 요청받았다. 노동자들은 자신을 어떻게 보호해야 하는지, 그리고 어떤 장비와 어떤 환경의 변화를 요구해야 할지 알고 싶어 했다.

그러나 교육하는 동안 청소노동자들은 업무를 체계화하고 자신의 건강을 보호하는 것을 어렵게 만드는, 간호사들과의 끔찍한 의사소통에 대해 격렬한 불평을 쏟아냈다. 청소 노동은 병원의 위계에서 가장 밑바닥에 있었기 때문에 나는 청소노동자들이, 심지어 청소 관리자라도 그들이 병원의 의사결정 과정에서 어떻게 배제되는지 자주 들었다. 장비 구입이나 공간 설계, 가구 선택에서 그들의 의견을 듣는 일은 전혀 없었다. 그것들이 청소의 효율에 영향을 끼치는데도 말이다. 환자 가족들로부터, 그리고 병원 안에서 청소노동자의 힘이 먼지처럼 미미하다는 사실을 전혀 모르는 사람들로부터 듣는 모욕 또한 나를 충격에 빠뜨렸다.

보건의료에서처럼 청소 노동은 처음에 젠더에 따라 직무가 분리되어 있었다. 병원에서 일하는 여성들은 전통적으로 "청소(여성)" 일에 배정되었다. 그들은 가구의 먼지를 털고, 화장실을 청소하고, 쓰레기통을 비웠다. 남성들은 "청소(남성)" 일을 할당받아 대걸레질을 하고, 바닥에 윤을 내고, 진공청소기를 밀었다. 그리고 여성들보다 월급을 더 많이 받았다. 1960년대가 되자 직무 내용은 거의 변하지 않은 채 직무명이 각각 "청소(육체적 노동강도가 낮은 가벼운 직무)"와 "청소(육체적 노동강도가 높은 무거운 직무)"로 바뀌었다. 무거운 직무는 여전히 거의 남성만의 영역이었고, 주로 여성이 하되 가끔 다치거나 아프거나 나이 많은 남성이 하는 가벼운 직무에 비해 더 높은 임금을 받았다.

1970년대와 80년대에 노동조합은 여성의 직무에서 임금을 인상함으로써 병원 청소의 성별 임금 격차를 줄이려고 노력했다. 여성위원회는 병원과 정부뿐만 아니라 여성의 일이 더 쉽다고 여전히 주장하던 많은 남성 청소노동자와도 싸워야 했다. 지난한 투쟁 끝에 1980년대에 임금 격차는 폐지되었다. 그러나 각각의 직무명은 그대로 유지되었다. "청소(여성)" 업무가 거의 항상 남성이 맡는 "수위", "경비원", 또는 "관리인"의 업무와는 다르게 주어지는 것은 퀘벡, 북미, 유럽에서의 많은 상황 중 그저 하나일 뿐임을 분명히 하려 한다.

1990년대의 교육 시간에 청소노동자들은 자신들의 건강을 걱정하고 있었다. 그들은 환자가 받은 진단 정보에 전혀 접근할 수 없었기 때문에 어떤 환자가 감염병에 걸렸는지 알지 못했다. 그래서 환자의 병실에 들어갔을 때 의사와 간호사들이 특히 철저하게 예방 조치를 하는 걸 보면 상당히 두려워했다. 청소노동자 중 일부는 청소할 때 쓰는 화학물질을 희석하지 않고 사용하는 방법으로 위안 삼으려 했다. 그러나 이런 방식은 자신들을 잠재적인 독성 효과에 노출시켰다. 그들은 청소해야 할 구역이 넓어졌고 가능한 짧은 시간 안에 모든 세균을 확실히 죽여야 하기 때문에 권장되는 희석액을 쓰지 않았다고 말했다. 지치고 성난 청소노동자들에 둘러싸인 노동조합은 그들의 문제에 대해 더 많은 것을 알 필요가 있었다. 노동조합 여성위원회의 우려가 더 컸다. 청소작업이 젠더에 따라 분리되어 있었고 여성 일자리가 인력 감축의 타격을 더 크게 받았기 때문이다.

노동조합 여성위원회와 안전보건 담당자들은 우리에게 연락하면서 업무적으로 어떤 위험이 있으며 그것이 젠더에 따라 어떻게 분포돼 있는지 알고 싶어 했다. 그들은 인력 감축에 맞서 싸우기 위한 증거를 원했다. 청소노동자들은 기꺼이 협력했고 북부병원North Hospital에서 그들의 일을 관찰할 수 있게 해주었다.[2]

인간공학적 개입

1994년에 연구를 시작했다. 당시 인간공학(직무 분석) 연구를 위한 유일한 기금은 사회과학 분야에 있었기 때문에 연구비를 신청할 때 주제를 젠더와 성별, 그것들이 할당된 직무의 분할과 실제 작업 활동에 미치는 영향으로 수정했다.[3] 충분한 지원금을 받아 신체적 증상을 묻는 짧은 설문지를 배포할 대학원생 셀린 샤티니와 쥘리 쿠르빌Julie Courville을 고용할 수 있었다.[4] 우리는 몇 주에 걸쳐 주간과 야간 시간을 통틀어 60.25시간(가벼운 직무: 25.5시간, 무거운 직무: 34.75시간) 동안 청소노동자들의 일을 관찰했다.[5]

첫 관찰이 끝난 후, 셀린과 쥘리에게 노동자들의 일을 기록하고 그 첫인상을 말해달라고 부탁했다. 둘 다 페미니스트였기 때문에 젠더에 대한 그들의 관점이나 나의 관점이 편향된 관찰을 낳지 않을까 걱정됐다. 나는 직무 관찰용 체크리스트를 빨리 만들고 싶었는데, 그들이 노동자들의 젠더를 너무 많이 생각하지 않고 가능한 객관적으로 움직임과 행동의 범주를 체크하는 데 도움이 되길 바랐기 때문이다. 지나고 보니 걱정할 필요가 없었음을 깨달았다. 회의를 위해 만났을 때, 나는 셀린과 쥘리가 젠더에 대해 잊고 있었다는 걸 알고 안심한 동시에 꽤 놀랐다. 그들이 경험한 작업 관찰은 모든 청소 노동자의 조직적이고 물질적인 조건을 이해하고 개선하는 데 초점이 맞춰져 있었기 때문이다. 그리고 이들과 대화하면서, 나중에는 청소 노동자들을 관찰하면서 나 역시 젠더는 잊고 청소 업무에 방해가 되는 모든 것에 정신을 쏟았다. 휠체어, 의료 카트, 그리고 매우 중요한 일을 하는 존경받는 의사들로 가득 찬 복도에서 존중받지 못하고 눈에 띄지 않는 남성 청소노동자가 대걸레질을 하려고 할 때 무슨 일이 벌어졌는가? 여성 청소노동자가 침대 옆 테이블의 먼지를 닦기 위해 치워야 하는 손자, 손녀들의 사진,

사탕 상자, 잡지들은 얼마나 많은가? 우리는 여성과 남성에 대한 여러 자료를 가지고 있었고, 도미닉이 간병 노동자 연구에서 그랬던 것처럼 젠더에 대한 생각을 잊었다.

업무와 관련해 젠더를 논하는 것을 일반적으로 노동자와 관리자들이 이상하게 여기는 건 사실이다. 그러나 이 연구 동안 우리의 망각은 청소노동자에 대한 주요 발견에 비추어 보면 특히 기이했다. 관찰 노트와 체크리스트 분석 결과, 직무 이름에 따라 할당된 작업뿐만 아니라 추가적이고 할당되지 않은 작업도 노동자의 젠더에 따라 엄격하게 구분되어 있다는 것을 발견했다. 각 사무실, 병실 및 공용 구역의 청소는 두 번씩 이루어지고 있었다. 한 번은 "무거운 일"을 맡은 남성이, 한 번은 "가벼운 일"을 맡은 여성이 청소했다. 무거운 직무의 대부분은 대걸레와 진공청소기를 사용한 바닥 청소, 면적이 넓은 곳의 청소, 사다리 사용이 필요한 모든 작업으로 구성되었다. 일부 병원의 노동자들은 여성이 사다리를 사용하는 것이 불법이라거나 여성이 사다리에서 사고를 당하면 보험 처리가 되지 않는다거나 하는 잘못된 정보를 들었다. 그래서 간호사들은 어디든 올라갈 일이 필요할 때마다 남성 노동자를 불렀다. 전구를 바꾸고 환기구를 청소하고 꺼림칙한 커튼을 닫을 때 말이다. 무거운 직무에 배정된 남성 청소노동자들은 무거운 물건을 미는 것에서부터 소란을 피우는 정신과 환자들을 진정시키고 심지어 제압하는 것까지, 남성의 일로 인식되는 많은 일을 간호사들이 요

청한다고 말했다. 젠더에 따른 청소 업무의 차이는 미국에서도 유사하게 보고되었다.[6]

반면 "가벼운 일"에는 서서, 또는 무릎을 꿇거나 쭉 뻗은 자세에서 손닿는 모든 것의 먼지를 털어내고 청소하는 일이 포함되었다. 작은 물건을 비롯해 침대 옆 테이블, 의자, 침대 틀, 커튼 봉, 의료 장비의 먼지 제거, 그리고 화장실 청소가 그것이다. 가벼운 직무를 맡은 청소노동자들은 하루에 150개가 넘는 쓰레기통 비우기도 담당했다. 오염을 막기 위해 쓰레기봉투는 매번 갈아 끼워야 했다. 쓰레기통이 크건 작건 보통이건 간에 쓰레기봉투 사이즈는 오직 한 가지였다. 쓰레기봉투가 쓰레기통에 비해 너무 작으면 봉투를 털고 매듭을 지어 봉투가 통 밑으로 떨어지지 않게 했고 주변에 쓰레기가 쌓여 쓰레기통을 더럽히지 않도록 봉투를 잘 끼워야 했다. 쓰레기봉투가 너무 크면 쓰레기통 위에 딱 맞게 고정되도록 역시 봉투를 털고 매듭을 묶었다. 하루 일을 마쳤을 때 가벼운 직무를 한 청소노동자들은 손목 통증에 시달렸다. 온종일 쓰레기봉투의 매듭을 묶고 털어낸 탓이었다. 쓰레기봉투를 묶는 일은 컨설턴트들이 인력 배치를 위해 사용하는 업무 목록에는 없지만, 여성의 일에서 중요하고 보이지 않으며 건강을 해치는 부분이었다.

쥘리와 셀린에 따르면, 일반적으로 가벼운 직무는 공식 업무 목록에서 더 자주 누락되었고, 따라서 이 업무에 인력이 부족했으며 청소노동자들은 할당량을 마치기 위해 서둘러야 했다. 사람들이 방에 있는지도 잊은 장비들과 한 번도 사용하지 않거나 물품 목록에 없는 장비들도 역시 청소해야 했고, 병실 내 테이블과 그 밖의 다른 물건 위 먼지를 닦기 위해 환자의 개인 소지품을 옮겨야 했다.

젠더 고정관념은 업무 배정을 둘러싼 갈등을 초래하기도 했다. 여성이 사다리를 써서(무거운 직무) 화장실 거울을 닦는 것(가벼운 직무)은 허용되는가? 그러지 말고 세면대나 변기 가장자리에서 휘청대며 위험을 감수해야 하는가? 간호사가 화장실에 소변을 흘렸다고 해보자. 소변이 쓰레기와 화장실(가벼운 직무)과도 관련 있지만 바닥 청소(무거운 직무)와도 관련 있다는 점을 감안할 때 무거운 직무를 하는 사람과 가벼운 직무를 하는 사람(또는 간호사) 중 누가 그것을 청소해야 하는가?

성별 직무 분리가 노동자의 건강에 미치는 영향을 살펴보기 시작했을 때, 우리는 직무의 남녀 구분이 육체적 작업 활동의 차이와 일치한다는 것을 발견했다. 가벼운 직무를 하는 사람들의 자세는 무거운 직무를 하는 사람들에 비해 더 다양했고, 더 심하게 뒤틀린 자세들을 포함하고 있었다. 무거운 일을 하는 사람들이 똑바로 서고, 걷고, 대걸레와 광택기를 미는 반면, 가벼운 일을 하는 사람들은 더 자주 허리를 숙이거나 뻗는 자세를 취했다. 동작의 속도는 가벼운 직무를 하는 사람들이 더 빨랐지만 가동 범위는 더 좁았다. 침대 옆 테이블과 가구의 먼지를 터는 일이 바닥을 대걸레질하는 것보다 정교한 움직임을 요구했기 때문이다. 하지만 놀랍게도, 다루는 무게의 분포 범위는 일부 겹쳤다. 무거운 직무를 하는 사람들이 평균적으로 더 무거운 무게를 들었지만, 가벼운 직무를 하는 사람들이 들어올린 몇몇 꽉 찬 쓰레기통은 무거운 직무를 하는 사람들이 들어올리는 거의 모든 것보다 무거웠다.

다음으로 우리는 작업 활동의 성별 구분이 보고된 통증과 피로도에서의 젠더 차이와 일치한다는 것도 확인했다. 비록 여성과 남성 모두 청소 작업과 관련한 통증을 겪을 가능성이 높았지만 말이다. 19명의 노동자(여성 9명, 남성 10명)가 간단한 설문에 응답했다. 남성보다 여성에게서 목/어깨 피로가 통계적으로 유의하게 더 드러났지만, 허리 통증은 덜 나타났다. 목과 어깨 증상은 비좁은 업무 공간에서의 자세나 격렬한 손/팔 움직임과 관련 있는 반면, 허리의 피로도는 무거운 무게를 드는 것과 연관될 수 있기 때문에 이는 놀라운 일이 아니다.

우리가 내린 주요 결론은 관리자들과 컨설턴트들이 가벼운 직무의 신체적 어려움을 과소평가했다는 것이었다. 우리는 노동자들의 도움을 받아 총 84건의 장비, 절차, 설비 변경 개선안을 제출했다. 성별 분업 폐지를 권고해야 할지 확신이 서지는 않았지만, 경영진에게 청소 업무에서의 성별 분업 폐지를 고려해 보라고 제안했다. 북부병원 인사팀의 친절한 젊은 매니저는 우리의 제안 중 많은 것을 실행에 옮겼다. 그는 다양한 크기의 쓰레기봉투를 구입했고, 간호사와 청소노동자들이 대화할 수 있도록 회의를 열었으며, 업무 목록을 수정했다. 우리는 만족한 채 떠났고 과학 학술지에 논문을 썼다.[7]

1995년에서 2007년까지의 변화

그 후 12년 동안 병원의 청소 업무는 상당히 바뀌었다. 첫째, *클로스트리듐 디피실리Clostridium difficile** 같은 감염병 유행이 많은 병원에서 발생하면서 위생에 대한 우려로 이어졌고, 한편으로 청소노동자들의 일자리를 줄이고 외주화하던 추세가 둔화했다. 둘째, 정부의 임금 균등화 조사를 통해 가벼운 직무의 임금이 인상되어 결과적으로 무거운 직무의 임금보다 높아졌다. 이 위원회는 여러 근거 중에서도 가벼운 직무 내용에 관한 우리의 보고서를 참조했다. 셋째, 여러 병원에서 무거운 직무와 가벼운 직무를 통합했다. 그들은 각 공간을 무거운 일을 하는 사람들이 한 번, 가벼운 일을 맡은 사람들이 또 한 번 청소했다고 언급한 우리의 보고서를 인용하기도 했다. 직무가 통합된 곳에서 새로운 직무는 "무거운 직무"라고 불렸다. 따라서 가벼운 직무에 종사하는 직원

* 대장염을 일으키는 세균(박테리아).

의 수는 이 기간 급감했지만, 이제 남성과 여성 모두 포함한, 무거운 직무로 배정된 직원의 수는 일정하게 유지되었다. 우리의 연구가 직접적으로는 북부병원의 일자리 개선에 영향을 미쳤고 간접적으로는 병원 청소 업무에 종사하는 여성 노동자들의 더 나은 처우를 끌어냈다는 것이 꽤 자랑스러웠다.

1차 연구가 종료된 지 9년 후인 2007년, 노동조합 여성위원회는 우리에게 청소 업무를 다시 검토해달라고 요청했다. 그들은 가벼운 직무와 무거운 직무를 합쳐 하나의 직무로 만드는 추세를 우리가 지지할지 알고 싶어 했다.

조사 대상이 아니었던 중앙병원Central Hospital의 여성 노조원들이 직무 통합을 반대하고 있었다. 그들은 무거운 직무 중 특정한 일을 하고 싶지 않았고 직무가 통합되면 강제 퇴직을 당할까 두려워하고 있었다. 이들은 임금 균등화 정책의 성공으로 없어지게 될 가벼운 직무의 임금이 앞으로 하게 될 무거운 직무보다 높다고 지적했다. 이는 임금균등화 위원회가 여성의 직업을 그들과 함께 일하는 남성 청소노동자들이 아니라 여성과 유사한 일을 하는 대다수 남성과 비교하기 위해 만들어졌기 때문이다. 위원회의 목적은 전반적으로 여성 노동자와 남성 노동자들의 형평성을 증진하려는 것이었지 여성 청소노동자와 남성 청소노동자의 형평성을 개선하려는 것은 아니었다. 무거운 일을 하는 청소노동자들이 가벼운 일을 하는 노동자와 다른 직무에 배치되었기 때문에 가벼운 직무는 무거운 직무와 비교되는 대신 다른 유사한 일, 즉 동물 우리 청소처럼 대부분 남성이 담당하는 일과 비교되었다. 위원회의 권한으로는 여성 일자리의 임금 균등화만을 조사할 수 있었기에 청소노동자의 무거운 직무 임금에 관해서는 전혀 검토하지 않았다.

따라서 임금균등화위원회는 가벼운 일을 하는 사람들의 급여를 비교 가능한 남성 그룹의 수준으로 올렸는데, 이 그룹에 속한 남성의 급여는 병원에서 무거운 직무를 하는 사람들보다 더 많았다. 여성들은 무거운 직무로 통합되어 이러한 이점을 잃는 것을 원치 않았다. 당장 임금 삭감을 당하지는 않겠지만, 앞으로 있을 임금 협상에서 임금이 오르지 않을까 봐 두려워했고 잠재적으로 "무거운" 직무를 하는 것에 대해 겁을 먹고 있었다.

하지만 우리는 중앙병원 노동자 직무에 대한 연구를 수행할 수 없었다. 병원이 우리의 접근을 거부했기 때문이다. 그래서 우리는 무거운 직무와 가벼운 직무가 이미 통합되어 있던 두 병원을 조사했다. 이전에 연구했던 병원(북부병원)과 다른 병원(남부병원South Hospital)이 그곳이다. 특히 우리의 마지막 방문 이후 몇 년 동안 북부병원 청소노동자들의 업무에 무슨 일이 일어났는지 궁금했다.

전문가이자 페미니스트로서 우리의 자부심은 크게 무너졌다. 북부병원에서 진행한 이전의 연구 이후 여성 청소노동자의 수와 비율이 37퍼센트에서 23퍼센트로 급격히 감소했음을 발견했다.[8] 많은 고령의 여성 노동자가 그곳을 떠났다. 통합된 직무의 여성들은 1994~95년에 비해 훨씬 직급이 낮았으며 남성들보다 상당히 젊었다.

우리는 작업을 다시 관찰하고 노동자 면담 조사를 했다. 그리고 통합된 직무에서 여전히 여성과 남성의 작업 활동에 차이가 있음을 발견했다. 남성은 대걸레질하는 시간이 여성의 2배였고, 여성은 화장실을 청소하는 시간이 남성의 2배였다. 우리는 인터뷰에서 일부 남성이 "집에서도 안 하는 화장실 청소를 내가 왜 여기에서 해야 합니까?"라면서 화장실 청소를 완강히 반대한다는 말을 들었다.[9]

북부병원과 남부병원의 업무를 면밀히 조사한 결과, 일부 업무는 대부분의 여성과 많은 남성에게 인기가 없었다. 남부병원의 쓰레기 압축 일이 그 예로 이 작업은 일반적으로 악취를 견뎌야 할 뿐만 아니라 유난히 무거운 짐을 옮겨야 하는 일이었다. 통합된 직무를 하게 되는 여성들에게 하나의 장벽은 쓰레기 압축이 여성들에게 불가능한 작업으로 여겨진다는 것이었다. 2012년 베네딕트 칼베Bénédicte Calvet라는 학생이 이 일이 덜 위험하고 덜 불쾌해지도록 하기 위해 업무를 자세히 조사했다. 그는 몸집이 작은 사람들이 겪는 많은 어려움을 정리했고 다양한 대안도 제시했지만, 경영진은 이 연구에 금전적 지원을 하지 않았고 어떤 변화도 약속하지 않았다. 현재 진행 중인 보건의료 분야의 모든 예산 삭감을 감안할 때, 지역 노동조합의 우선순위는 여성 노동자의 충원보다는 노동 강도 강화에 맞서는 투쟁에 있었다.

추적조사 과정에서 발견한 무서운 사실은 여성의 업무상 사고율이 남성보다 훨씬 더 높아졌다는 점이었는데, 이는 여성이 훈련, 장비, 또는 도구 등의 아무런 변화 없이 남성의 직무에 진입할 때 자주 일어나는 현상이다(1장 참조). 통증 보고서도 바뀌었다. 남성에게서는 여전히 요통이 좀 더 많았고 여성들도 팔 통증이 좀 더 많았지만 통계적으로 유의미한 남녀 차이는 더 이상 없었다. 모든 노동자, 특히 남성들은 이전보다 다리에 더 많은 피로를 느낀다고 응답했고, 이는 인원 감축으로 인해 한 사람이 담당하는 청소 구역이 넓어진 것과 관련이 있을 수 있다. 안타깝게도 우리가 권장했던 환경 개선 방안의 약 3분의 1만이 첫 조사 후 12년이 지난 시점까지 유지되었다. 인사팀의 그 멋진 청년은 오래전에 그만두었고, 노동조합 간부도 바뀌었으며, 쓰레기봉투도 예전의 한 가지 사이즈로 돌아왔다. 청소노동자와 간호사들은 여전히 누가 무엇을 할 것인지에 대해 논쟁을 벌이고 있었다. 아무도 그 개선에 무슨 일이 일어났는지 기억하지 못했다.

무슨 일이 있었나?

왜 여성 청소노동자의 수가 줄었고, 그들은 왜 더 많은 사고를 겪었을까? 많은 이유가 있었는데 어떤 것은 젠더(사회적 역할) 때문이었고 어떤 것은 성별(생물학적 성차) 때문이었으며 어떤 것은 직장 내 권력관계 때문이었다.

북부병원에서 오랫동안 "가벼운 일"을 해온 여성들은 우리에게 "무거운 일"을 할 수 없다고 말했다. 직무가 통합된 이후 직장을 떠난 사람들과 직접적인 연락이 닿지는 않았지만, 그들의 동료들은 고령 여성들이 통합에 반대하다가 조기 퇴직하는 등 중앙병원의 노동자들과 똑같이 반응했다고 말했다. 우리와 1994년에 대화했던 여성 중에서는 그들의 직무 배정에 존재하는 젠더 고정관념에 의문을 품는 사람이 아무도 없었다. 가벼운 일을 하는 여성들은 사무실을 청소하는 남성들과 짝을 이뤄 일하는 것을 좋아했다. 무엇보다 대화할 수 있는 사람이 있다는 것을 즐거워했다. 어느 부부는 직장에서 짝이 되어 함께 일하는 시간을 즐겼다. 그러니 우리가 그 여성들의 이야기를 들었다면 그들이 직무 통합을 바랄 이유가 하나도 없다는 걸 알았을 것이다.

고용주의 말을 들었다면 어땠을까? 가벼운 직무와 무거운 직무에 대한 우리의 첫 번째 연구에서 관리자들은 젠더 정형화를 통해 성별 직무 분리를 정당화했다. 그들은 여성이 남성보다 더 꼼꼼하고 주의 깊은 반면, 남성은 힘이 더 세고 부주의하다고 말했다. 만약 당신 상사의 사무실을 청소할 누군가 필요하다면 그 사람은 여성이어야 한다. "왜냐하면 그들은 심지어 책 뒤의 먼지까지 닦기 때문이다." 그러나 남성이 기계를 더 잘 다루거나 무거운 것을 잘 든다고 간주되는 데 비하면 꼼꼼한 청소에 대해 여성이 보유했다고 여겨지는 이런 적성은 직무 통합 후 채용에서 중요하게 받아들여지지 않는 걸로 보였다.

2007년부터 2008년까지 관리자들(모두 남성)은 최소한 그들을 위해 일하는 여성과 남성들이 청소 능력이 동등하다는 입에 발린 말을 했다. 비록 남부병원 관리자들이 쓰레기 압축 업무에 여성이 배정되면 어쩌나 하는 우려를 표시하긴 했지만 말이다. 그들은 남성 지원자와 여성 지원자를 별도로 구분하지 않았다고 말했지만(구분하는 것은 불법이었을 것이다) 채용에 지원했던 여성들이 "무거운" 청소 업무에 지원하는 것을 꺼리는 것처럼 보였다고 했다. 그들은 여성들을 채용하기 위해 특별한 노력을 기울인다는 말도, 더 많은 여성이 지원하기를 바란다는 언급도 하지 않았다. 아마도 책 뒤의 먼지가 그렇게 중요하지 않았나 보다.

여성주의적인 관점 또한 노동자들 사이에서 전혀 찾아볼 수 없었다. 노동자들을 강하게 설득했을 때, 무거운 직무를 받아들인 여성들은 여성과 남성 사이의 차이는 없고 성별 분업을 없앤 것이 잘된 일이라고 말했다. 1장의 통신 기사들과 마찬가지로, 무거운 직무를 하는 여성 청소노동자들 또한 남성들과 다르게 보일까 봐 두려워했고, 도구, 장비, 또는 훈련을 변경해달라는 요구조차 못 하는 것처럼 보였다. 여러 번 불편하고 뒤틀린 자세를 취해야 하는데도 그들 중 아무도 추가 업무인 화장실 청소에 대해 항의하지 않았다.

직무를 통합한 건
실수였을까?

이런 경험을 한 뒤 우리는 육체적 업무의 성별 분업을 없애는 것이 나쁜 아이디어였는지 생각하게 되었다. 확실히 여성 청소노동자 중 누구도 그것을 요구한 적 없었고, 우리가 인터뷰한 사람 가운데 성별 분업을 없앤 이후의 업무 개선 지점을 명확하고 구체적으로 밝힌 사람은 없었다. 여자든 남자든 누구도 반복 작업이 줄어서 좋다고 말하지 않았다.

반면에 고용주들은 이 상황에 만족했다. 그들이 직무를 통합한 두 가지 이유 모두 비용 절감과 관련 있었다. 일단 주province 차원의 임금 균등화로 "가벼운 일"의 임금이 "무거운 일"보다 비싸졌다. 가벼운 직무를 없애는 것은 전반적인 비용 절감에 도움이 되었다. 두 번째로, 직무 통합은 시간을 절약해주었다. 이제 각 공간을 오직 한 사람이 청소하니 이론적으로 시간을 절약하고 따라서 돈을 절약하게 되는 것이었다. 이런 뜻밖의 이득 덕분에 직무 통합은 젠더 평등이라는 이유로 쉽게 정당화될 수 있었다. 특히 직무 배치와 임금에서의 젠더 평등을 수년간 요구해온 노동조합은 이를 반대할 수 없었다. 그러나 정부로부터 내려오는 비용 절감 압박은 몸집이 더 작은 사람들(또는 실제로는 모든 이들)이 수월하게 일할 수 있도록 환경과 조직을 개선하는 데 쓸 돈이 없다는 걸 의미했다. 일에 대한 시간적 압박이 심해지자 오히려 그 일을 하느라 가장 힘들었던 사람들이 쫓겨나고 있었다. 떠난 사람 중 상당수는 전통적으로 성별화된 일련의 업무들에 잘 대처하며 수년을 보냈고 변화를 요구하지 않았던 고령의 여성 노동자들이었다. 그 결과 두 그룹의 병원 여성 노동자 모두 직무 통합으로 피해를 보았다. 여성 간병사(2장)는 중량물을 더 많이 들어올리게 되었고, 여성 청소노동자들은 더 많은 사고를 겪고 있었다.

우리는 노동자들이나 지역 노동조합이 여성 노동자에게 맞게 직무를 조정하라고 경영진을 압박하는 걸 전혀 보지 못했는데, 이는 아마도 노동조합의 여성 조합원들이 약하다고 말하는 것처럼 들릴까 봐 우려했기 때문일 것이다. 반면 해당 노동조합의 전국여성위원회는 성별 직무 분리 폐지 문제에 관심이 있었다. 그들은 직장 내 여성과 남성의 관계에 대한 팸플릿을 발간하면서 병원과 다른 사업장들에서 우리의 개입 사례 몇 가지를 소개했다.[10] 많은 사례와 함께 멋지게 제작된 이 팸플릿은 (대부분 남성으로 이루어진) 지역 안전보건위원회와 (모두가 여성인) 여성위원회 현황에 대한 합동 회의에서 토론의 기초를 마련하기 위한 것이었다. 불행하게도, 첫 번째 합동 회의는 재앙이었다. 어떤 사람들은 비난조였고, 어떤 사람들은 자신의 개인적인 상황을 늘어놓았으며, 또 다른 사람들은 침묵으로 일관하면서 토론은 걷잡을 수 없었다. 어떤 남자들은 자신이 부당하게 비난받는다고 느꼈고 어떤 여자들은 주눅 들어 있었다. 해당 노동조합

연맹 내 여성위원회의 위상이 전통적으로 매우 높고 활동적이었음에도 불구하고 이 실험은 반복되지 않았다.

그럼에도 불구하고 몇 년 후 독립 연구자와의 인터뷰에서 두 위원회의 페미니스트들은 우리의 노력에 만족했고 성별 분리된 직무들이 성공적으로 통합되어 기쁘다고 말했다.

페미니스트가 풀어야 할 퍼즐

비록 우리의 연구가 짧은 기간 동안 많은 여성이 임금을 더 받는 결과를 가져오긴 했지만, 젠더에 따른 직무 분리를 없애지 못했고 더 많은 여성 일자리를 창출하지도 않았다. 실상은 그 반대다. 우리는 중앙병원 여성 노동자들에게 무슨 말을 해야 할지 고민해야 했다. 그들은 노동조합의 안전보건 담당자들과 나에게 여성이 "무거운 일"을 생물학적으로 할 수 없고, 병원에서의 직무 분리가 유지되어야 한다는 걸 똑바로 말해달라고 했었다. 그리고 페미니스트로서 우리는 사실상 가벼운 직무를 하는 여성 중 아무도 두 직무의 통합을 요구하지 않았다는 사실을 무시할 수 없었다. 가벼운 직무를 하면서 겪는 신체적 어려움에 대해 더 많은 인정과 예산이 필요한가? 그렇다. 그러면 무거운 직무를 해야 하나? 그건 아니다. 여성들이 단기적인 경제적 이익을 받아들이도록 유도되었고, 결국 노동 조건 악화에 직면하게 되었나? 두 그룹의 병원 노동자를 만난 우리의 경험은 두 가지 질문을 남겼다.

첫째, 육체적인 요구도가 있는 업무에서 성별 분업은 여성에게 좋은 일인가?

오랜 직무 분리를 유지하는 것이 모든 여성에게 더 나았을까? 직무가 통합되었을 때 그곳을 떠난 사람들은 그 일과 맞지 않는다고 느꼈을까? 아니면 그저 자신들의 건강을 지키려고 그랬을까? 그들은 "무거운 일"을 할 역량이 없다고 생각했나? 여성의 일로 정의되는 직업(가벼운 직무)에 종사하는 여성들이 병원 직종 가운데 여성이 보유하던 특정한 위치를 잃어버리는 것은 나쁜 일이었을까? 통합된 직무에서 일하는 여성들은 남성 동료들과 다르다는 것에 부끄러움을 느꼈을까? 자신의 신체적 이점으로부터 이익을 얻는 것을 부끄러워하는 남성도 있을까?

이 직장에서 우리가 보고 들은 모든 것의 기저에는 성차별주의와 반여성 편향이라는 무언의 강한 기류가 있었지만, 우리는 그것을 통제할 방법이 없었고 그건 우리를 그곳에 보낸 노동조합 여성위원회도 마찬가지였다.

그리고 이 모든 일이 벌어지는 동안 관리자들은 무엇을 했나? 우리는 그들이 통합 당시나 이후에 선제적으로 행동했다는 증거를 발견하지 못했다. 경영진 누구도 여성의 사고율이 남성보다 높다는 사실을 알아채지 못했고, 우리는 이를 언급하기가 불편했다. 어떠한 예방 활동도 시행되지 않을 것이고, 유일하게 가능한 결과는 여성에 대한 편견이 강화되는 것뿐이었기 때문이다.

나는 터부뿐만 아니라 여성과 남성의 신체에 대해 알려지지 않은 많은 것들, 그리고 그보다 훨씬 더 많은 근거 없는 믿음들 때문에 이러한 토론이 방해받고 있다고 믿는다. 나는 다음 두 장에서 과학적인 관점에서 이 질문을 다룰 것이다. 그 후에 나는 내 안의 악마와 맞설 것이다. 나는 우리가 다르게 할 수 있었던 것들이 무엇인지 알고 싶다. 그것이 우리의 두 번째 질문이다.

둘째, 우리가 여성들을 더 도울 수 있었을까?

이러한 경험들이 일터에서 여성주의적으로 개입할 때 힌트가 될까? 여성의 일을 개선하기 위해 어떻게 개입해야 할까? 토론 시간을 확보하기 어려운 여건과 노동조합의 미미한 예산을 감안하더라도 직장 내 여성들이 연구 과정을 이끄는 데 더 많이 관여할 방법이 있을까? 6, 7, 8장에서 젠더와 인간공학적 개입에 관해 이야기해보겠다.

2부

차별받는 몸

4장

보이지 않는 여성 노동자의 몸

언제나처럼, 중요한 일에 대한 주의를 환기한 사람은 학생이었다. 인간공학 대학원생인 미셸린 부셰Micheline Boucher는 난항을 겪고 있던 성별 분업된 업무의 통합 시도를 연구하고 있었다. 어느 한 도시에 더 많은 여성을 고용하라는 명령이 내려지고 3년이 지난 후, 시 소속 노동자들의 직무 중 여성이 한 명이라도 있는 직무는 201개 중 22개뿐이었다. 노동조합 여성위원회는 우리에게 무슨 일이 일어나고 있는지 알아봐 달라고 했다. 우리는 여성이 가장 많은 직종인 정원 가꾸기 업무를 연구하기로 결정했다. 미셸린은 정원사들의 일을 관찰하는 동시에 57명을 면담 조사했는데 여성이 30명, 남성이 27명이었다. 어느 날 정원사들의 업무가 끝나고 그는 내 연구실로 달려와 소리쳤다. "그들은 같은 일을 하지 않아요!" 그는 절반 정도의 작업팀이 여성들에게 특정 업무를 할당하고 있다는 사실을 발견했다. 여성들이 작은 식물을 심고 잡초 뽑는 일을 한 반면, 남성들은 큰 식물과 덤불을 심고 잔디 깎는 기계를 작동시켰다.[1] 성별 분업은 그런 식으로 진화한 것이었다. 이론적으로, 여성의 일은 남성과 정확히 같은 직무에 속했지만, 성별에 따른 노동의 분업은 빠르게 확립되었다.

우리는 육체노동에서 이러한 성별 고정관념에 기반한 분업이 직무를 통합하라는 법원의 명령에 대한 반발일 수 있다고 생각했다. 남자들 혹은 관리자들은 여성들의 "침략"에 저항하고 있었을 수도 있다. 그러나 이 도시만 그런 것은 아니었다. 그로부터 25년 후 내가 베트남에서 자전거 여행을 할 때, 호치민시에서 시 조경 업무를 하는 몇몇 노동자들을 스치듯 볼 기회가 있었다. 퀘벡에서처럼 여자들은 모두 웅크리고 앉아 잡초를 뽑고, 남자들은 일어서서 괭이질을 하고 있었다.

우리는 여성이 다수인 직업에서도 육체적 직무 할당에서의 성별 차이를 확인할 수 있었다. 캐나다 통계청의 가장 최근 자료에 따르면, 식당 서비스업은 14번째로 여성이 많은 업종인데 캐나다 내 서빙노동자의 79퍼센트가 여성이었다.[2] 그들의 노동조합은 사람들이 자신들을 모욕하고 얕보는 것을 참을 수 없다며 이 직업을 연구해 달라고 부탁했다. "우리가 똑똑하다고 말해주세요!" 박사과정 학생인 이브 라페리에Eve Laperrière는 대학을 다니는 동안 학비 마련을 위해 레스토랑에서 일했었기 때문에 이 프로젝트에 관심이 있었다. 그는 직무를 관찰할 수 있도록 레스토랑 체인과 영리하게 협상했고 설문지를 개발해 64명의 서버가 온라인으로 답하

게 했다.[3]

식당들은 크기가 작았고 가격이 저렴한 편이었다. 서빙노동자들은 항상 서서 움직이고 있었다. 그들은 무거운 접시들과 유리잔들을 들고 주방과 테이블 사이를 왔다 갔다 했다. 그리고 금방 지쳤다. 고용주들은 배고픈 상태로 식사를 기다리는 동안 서버가 앉아 있으면 고객들이 짜증이 날 것이라 생각했기 때문에 서버들은 쉬는 시간에 앉을 공간조차 없었다.

서빙노동자는 실제로 머리가 좋아야 했으며 많은 것을 생각하고 계획해야 했다. 고객이 원하는 것을 파악하고, 기억하고, 주방 직원에게 설명하고, 주문한 요리를 지켜보고, 해당 테이블의 사람들에게 정확하게 곁들임 요리를 전달하고, 계산서와 지불 상태를 살펴야 했다. 한편으로는 물 한 잔을 원하는 고객이나 햄버거 고기를 완전히 익혀 먹기로 마음을 바꾼 고객은 없는지 세심하게 살펴야 했다. 동시에 그들은 커피 머신이 작동하는지, 물잔이 비어 있지 않은지, 소금과 후추통에 이상이 없는지 확인해야 했다.

> "마음속으로 계속 반복해요. 물잔/계산서/케첩/커피–차/물잔/계산서/케첩/커피–차…" (한 여성 서빙노동자)[4]

서빙노동자들은 손님들이 신호를 보내고 있는지, 화가 났는지, 계산서가 필요한 건지 확인하기 위해 주의 깊게 지켜

봐야 했다. 그런데 저 구석에 있는 남자가 내 엉덩이를 꼬집고 싶어 하는 것 같은데, 제정신인가? 같이 온 여자가 화가 나서 팁을 적게 주라고 하면 어쩌지? (팁은 식당 서빙노동자 수입의 절반 정도를 차지한다.) 신중함이 중요하다. 서빙노동자들이 바쁠 때는 고객을 쳐다보지 않게 된다. 슬쩍 눈이 마주친 것이 서비스가 가능하다는 신호로 오해받을 수 있기 때문이다. 노동자들은 다른 사람이 커피를 마시고 싶다는 신호를 보내고 있다는 것을 알면서도 그들이 지금 서빙하고 있는 손님만을 바라봐야 한다.

주방과의 관계도 잘 관리해야 한다. 지금이 주방에 스테이크 주문 건을 상기시키기 적절한 시간인지? 혹시 주문을 완전히 잊은 것은 아닌지 다시 확인하고 독촉하면 안 될 정도로 주방장의 기분이 나쁜 건 아닌지?

그리고 서빙노동자는 레스토랑 전체의 상황을 염두에 두고 있어야 한다. 즉, 주방에서 일하는 노동자의 수와 고객의 수를 고려할 때, 디저트의 완성에 걸리는 시간을 생각하면 지금이 디저트 주문을 받을 적기인지, 아니면 고객들이 디저트를 생각하기엔 너무 이른 때인지 말이다.[5]

이브는 인간공학 소프트웨어로 움직임을 기록하면서 여러 근무조의 작업을 관찰했다. 그는 여성과 남성이 동일한 직업명과 직무를 가지고 있음에도 불구하고 보행 패턴이 다르다는 점을 발견했다. 여성 서버는 같은 식당에서 정확히 같은 업무를 수행하는 남성 서버보다 분당 걸음 수가 83퍼센

표 4.1 퀘벡의 한 레스토랑 음식 서빙노동자(여성 9명, 남성 3명)의 특징과 작업 자세

평균	여성(N=9)	남성(N=3)	남성/여성 비
연령(세)	33.5	33.9	1.01
키(m)[a]	1.61	1.74	1.08
체질량지수(BMI)[b]	23.9	26.1	1.09
서있는 시간의 비율(%)[c]	72.4	84.8	1.17
걷는 시간의 비율(%)[d]	27.4	15.1	0.55
업무 중 시간당 걸음 수[e]	38.4	21.0	0.55
한 번에 쉬지 않고 걷는 걸음 수[f]	5.5	3.5	0.64

a. 유의수준 0.0001, t-검정
b. 체질량지수(BMI) = 체중(kg) / 키×키(m^2). 정상 BMI 18.5~25. 유의수준 0.05, t-검정
c. 유의수준 0.10, t-검정
d. 유의수준 0.10, t-검정
e. 유의수준 0.05, t-검정
f. 유의수준 0.10, t-검정

출처: Calculated from Eve Laperrière, Suzy Ngomo, Marie-Christine Thibault, and Karen Messing, "Indicators for Choosing an Optimal Mix of Major Working Postures," *Applied Ergonomics* 37,3 (2006), 349-57.

트 더 많았다(표 4.1 참조). 여성의 다리 길이가 짧고 평균적으로 보폭도 좁은 것이 사실이지만, 보폭의 차이는 10퍼센트에 불과하기 때문에 걸음 수의 차이는 보폭의 성별 차이로 설명할 수 있는 것보다 훨씬 더 컸다.[6] 더 이상한 것은,

여성이 남성보다 훨씬 빠르게 걸었음에도 불구하고 더 오래 걸었기 때문에 같은 근무조에서 일하는 동안 남성이 걷는 거리의 거의 3배를 걷고 있었다는 사실이다. 그리고 이렇게 추가로 걷는 걸음에는 모두 대가가 따랐다. 설문조사 분석 결과, 이브는 발과 발목 통증이 있다는 응답이 여성에서 훨씬 더 많다는 사실을 발견했다.[7]

이브는 또한 남자와 여자의 힘 차이에 대해 궁금해했다. 그는 식당에서 일할 때 접시가 너무 크고 무거웠다는 것을 기억했다. 접시를 고르는 매니저들은 서빙노동자의 건강보다는 미학을 생각하는 것 같았다. 또한 그가 관찰하던 식당들을 포함해 많은 식당에서 고용주들이 트레이 사용을 기피했다. 트레이가 수익 창출과 직결되는 식탁에서 너무 많은 공간을 차지한다는 이유였다. 서버들은 몸에 기대어 쌓아 올린 상태로 접시를 옮겨야 했다.

그래서 이브는 설문지에서 접시를 나르는 방법을 물었고, 여성이 한 손에 들 수 있는 접시 수는 남성보다 훨씬 적었다. 손이 작고 상체 근육이 약한 이들의 몸은 여성들이 더 허둥지둥 돌아다녀야 했던 이유를 어느 정도 설명해준다. 한 번에 들 수 있는 접시 수가 적기 때문에 주방을 오가는 횟수가 더 많은 것일 수 있다.

따라서 생물학적 성차는 여성이 더 많이 걷는 이유를 부분적으로 설명할 수 있다. 그러나 성역할과 관련된 몇 가지 이유도 가능하다. 여성이 고객의 요청에 주의를 더 기울였

표 4.2 여성과 남성의 직무활동 차이 사례

작업장	여성 할당 작업	남성 할당 작업
조립 라인[a]	제품 포장처럼 분당 20회가 넘는 매우 빠른 반복 작업	트럭 상차 작업처럼 분당 2회가 넘지 않는 반복 작업
청소[b]	쓰레기통 등 2kg 이하의 무게 취급	진공청소기 등 무거운 물체 취급
식품 가공[c]	거위 가슴살에서 작은 칼로 지방을 발라내는 작업	거위 도축 작업 및 큰 칼을 사용해 크게 절단하는 작업
식료품점[d]	계산원–계속 서서 음식 가격을 입력	점원–중량물을 배치하거나 매장 곳곳을 돌아다님

a. Barbara A. Silverstein, Larry J. Fine, and Thomas J. Armstrong, "Hand Wrist Cumulative Trauma Disorders in Industry," *British Journal of Industrial Medicine* 43 (1986), 779-84.
b. K. Messing, C. Chatigny, J. Courville, "'Light' and 'Heavy' Work in the Housekeeping Service of a Hospital," *Applied Ergonomics* 29,6 (1998), 451-9.
c. Niicole Vézina, Julie Courville, and Lucie Geoffrion, "Problèmes musculo- squelettiques, caractéristiques des postes de travailleurs et des postes de travailleuses sur une chaîne de découpe de dinde," *in Invisible: Issues in Women's Occupational Health and Safety / Invisible: La santé des travailleuses*, ed. Karen Messing, Barbara Neis, and Lucie Dumais (Charlottetown, PE: Gynergy Books, 1995), 29-61.
d. Niicole Vézina, Céline Chatigny, and Karen Messing, "Un poste de manutention : symptômes et conditions de travail chez les caissières de deux supermarchés," *Maladies chroniques au Canada* 15,1 (1994), 19-24.

거나, 고객이 남성 서빙노동자보다 여성 서빙노동자에게 더 많이 요구하는 걸 편하게 느끼거나, 고용주가 일을 더 시켰기 때문에 더 많이 뛰어다녔을 수도 있다. 팔과 어깨를 보호하는 것보다 신속한 서비스에 우선순위를 둔다는 대답은 남성보다 여성에서 현저히 많았다. 고객들이 여성 노동자에게 주는 팁이 박해서 남성만큼 많은 수입을 올리려면 더 많은 고객에게 서비스해야 할 수도 있다.[8] 또한 설문 응답에 따르면 여성은 소금과 후추통 보충과 같은 "식당 살림housekeeping" 일을 더 많이 했다(표 4.2).

요약하면, 같은 식당에서 같은 직업을 가진 여성과 남성은 서로 다른 작업을 할당받았고, 어느 정도는 다른 식으로 동작하며, 따라서 직장에서 같은 방식으로 신체를 사용하지 않았다. 그리고 여성들은 더 많은 증상으로 고통받고 있었다.[9]

직무에서의 성별 분리는 제조업에서도 일어난다. 조립 라인에서의 업무는 젠더에 따라 나뉘는 경향이 있고 여성과 남성은 육체적 요구도가 다른 직무를 하게 된다. 쿠키 공장에서 루시 뒤마Lucie Dumais와 그의 동료들은 조립 라인 남성 작업자들이 큰 혼합기와 오븐을 조작하고 여성들은 쿠키를 수작업으로 포장해 작은 상자에 담고 있음을 발견했다. 그런 다음 남성들이 작은 상자를 더 큰 상자에 넣었고, 트럭에 실었으며, 배송하러 갔다.[10]

이러한 직무의 차이는 직업 건강과 관련된 노출에 영향을 준다. 프랑스 라브레셰France Labrèche와 그 동료들은 여성과 남성이 같은 직업을 가지고 있더라도 항상 동일한 발암 화학물질에 노출되는 것은 아니라는 사실을 발견했다.[11] 그리고 호주의 연구자들은 여성이 같은 직업을 가진 남성보다 반복 작업을 더 한다는 것을 보여주었다.[12] 따라서 남성과 여성의 암 또는 근골격계 질환 위험은 동일한 직업 내에서도 다를 수 있다.

1~3장에서 나는 여성위원회가 성별에 따른 직무 분리를 끝내도록 도운 우리의 시도를 설명했다. 그것은 그다지 성공적이지 못했다. 세 가지 경우 모두 경제적 이득에도 불구하고 성별 직무 분리의 종료나 제한이 여성의 건강에 좋지 않은 것으로 판명됐다. 여성 기사와 고령의 청소노동자는 직장을 그만뒀고, 여성 간병사는 환자를 들어올리느라 지쳤으며 다치기도 했다. 이것이 일반적인 사실일까? 성별 직무 분리를 유지하는 것이 여성의 건강에 좋은가? 이 질문에 답하기 전에 육체적 부담 요소가 있는 작업에서 직무 분리가 어떻게 작동하는지 설명해야 한다.

우리 연구에서 육체적 부담이 있는 저임금 노동 영역에서 작업의 성별 분리는 종종 표 4.2에서 제시한 바와 유사하다.

여성의 직업에 대한 육체적 부담은 그다지 인상적으로 보이지 않는 경향이 있으며 여성 자신은 자기 일이 어렵다고 주장하는 데 어려움을 겪는다. 따라서 작업이 다르다는 사실은 문제가 아니다. 여성이 하는 일에 대한 존중의 부족이 문제다. 신바이오스 연구원 니콜 베지나와 쥘리 쿠르빌은 의류공장의 자재 운반 작업에서 남성이 다루는 무게와 여성 재봉틀 작업자가 취급하는 무게를 비교했다. 남자들은 하루에 약 51개의 플라스틱 롤을 들어올렸다. 롤 한 개의 무게는 약 18킬로그램이었고 이를 들어올릴 때 사용하는 막대는 7킬로그램이 넘었다. 롤 조작은 한 번에 그치지 않기 때문에 남자들이 들어올리는 무게는 하루에 2,612킬로그램이었고, 이는 상당한 양이어서 허리에도 부담을 주었다. 반면에 바지를 만드는 여성들은 비교적 가벼운 천 조각을 모아 함께 꿰매야 했다. 천 조각의 무게는 약 265그램으로 플라스틱 롤 무게의 약 1퍼센트에 불과했다. 그래서 여성들은 바지를 들어올릴 때 상대적으로 부담이 적었다. 하지만 하루에 취급하는 바지의 개수가 1,869벌이었고 이는 남성이 취급하는 무게보다 30퍼센트 정도 더 많은 총 3,486킬로그램임이 확인됐다. 그리고 재봉틀에 있는 무겁고 관리가 잘 안된 페달을 억지로 밟느라 가해진 힘은 총 16,000킬로그램 이상이었다.[13] 이처럼 서로 다른 육체적 부담의 결과를 직접 비교할 수는 없으나 재봉틀 작업자들은 어깨 통증으로 힘들어하고 있었다.

유지 · 보수 및 제조업에서 여성과 남성의 업무는 모두 반복적이지만 여성은 일반적으로 더 빠른 속도로 훨씬 더 반복적인 업무를 수행한다. 남성은 무거운 무게를 다루고 기계를 더 많이 사용한다.[14] 그러나 성별 고정관념은 맥락에 따라 다르다. 보건의료 노동자나 유치원의 노동자들은 다뤄야 할 중량물이 사람이고 사람을 들어올린다.[15] 기계가 재봉틀이라면 기계를 사용하는 쪽은 여성이다. 여성은 한 곳에서 장시간 서 있게 되지만, 남성은 더 많이 움직인다.[16] 여성 청소노동자는 남성 청소노동자보다 뻗는 자세나 웅크리고 구부리는 자세를 더 많이 취한다.[17] 캐나다 남성은 직장에서 여성보다 주당 5.8시간 더 일한다. 여성은 주당 40시간 정도 일하지만[18] 무급 가사노동을 더 많이 한다.[19]

성별 분리는 만연해 있으며 계속되어 왔다. 1941년에는 캐나다 노동력의 22퍼센트가 여성이었는데[20] 2020년에는 47퍼센트까지 증가했다.[21] 그러나 여성과 남성의 직업은 여전히 달라서 가장 일반적인 여성의 직업(소매점 판매원과 식당 보조) 10개 중 남성에서 가장 일반적인 10개와 겹치는 것은 2개뿐이다(표 4.3).[22] 캐나다에서 여성과 남성이 노동력 전체에 고르게 분포되려면 약 절반이 일자리를 바꿔야 한다.[23] 코로나19 대유행 기간 "필수적인" 의료 서비스 및 계산원 일자리와 같이 바이러스 노출 가능성이 높은 일자리의 약 76퍼센트가 여성(특히 인종적으로 편중된 여성)이라는 사실이 밝혀졌다.[24] 결과적으로 감염된 보건의료 노동자의 73퍼센트가 여성이었다.[25]

표 4.3 2016년 캐나다에서 여성과 남성의 가장 흔한 직업 상위 10개

	여성	남성
1	소매점 판매원	운송 트럭 운전
2	간호사 및 정신보건간호사	소매점 판매원

3	계산원	도소매 관리자
4	초등학교 및 유치원 교사	건물 경비, 관리, 감리
5	행정보조	건설업 보조 및 일용직 노동자
6	음식점 계산원, 주방 보조 및 관련 지원	자동차 서비스 기능공, 트럭 및 버스 정비사, 기계 수리공
7	행정직 공무원	자재 취급 노동자
8	간호조무사, 의료 보조, 환자 지원직	목수
9	사무지원 노동자	음식점 계산원, 주방 보조 및 관련 지원
10	어린이집 교사 및 보조교사	요리사

출처: 캐나다 통계청 2016년 인구센서스

업무에서의 육체적 부담이 더 분명한 낮은 교육/소득 수준에서 직업의 성별 분리는 더욱 심하다. 2011년에 캐나다에서 25세부터 34세까지 여성의 60퍼센트와 남성의 73퍼센트는 대학 학위가 없었다. 통계학자들의 계산에 따르면, 이 젊은 연령대의 남녀가 노동시장에서 고르게 분포하려면 62퍼센트의 노동자가 직업을 바꿔야 할 것이다.[26]

이 모든 것은 노동 시장의 최하위층에 있는 여성이 남성 일자리에서의 육체적 부담과는 다른 종류의 육체적 부담이 있는 업무에서 일한다는 사실로 귀결된다. 우리는 여성들이 남성의 직업을 갖거나 남성과 같은 직무를 하려고 할 때, 신체적, 사회적 장애물에 부딪히는 것을 보아왔다. 그렇다면 여성이 자신이 하는 일과 자신의 신체적 능력을 인정받기 위해 노력하지 않는 이유는 무엇인가?

말처럼 쉽지 않다.

여성이 남성보다 병에 걸리기 쉬운가?

플로렌스 샤페르Florence Chappert는 프랑스 국립 노동조건 개선기구the French National Agency for Improving Working Conditions, ANACT*에서 젠더 관련 활동을 담당한 적극적이고 노련한 엔지니어다.[27] 그는 한 대형 인쇄소에서 인간공학적 개입을 지휘했다. 그 인쇄소는 너무 많은 여성이 업무관련성 근골격계 질환을 호소해 더 이상 여성을 고용하지 않기로 한 곳이었다. 거의 모든 여성 노동자가 제본 공정에서 일하고 있었기 때문에 플로렌스는 ANACT의 인간공학자들에게 제본 공정의 여성 26명과 남성 37명의 작업을 관찰하게 했다.[28]

인간공학자들의 주요한 관찰 결과는 네 가지였다. 첫째, 제본 공정에서 여성에게 배정된 직무는 남성의 직무와 매우 달랐고 10개 직무 중 7개는 한 성별만 수행했다(표 4.4). 여

* 프랑스 노동부 산하 기구로 1973년 설립되어 노사정이 노동자의 안전보건과 관련한 노동 조건과 환경 사안을 논의한다. 산하에 3개의 과학위원회를 두고 있으며 노동 조건 관련 전문가 3명, 노사 대표자 각각 9명, 지방정부 대표자 6명의 총 27명으로 이사회가 구성되어 있다.

성은 책을 한 권씩 다루는 업무를 했고, 남성은 기계를 수리했다. 둘째, 여성의 작업 부담은 매우 컸고 점점 더 커졌다. 1972년에는 시간당 1,500여 권의 책을 취급했고 2009년에는 시간당 무려 8,000여 권의 책을 취급하게 되었는데도 여성 노동자의 수는 증가하지 않고 거의 같은 수준이었다. 셋째, 남성의 직무가 점점 기계화되면서 남성들의 작업 부담은 같은 기간 동안 낮아졌다. 마지막으로, 남성들은 승진하거나 더 나은 공정으로 이동하면서 매우 빠르게 제본 공정을 떠나는 경향이 있었다. 인간공학자들은 여성들이 남성들보다 더 많이 다치는 이유는 오로지 과중한 업무를 더 오래 하기 때문이라고 결론지었다.

표 4.4 인쇄 및 제본 공정에서의 성별에 따른 업무 할당, 2012년 프랑스

직무	여성	남성	여성의 비율(%)
제본 보조	17	7	71
기계 담당	1	14	7
기계 보조	–	4	–
마무리 검수	3	1	75
현장 감독	–	3	–
차장	–	3	–
자재 담당	–	3	–
재단	–	2	–

사무원	2	–	100
실제본 기계 담당	3	–	100
합계	26	37	41

출처: Florence Chappert, Karen Messing, Eric Peltier, and Jessica Riel, "Conditions de travail et parcours dans l'entreprise : vers une transformation qui intègre l'ergonomie et le genre?," *Revue multidisciplinaire sur l'emploi, le syndicalisme et le travail* (REMEST) 9,2 (2014), 46-67, www.erudit.org.

인간공학자들이 노동자와 관리자에게 직무에서의 부담에 젠더 편향이 있다는 보고서를 제출했을 때, 여성들은 자신들의 피로와 고통이 마침내 인정되었다며 울음을 터뜨렸다. 여태 그들은 남성들이 맡은 더 편한 직무로 승진시켜달라고 감히 요청한 적은 없었지만, 적어도 이제는 자신들의 업무가 얼마나 힘든지 인간공학자들이 밝혀주었다. 안타깝게도 남성들의 반응이 무서운 관리자들은 직무 할당에 대한 변경 조치를 거부했다.

ANACT의 인간공학자들이 지속적으로 요구한 후에야 마침내 여성의 업무 할당과 업무량에 약간의 변화를 줄 수 있었다. 그렇지만 성별 직무 분리 문제를 건드리지는 못했다. 모든 절차를 마친 후 플로렌스 샤페르는 젠더 불평등을 둘러싼 금기의 강도를 이렇게 설명했다.

기업들은 이러한 젠더와 평등 문제를 직접적으로 다루기

> 어렵다는 것을 알게 된다. 그들은 차별 시정 조치와 맞닥뜨리기를 원치 않고, 이미 평등을 달성했다고 확신한다. … 이 문제를 [산업안전 및 보건과 관련된 노사 공동위원회]와 논의할 때, 건강 불평등이 실제로 존재한다는 것을 납득시키기 위해 그들에게 연구 결과 수치를 제시했는데, 현실을 깨닫는 건 때로 잔인하다! 이것이 바로 이러한 데이터에 그들이 점차 동화될 수 있도록 [사업장에 우리의 결과를 제공하는] 전략을 개발한 이유다. 그렇지 않으면 그들이 이를 수용하기가 너무 어렵기 때문이다.

고용주와 동료들의 저항에 대한 플로렌스의 묘사는 퀘벡에서의 여러 연구를 떠올리게 했다. 식당 서비스 노동, 은행 업무, 사무 업무, 교직 및 호텔 청소노동 영역의 여성들에게 부여되는 숨겨진 육체적 부담을 밝혀내는 것은 대체로 그들의 삶이 나아지게 하는 데 충분하지 않았다. 이들 노동자 중 일부가 연구 결과에 고무되어 성공적인 파업을 이끌었고 노동 조건을 개선하기도 했지만 말이다. 울고 있는 여성들, 직업과 업무 분리를 옹호하는 금기가 있다는 사실, 이 모든 강렬한 저항은 나의 페미니스트 본능을 일깨웠다. 금기 뒤에 있는 강력한 힘은 무엇인가? 성별 직무 분리는 정확히 어디에서 온 것인가? 여성과 남성의 생물학적 차이에 의해 정당화될 수 있는가, 아니면 다른 이유가 있는가? 여성과 남성을 다른 업무에 배정하는 것보다 건강을 보호하는 더 좋은 방법이 있는가?

다음 장에선 성별 직무 분리의 생물학적 근거를 조사했다.

5장
같은가, 다른가, 아니면 연구가 부족한가?

2015년, 몬트리올에서 열린 국제 프랑스어권 페미니스트 연구자 학회le Congrès international des recherches féministes dans la francophonie에서 기조 강연 중 하나를 맡아달라는 요청이 왔다. 나는 수백 명의 사회과학 연구자들에 둘러싸여 커다란 홀에 서 있었다. 내 강연을 들은 연구자 중 다수는 여성과 여성의 직업에 대해 나보다 훨씬 많이 알고 있었다. 주제는 세 가지였다. 생각하고, 창조하고, 행동하라. 나는 이 중에 "행동"에 속하길 바랐다. 그리고 아무도 생물학자가 사회 이론에 정통할 것이라고 예상하지 않았다.

청중에게 이 책에서도 한 바 있는 신체와 일터에 관한 몇 가지 이야기를 했다. 나는 페미니스트 연구자들이 그들의 연구에서 젠더 평등과 여성의 건강 둘 다의 의미를 고려하기를 바랐다. 그들에게 직무 분리가 젠더 평등에 심각한 문제를 야기하지만, 때로는 여성의 건강을 보호할 수 있지 않은지 생각해달라고 했다. 그리고 통신 기사처럼 기존에 남성들이 점하던 직업군에 진입하면서 여성들이 마주한 어려움을 이야기했다. 성별 고정관념과 성추행뿐만 아니라, 평균 남성 노동자의 신체에 맞춰 설계된 업무 때문에 여성 노동자들의 업무상 재해와 근골격계 질환의 위험이 증가했다고 말하며 지역 노동조합과 문제 해결을 위해 함께 일했던 것도 설명했다.

질의응답 시간에 콩고 출신의 젊은 연구자가 자신을 소개했다. 그 연구자는 내 메시지 전체에 의문을 가졌다. "시몬 드 보부아르는 『제2의 성』에서 '여성은 태어나는 것이 아니라 만들어지는 것이다'라고 말했습니다. 생물학이 여성을 정의하지 않는다고요. 지금 보부아르가 틀렸다고 말씀하신 건가요?" 내 생각에 그 연구자의 말은 염색체에서 비롯된 생물학적 차이, 즉 "성차sex differences"가 일터에서 여성에게 일어나는 일을 결정하는 데 별로 중요하지 않다는 의미였다. 긴 세션의 마지막에 오직 2분밖에 주어지지 않은 상황에서 나는 더듬거리며 앞뒤가 안 맞는 불충분한 대답을 했다. 나 자신에게 실망스러웠고, 집에 돌아와서 내가 뭐라고 말했어야 했는지 생각했다. 그 생각이 이 책을 쓰게 했다.

건강을 연구하는 수많은 페미니스트 과학자와 노동조합 활동가들이 그 젊은 여성의 문제의식을 공유하고 있다. 이들은 성차별을 우려하며, 생물학적 성차에 대한 강조가 고정관념을 조장하고, 그래서 불평등으로 이어진다고 본다. 생물학 연구자로서 내가 주목하는 세 가지 주제는 다음과 같다.

직무 배치 및 직무 설계와 관련 있는 생물학적 차이가 있는가?

그렇다면, 그 차이가 여성의 직업적 건강에 영향을 미칠 만큼 크고 중요한가? 그 차이가 고려되지 않는다면, 모든 직무가 남성의 생물학적 특징만을 고려해 설계될 것이고 여성은 병들거나 다치게 될 거라는 뜻인가?

평등과 여성의 건강을 지킬 과학적 해결책이 있는가?

여성과 남성의 생물학적 차이들

여성-남성 생물학적 차이의 정도는 페미니스트들뿐만 아니라 자연 과학자들에게도 복잡하고 중요한 문제다.[1] 내가 들은 입장, 즉 인간의 형태는 쉽게 바뀌며 하나의 성/젠더와 강하게 연결되지 않고 다양한 모습으로 나타난다는 입장을 나는 "동일성"으로 부를 것이다. 내가 "차이" 페미니스트라고 부를 사람들은 여성에게는 그들의 생을 관통하며 남성과 달라지는 중요한 경로가 있다고 믿는다. 일터에서 이 두 관점이 여성과 남성에게, 또 육체노동자와 비육체노동자에게 다른 위험과 이익으로 나타난다. 내가 "동일성"이라고 부르는 주장은 생물학적 성보다 젠더나 사회적 역할이 질병 예방과 더 관련 있다는 의견을 내포할 수 있다. 이 사람들은 X 염색체를 하나 가졌는지 두 개 가졌는지 여부가 직업, 업무 배치, 작업의 건강 영향과 큰 관련이 없다고 할 수 있다. 내가 "차이"라고 부르는 주장은 여성과 남성의 직업과 업무 배치가 생물학적 취약함에 관한 데이터에 좌우되어야 함을 암시한다. 남성이나 여성은 성별에 특화된 장점에 맞게 직업과 업무에 배정되어야 한다는 것이다.[2]

이론적인 것처럼 보이는 이런 정반대의 입장들은 여성의 건강 친화적인 일터 환경 조성에 실질적인 어려움을 낳았다. 남성이 주류인 직업에서 여성이 더 높은 사고율을 보이는 것을 공개해야 할까, 강조해야 할까, 아니면 숨겨야 할까? 독성학자, 산업보건학자, 인간공학자에게 근골격계 질환, "새집 증후군", 만성 피로 증후군, 섬유 근육통처럼 남성보다 여성에게 영향이 큰 직업적 위험의 근저에 성별 특정 생리학이 있음을 연구해달라고 해야 할까? 아니면 질병은 그냥 질병으로 연구해야 할까? 여성과 남성이 물건을 들어 올릴 때 다른 기준을 정해야 하는지 살펴봐야 하나? 화학물질 노출은? 여성의 후각 민감성이 더 높다는 점을 감안해 독성 화학물질 냄새가 날 수도 있는 직무에서 다른 노동자들에게 주의를 줄 수 있도록 여성을 채용하는 것은 좋은 생각일까?[3] 특별히 임신한 여성에 적합하도록 직무를 조정하는 법안을 찬성해야 하나? 아니면 임신을 "다른 일시적 장애"처럼 취급하는 미국의 몇몇 정책 입안자들을 따라야 할까? 직장 독성물질에 대한 반응에서 외인성 성호르몬이 어떤 영향을 미치는지에 대한 연구가 거의 없는 상황에서 성/젠더를 전환하는 사람들에 대해서는 어떻게 해야 할까?[4]

생물학자로서 내 접근 방법은 사회적 맥락을 잊지 않으면서 이러한 각각의 문제와 관련된 생물학적 메커니즘에 집중하는 것이다.

성차와 직무 설계

과학에서 시작해보자. 다음에 나오는 것은 유전자에 의해 결정된 성별 차이가 매우 단순하게 설명된 것이다.[5] 여기서는 중요하고 바꾸기 어려우며, 또 일터에서 수용해야 할 생물학적 차이를 확인하는 것에 강조점이 있다. 더 알고 싶다면 사회적으로 관련 있는 특징들에서의 성별 차이 식별의 어려움에 관한 앤 파우스토-스털링의 논문과 책을,[6] 성별 차이를 어떻게 생각해야 할지에 관해서는 스프링어Springer, 스텔먼Stellman, 조던-영Jordan-Young의 논문과 책을 읽어보길 권한다.[7]

유전자, 염색체, 그리고 일터

수년 전 원래의 전공인 유전학 과정에서, 나는 임신 6주부터 여성으로 정의되는 X 염색체 두 개를 가진 사람들이[8] 초기 발달 단계 배아의 돌기와 주름embryonic bumps and folds으로부터 여성 생식계통을 발달시키는 과정을 배웠다. 내가 매료된 사실은 하나의 큰 X 염색체와 하나의 작은 Y 염색체를 가진 남성들이 같은 돌기와 주름으로부터 남성 생식계통을 발달시킨다는 것이다.[9] 달리 말해, Y 염색체에 있는 아주 적은 수의 유전자 유무, 그리고 X 염색체에 있는 소수 유전자 복제 수와 상태가 기술적으로 성적 이형sexual dimorphism이라 불리는 것, 즉 크기, 신체 비율, 기능에서 남성-여성 간 평균적 차이를 결정한다(그림 5.1).[10] 태아기부터 이미 그렇고, 이후 아동기에 환경은 이들 유전자와 상호작용해 일부 신체 구조와 대사metabolism가 적응하게 만든다.[11] 결국 여성과 남성은 보통 다르게 보일 뿐만 아니라 다소 다른 방식으로 호르몬을 생산하고, 특정 자극물을 감지하며, 식품과 오염물질을 대사하는 신체를 갖게 된다.

그림 5.1 유전자 성에서 생물학적 성으로의 발전

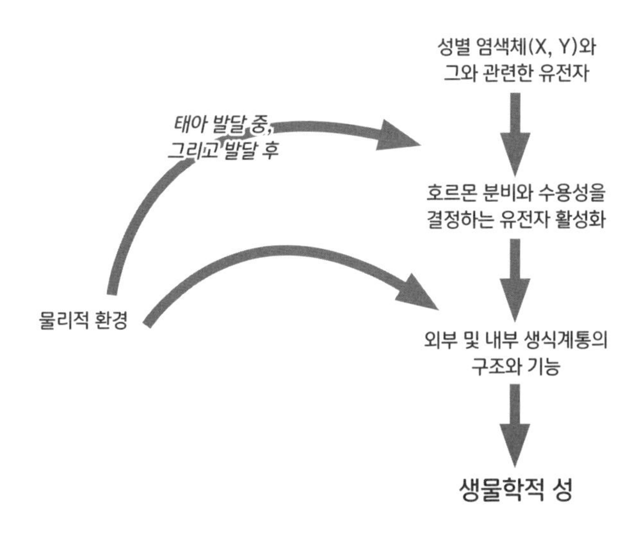

이런 차이가 여성이 일터에서 직면하는 장애물 일부의 원인이 되기 때문에 이를 간단히 요약하려 한다. 중요한 점은 유전적 성이 생물학적 성과 같지 않다는 것이다. 즉, 여성과 남성의 신체를 형성하는 데에 유전자가 단독으로 작용하지 않는다. 생물학적 성은 신체 형태와 크기, 근육의 비율, 출산 경험, 호르몬 투여, 대사를 포함하는 개념이다. 어떤 여성은 두 개의 표준 X 염색체를 가질 수 있지만, 그가 먹고 마시고 일하고 잠자고 운동하는 것에 따라, 또는 자신이 어떻게 보이고 싶은지에 따라 "전형적인" 여성처럼 보이거나 행동하지 않을 수 있다. 그리고 이런 행동은 그 여성의 사회적 영향에 의해, 또 젠더라고 알려진 소녀 또는 여성으로서의 자기 정체화에 의해 정해진다(그림 5.2).

그림 5.2 출생 때 정해지는 생물학적 성에서 젠더가 발달하는 과정

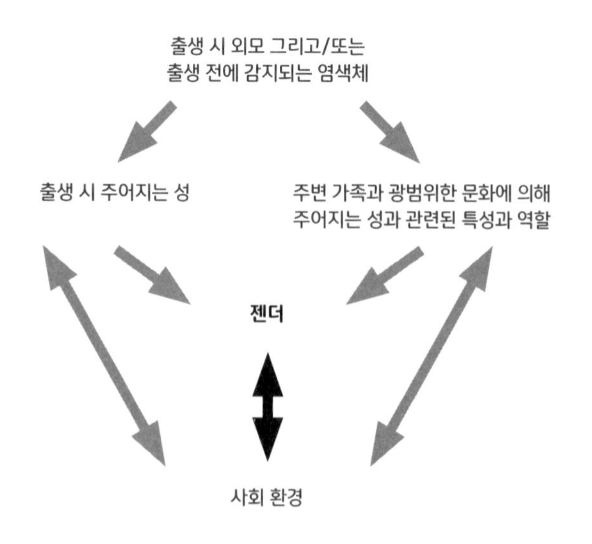

젠더와 생물학적 성은 서로에게 영향을 끼친다. 평생 자신을 여성으로 정체화한 사람은 (그 사람의 염색체가 무엇이든) 자신의 젠더와 생물학에 영향을 주는 일련의 경험을 하고, 이것이 자신의 마음과 몸을 무엇으로 할지 결정하는 데 도움을 준다(그림 5.3). 그래서 (특히 북미에선) 근육질의 몸을 만들어야 하는 젊은 여성은 북미 기준에서 더 "남성처럼" 보이는 몸을 갖게 될 것이다. 이런 인식은 사람들이 남성성에 대한 고정관념을 그 여성에게 씌우도록 한다. 테니스 챔피언 세레나 윌리엄스Serena Williams의 몸을 향한 인터넷 악플러들의 댓글을 보면 신체 훈련에서 온 생물학적 차이와 유사함이 젠더 고정관념에 어떤 영향을 끼치는지 알 수 있다.[12]

그림 5.3 평생 진화하는 생물학적 성

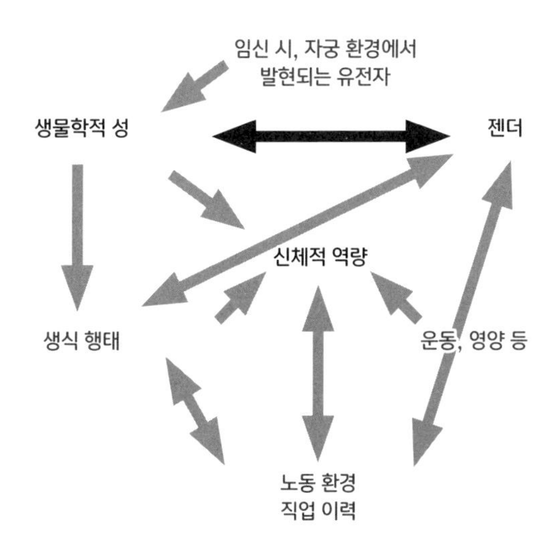

한 가지 경고한다. 이 책에서 설명하는 대부분의 생물학적 차이는 변할 수 있고 많은 경우 사소하다.

크기와 형태

평균적으로 남성은 여성보다 키가 크고 체중도 무겁다. 캐나다 군인의 경우 남성이 8퍼센트 정도 키가 더 크고 26퍼센트 정도 체중이 더 나갔다.[13] 그러나 여성은 단순히 작은 남성이 아니다. 우리 여성들은 다른 형태를 갖고 있다(표 5.1). 몇 년 전 온타리오 과학센터Ontario Science Centre에선 매트리스 패드에 네 개의 점을 그려놓은 전시가 열렸다. 전시에 온 사람은 앞의 두 점에 손을, 뒤쪽 두 개 점에 무릎을 놓게 되어 있었다. 한 명씩 한 명씩, 나는 여성과 남성이 정해진 위치에 가는 것을 보고 사실 킥킥대며 웃었다. 여성은 한 명도 그렇지 않았는데 모든 남성은 엎어지면서 코가 바닥에 닿았기 때문이다. 그 위치에서 여성의 무게 중심은 남성보다 훨씬 뒤쪽에 있다. 하지만 자전거를 타거나 조경용 트랙터를 운전할 때는 남성의 무게 중심을 보고 웃을 수 없다. 이 기계들은 일반적으로 여성에게 너무 크기도 하고 여성의 어깨와 허리에 압력을 더 주는 방식으로 형편없이 설계되었다. 그리고 자전거의 경우 성기 부분을 압박한다.

표 5.1 여성과 남성의 신체 치수: 캐나다 군인, 2012

	여성	남성	남/녀 비율
엉덩이~무릎 길이(mm)	582	615	1.06
가슴둘레(mm)	941	1,054	1.12
앉은키(mm)	873	930	1.07
신장(mm)	1,638	1,769	1.08
허리둘레(mm)	863	951	1.10
체중(kg)	69	87	1.26

출처: Allan Keefe and Harry Angel, *2012 Canadian Forces Anthropometric Survey (CFAS) Final Report* (Ottawa: Defence Research and Development Canada, 2015), 47-50.

주의: 위 자료는 내가 찾을 수 있는 가장 좋은 자료였다. 그러나 조사 대상에서 여성의 92퍼센트와 남성의 93퍼센트는 "백인"이었고, 이는 일반 인구의 비율보다 훨씬 높다. 또한, 군인들은 일반 인구보다 젊고 건강하다.

북미 백인 여성의 평균 체중에서 지방이 차지하는 비중은 25퍼센트지만 백인 남성은 평균 15퍼센트다. 여성은 피하지방이 더 많은 반면 복강에 지방("내장 지방")이 적다. 여성은 유방이 있고 허리부터 아래쪽이 일반적으로 서양배 모양인 반면 남성은 사과 같은 형태를 하고 있다.[14] (흑인의 경우 여성과 남성의 치수 차이가 더 적다고 알려져 있다. 그러나 인종별 집단에 대한 연구는 매우 부족하고 나 또한 신뢰할 만한 자료를 찾지 못했다. 그리고 캐나다 선주민에 대한 자료는 전혀 없다.) 남성은 허리가 더 굵고 엉덩이 치수는 여성과 비슷하다. 그래서 남성의 허리는 잘록한 정도가 덜하다. 이러한 차이는 디자인에 영향을 준다. 예를 들어, 남성용으로 디자인된 장비 벨트는 여성에게 충분히 맞는 사이즈가 아니면 엉덩이를 쿡쿡 찌를 수 있다. 그리고 이것이 바로 일하는 여성들에게 들었던 이야기다. 여성의 엉덩이가 비율적으로 넓은 것을 대퇴골과 하지 사이의 각도(사두근 각quadriceps angle 또는 "Q angle")로 강조하여 설명하기도 하는데, 이는 여성 운동선수들에게 더 많은 무릎 문제를 일으킨다.[15] 또한, 전봇대를 오르는 기술자들의 신발 디자인처럼 다른 직업에서도 중요한 문제일 수 있다.

몇 안 되는 이런 차이만이 절대적이라는 것을 다시 강조할 필요가 있다. 가장 큰 여성과 작은 남성 사이의 치수 사이에는 거의 항상 겹치는 부분이 있고, 거의 모든 연구가 유럽의 백인을 대상으로 이루어졌으며, 인종적 차이는 가시화되지 않았다. (여성과 비백인 인구의 크기와 형태에 대한 정보 부족은 코로나19 대유행 기간에 맞는 크기의 마스크가 필요해졌을 때 큰 문제로 드러났다.) 또 나는 다양한 논바이너리나 트랜스 인구에 대한 생리학, 또는 인체측정학anthropometric 연구를 확인할 수 없었다.

대개 유사성이 중요하다고 생각하기 때문에 뼈의 생김새에서의 성별 차이는 사소하게 여겨진다. 여성과 남성의 종아리뼈(경골) 가장 윗부분이 다르게 생겼고[16] 여성의 발은 길이에 비해 폭이 좁다는[17] 사실이 마라톤 기록과 하지 질환에서 성/젠더 차이를 만드는 게 아닐 수도 있다. 과학자들이 이에 대해 충분히 연구하지 않아 확신할 수는 없지만 말이다. 그래서 우리는 신발, 옷, 바닥 표면을 여성과 남성 모두에게 맞추려면 어떤 디자인 변화가 필요한지 모른다. 하지만 육상 트랙, 테니스 코트, 산업 일터, 도구, 장비가 천천히 여성의 (또는 비백인의) 신체와 비율을 고려하고 있다는 것은 확신할 수 있다. 왜냐하면 예전에는 여성도 이러한 도구나 장비를 사용할 수 있다는 생각조차 하지 않았고, 그 주제는 많은 연구자의 관심을 끌지 못했기 때문이다(기술적/과학적 장벽에 관해서는 12장 참조).

힘

대부분의 사람은 남성이 여성보다 힘이 세다는 주장에 동의할 것이다. 그러나 페미니스트들(그리고 사용자와 노동조합과 정책 입안자들)은 더 많은 것을 알고 싶어 한다. 어떤 힘일까? 모든 근육이 같을까? 모든 움직임이? 모든 위치에서? 모든 속도에? 여성이 남성만큼 훈련받는다면 어떤 일이 생길까? 만일 내가 아버지 말씀을 무시하고 멀리뛰기를 계속했다면 어땠을까? 계속 남자아이들보다 더 멀리 뛸 수 있었을까? 힘의 유지 기간은 어느 정도인가? 여성과 남성은 같은 비율로 피로를 느낄까? 우리는 근육통을 똑같은 식으로 겪는가?

다시 말하지만, 불행히도 무게 취급에 관한 대부분의 연구는 오직 백인 남성만을 대상으로 이루어졌고, 직무에서 사람들이 조작하는 무게의 유형에 관한 연구 역시 보통 남성이 하는 직무에 관한 것이었다. 여성들이 일터에서 주로 들어올리는 움직임이 있는 중량물(아동, 병원의 환자들)에 대해, 그리고 여성에게 더 자주 요구되는 힘(오래 서 있을 수 있는 능력, 작은 중량물—계산원에게는 식료품, 보육노동자에게는 작고 다루기 힘든 아이처럼—을 불편한 자세로 옮길 수 있는 능력)에 대한 연구는 상대적으로 적었다. 여성이 우리 앞의 짐을 어떻게 가장 잘 짊어질 수 있을지, 또는 등에 짊어진 짐의 균형을 어떻게 맞출 것인지의 문제는 지금까지 연구해보지 않았다. 전혀. 이런 연구는 극소수이며 그나마 자주 나오는 연구는 미국, 캐나다, 이스라엘에서 군대를 대상으로 수행한 것이다. 이 연구의 대상자들은 고도로 선별된 젊은 사람들이니, 단순노동을 하는 노동자들을 대표하지는 않을 것이다. 때로 군대 연구가 이런 적은 자료를 일반화하여 성적 차이를 아주 대강 무마하는 경향이 있다는 말을 더해야겠다.[18]

남성이 대부분의 직무를 수행하며 더 큰 힘을 보여주지만, 여성과 힘의 유형이 다르다는 점은 합리적으로 확신할 수 있다. 앙드레 플라몽동André Plamondon의 연구 그룹이 밝힌 바로는 경험이 없는 남성이라도 여성이 힘을 쥐어짜 들 수 있는 무게보다 두 배로 무거운 상자를 들 수 있다고 한다(139킬로그램 대 68킬로그램).[19] 이 여성들에겐 이 일이 생계 수단이었는데도 말이다. 여성의 근육이 6킬로그램 무게를 들 때 반응하는 정도는 남성이 12킬로그램 무게를 들 때의 반응과 같다.[20] 하지만 우리는 어깨 근육을 다소 다른 식으로 사용한다.[21] 평균적으로 다리 힘에서보다 상체 힘(50퍼센트)에서 더 큰 성별 차이가 있고,[22] 그래서 성적 차이는 걷기나 발차기보다 역도에서 더 뚜렷하다.

지구력 문제로 오면 장점이 반대로 향한다. 근섬유는 크게 두 가지로 구분할 수 있다. 유형Ⅰ 혹은 지근 섬유slow-twitch fibres는 유산소(산소 이용 가능) 조건에서 지속적인 수축 또는 지구력과 관련이 있고, 여성과 장거리 달리기 선수들에게 비율적으로 더 많다. 유형Ⅱ 또는 속근 섬유fast-twitch fibres는 무산소(산소 고갈) 조건에서의 집중적인 수축과 관련이 있고, 남성과 단거리 달리기 선수들이 비율적으로 많이 가지고 있다.[23] 역도와 같은 근력 훈련은 여성과 남성에게 두 종류 모두의 근섬유를 증가시키는 경향이 있다.[24] 근섬유 유형에서의 차이는 근력이 필요한 많은 업무에서 업무 지속 시간이 길어질수록 여성과 남성의 수행 결과가 비슷해지는 이유를 일부 설명해준다.[25] 달리 말해, 여성은 순간적으로 폭발적인 속도를 내는 것보다 지구력에서 상대적으로 더 뛰어나다는 것이다. 물건을 옮기는 것보다(지구력, 유형Ⅰ 근섬유 사용) 물건을 들어올릴 때("폭발적인" 힘, 유형Ⅱ 근섬유를 더 사용) 성별 차이가 더 크다.

힘의 차이가 호르몬에서 오는 것인지 아니면 다른 성-차별화된 유전자 기능에서[26] 오는 것인지, 아니면 훈련 효과에서 오는지 전혀 모른다는 걸 다시 언급하고자 한다. 내 트랜스젠더 친구가 테스토스테론 수치가 오를수록 점점 더 무거운 무게를 들 수 있게 되었다고 말해주긴 했지만, 젊은 사람들이 한 성별에서 다른 성별로 전환하는 경우 힘의 변화를 장기간 추적한 연구는 본 적이 없다.

생체역학 분야 전문가인 쥘리 꼬띠Julie Côté는 젠더, 성, 일에 관해 연구한다. 그는 왜 여성이 남성보다 통증을 더 호소하는지 연구해왔다. 그의 연구 결과 일부는 동일한 업무를 수행하는 여성과 남성이 어깨 근육을 쓸 때 다른 패턴을 보인다고 지적한다. 여성들은 같은 근섬유를 더 반복적으로 사용하는 경향이 있었는데, 이는 아마도 생리학적 한계에 더 가깝게 근섬유를 썼기 때문이었을 것이다.[27] 꼬띠는 이 흥미로운 논문에서 여성의 고유 수용성 감각proprioception(공간에서의 몸의 감각)이 다르다고 말한다. 여성이 자기 몸을 실제보다 더 작게 느끼는 반면 남성은 실제 크기와 더 가깝게 느끼는 경향이 있었다.[28] 그러나 꼬띠는 여성과 남성에게 항상 가변성이 있고, 두 성별이 행한 것에 겹치는 부분도 있다고 강조한다.[29]

따라서 들어올리는 힘에 성/젠더 차이가 있기도 하지만, 신체가 여러 종류의 움직임을 처리하는 방식에도 성/젠더 차이가 있거나 최소한 성/젠더에 따른 다양성이 있는 것으로 보인다. 적어도 실험쥐에게는 통증 진행 방식에 성별 차이가 나타났다. (통증에서 젠더/성별 차이에 관한 집중적인 논의는 11장 참조.) 남성 중심의 육체노동 직업과 군대에서 여성의 사고와 재해율이 훨씬 높고, 모든 직업에서 여성 노동자의 근골격계 질환 발생률이 훨씬 높다는 것을 보여주는 수많은 연구 결과를 감안할 때 이것들은 중대한 관심사다.

우리가 모르는 많은 것은 이렇다. 훈련이 근육을 향상시킬 수는 있지만 들어올리는 데 관여하는 다른 구조, 예를 들어 뼈와 관절과 근육을 연결하는 인대와 힘줄을 반드시 향상시키는 것은 아님을 감안할 때, 훈련이 여성의 들어올리기 힘을 어느 정도까지 끌어올릴 수 있는지 우리는 전혀 모르고 있다. 플라몽동 팀의 몇몇 연구를 제외하면,[30] 우리는 역도 기술을 여성의 체형과 근섬유 유형에 맞추는 데 관해 잘 알지 못한다. 우리는 비전통적인 직업을 경험한 여성이 작업 도구, 장비와 기술에 적응하는 법을 아직 충분히 모아두지 못했다. 우리는 그런 적응이 육체노동을 하는 여성 노동자들의 건강을 개선할 것인지, 아니면 그저 그들이 생리적인 한계까지 일하게 만들 것인지 알 수 없다.[31] 생체역학 전문가들은 여성과 남성 신체를 사용하는 최선의 방법은 다를 수 있고, 만일 그렇다면 작업장 설계를 재고해야 한다고 지적한다.[32]

임신과 생리 주기

관리자들은 매일 같은 상태로 나타나 항상 해오던 방식대로 일하는 믿음직한 직원을 좋아한다. 임신한 여성은 골칫거리다. 이들은 화장실에 자주 가고, 점점 피곤해진다. 그리고 몸이 더 거추장스러워지기 때문에 같은 업무를 항상 하던 대로 할 수가 없다. 게다가 임신한 여성이 일터에서 독성물질에 노출이라도 되면 태아에 심각한 영향을 끼칠 수 있고, 고용주가 책임을 걱정하게 만들 수도 있다. 하지만 대부분의 나라에서 고용주는 부담스러운 노동자를 쉽게 해고할 수 없다. 퀘벡을 비롯한 여러 주정부에서 태아가 화학물질이나 소음에 위험한 수준으로 노출돼선 안 되기 때문에 임신한 노동자는 "협상", 즉 직무 전환을 신청할 자격이 있다.

원칙적으로는, 법은 임신 상태 때문에 재해를 입을 수 있는 상황에 노출되지 않도록 임신한 여성을 보호한다. 하지만 실제로는 거의 항상 태아를 보호하기 위해 법이 발동된다. 고용주를 위해 증언한 어느 매력적인 의사가 말하듯, "문제는 임신한 노동자가 자궁에 대중의 일원(그 의사 생각에 임신부보다 더 보호받을 자격이 있다고 여겨지는 존재)을 품고 있다는 것이다".[33] 그렇지만 우리는 추가 작업 중인 임신부의 순환기계, 호흡기계, 근골격계가 혹사당해서는 안 된다는 점을 생각해야 한다. 임신 후반부에는 달라진 몸의 크기와 형태가 다른 공간이나 새로 설계된 도구를 필요로 할 수 있다. 그리고 이 모든 것이 임신하지 않은 동료들이 불공평해지지 않게 일어나야 한다. 이 말을 하는 이유는 퀘벡에서는 대부분의 임신한 여성에게 업무량을 조정해주도록 하는 훌륭한 법이 있음에도 고용주들은 여전히 조정의 부담을 임신하지 않은 동료들에게 떠넘기고 있기 때문이다.[34]

여성의 재생산 활동은 아이 출생 이후에도 계속되고, 퀘벡 여성들은 가사노동을 남성보다 주당 7시간 더 하고, 아이가 어린 경우에는 9시간 더 한다.[35] (이는 당연히 여성과 남성 간 생물학적 차이가 아니라, 여성이 유아를 잘 돌보고 대부분의 남성은 그렇지 않다는 사실로부터 파생되었을 것이다.) 이렇게 늘어난 노동시간은 신체적·정신적 작용과 맞물려 피로와 건강 문제를 일으킨다.[36]

어떤 노동 조건은 여성의 재생산에 특히 영향을 끼친다. 유기용제solvents나 추위, 어느 특정 업무에 노출되면 생리 주기가 불규칙해지거나 통증이 심해질 수 있다.[37] 어떤 고용주들은 왜 이런 개인적이고 사적인 문제에 맞춰야 하는지 이해하지 못한다. 그러나 고용주들은 피고용인의 다른 "개인적인" 요구에 언제나 대응해야 했다. 북미의 법, 규정, 정책은 고용주들에게 화장실, 식수, 점심시간, 휴식시간, 충분한 수면 및 가족과의 시간을 위해 합리적인 휴가를 제공하도록 하고 있다. 개인적인 필요가 불합리한 것으로 간주되는 건 "제2의 신체"뿐인가?

과학자들은 고용주들처럼 자신의 연구 대상이 매일 같은

상태로 나타나기를 원한다. 그렇지만 여성에겐 생리 주기와 임신이 있고 그다음 완경이 있다. 따라서 역사적으로 여성들이 생물 의학적 연구에 여성을 포함하라고 외치고 캐나다 젠더 · 건강연구소Canadian Institute of Gender and Health 설립을 주장하기 전까지[38] 과학자들은 연구에 동물 암컷이나 인간 여성을 포함하는 걸 거부하거나 잊어버리곤 했다.[39] 또 그렇다. 어떤 과학은 여성이 통증, 열,[40] 근육의 부하[41]를 견딜 수 있는 능력이 생리주기에 따라 다를 수 있다고 말한다. 그리고 과학자들은 남성과 여성 모두의 반응에 다양성이 있음을 입증했다.[42] 생체역학과 관련한 이 모든 질문을 설명하는 자료는 여전히 없고, 독성학에서의 상황은 훨씬 심각하다.

작업장 노출과 관련해 나타날 수 있는 다른 생물학적 차이들

미국 의학연구소US Institute of Medicine가 생물학에서의 성별 차이를 조사하기 위해 위원회를 구성한 것이 20년 전인 2001년이었다. 288쪽 분량의 이 위원회 보고서에 대사 내용이 10쪽 있었다.[43] 2017년에는 한 독성학자가 인간 환경에서 독성물질 대사의 성별 차이에 관해 알려진 것과 알려지지 않은 것들의 비평을 발표했다.[44] 2012년, 환경 화학물질이 뇌에 미치는 영향의 성별 차이를 독성학자들에게 묻는 강연에서 도나 머글러는 여성과 남성이 화학물질을 다소 다른 방식으로 대사하는 것으로 보이는 몇 가지 예를 제공했다. 그러나 지금까지, 아무도 시도하지 않았다. 수많은 연구가 여전히 여성을 배제하고, 수컷 동물만을 사용하거나, 연구 대상의 성별을 확인하지 않는다.[45]

독성물 대사에서의 여성-남성 차이를 생각하는 이유 중 하나는 독성물질이 호르몬과 반응하기 때문이다. 분명한 예가 "내분비 교란 물질"인데 이는 몇몇 일터에서 확인되며 호르몬과 반응하는 농약 및 환경 오염물질이다. 또한, 많은 독성물질은 지방에 영향을 끼치면서 지방의 영향을 받고, 여성과 남성은 에너지를 저장하는 "백색" 지방(남성에게 더 많다)과 에너지를 태우는 "갈색" 지방(여성에게 더 많다)의 비율이 다르다.[46] 대부분의 노출 기준이 오직 수컷 동물이나 남성 대상 실험에 따라 확립되었기 때문에 이는 아주 중요하다.

평균 미국 여성과 남성 사이의 또 다른 생리적인 차이는 여성이 더 작다는 데서 기인할 것이다. 외부 기온이 같을 때 여성은 추위를 더 타기도 하고,[47] 어떤 정신노동을 잘 수행하지 못한다.[48] 대형 사무실에서 노동자들이 냉난방기를 어디에 설치할지 의견이 갈리는 건 놀랄 일이 아니다.

여성을 위한 일터 만들기

대체로 "차이" 페미니스트들은 분명 염색체에 의해 영향을 받는 다른 현상 중 힘, 생리학, 독성물질 대사, 통증, 경험, 재생산 생물학에 대해 더 많이 알고 싶어 할 것이다. "차이" 페미니스트들은 의사들이 여성들의 심장 마비가 남성의 것과 다르고 "비전형적"이라는 것을 알아내기 전에 여성들이 심장 마비로 죽을 가능성이 더 높았다고 지적한다.[49] 이 페미니스트들은 차이가 일터에서 인식되고 또 그 인식이 일터 설계, 노동 기준, 규정에 반영될 수 있게 싸우려 할 것이다. 그들은 업무팀 구성에서도 다양성의 중요성을 강조할 것이다.

그러나 "동일성" 페미니스트들은 정치적으로 또 과학적으로 "차이" 페미니스트들이 잘못 짚었다고 주장한다. 시몬 드 보부아르의 주장에서 알 수 있듯이 성별 고정관념은 차이를 과장하고, 때와 장소를 막론하고 여성과 남성의 역할을 엄격하게 고정하는 경향이 있다. 이는 염색체 결정의 이분법에 따라서도 근거가 없다. 따라서 "동일성" 페미니스트들은 왜 우리가 유사함보다 성별 차이를 강조해야 하는지 이해하지 못한다. 그리고 생물학자의 관점에서 볼 때, 남성과 여성의 수행 능력과 역할이 완전히 다르지 않은 것도 사실이다. 잘 확립된 차이 중에서도 일부만이 보편적이다. 어떤 여성들은 보통의 남성보다 키가 크고, 또 어떤 남성들은 여성 일반보다 작기도 하다. 어떤 여성들은 통증에 둔감하고 어떤 남성들은 예민하기도 하다. 그리고 어떤 사람들은 여성이나 남성 어느 쪽으로 정의되기를 거부한다. 그러니, 성/젠더가 노동 기준을 정의하는 데 쓰여야 한다면 이 사람들은 어떻게 고려되어야 할까?

법률가들은 캐나다 법이 고용주들에게 (특히) 위해로부터 여성을 보호할 의무를 부여했고 채용에서도 여성에게 동등한 접근권을 줬다고 주장해왔다.[50] 인간공학자들은 만일 장비, 직무 조건, 직무 설계가 바뀌어 모두에게 적용되면 남성-여성 차이는 무의미하다고 말할 것이다. 어쨌든 어떤 사람들에겐 잘 볼 수 있는 안경이 필요하고 걷기 위한 지팡이가 필요하다. 물건을 조작하는 데에 남성/여성 차이의 정도와 양은 조정할 수 있는 업무 상황에서 모든 종류의 변수에 따라 달라진다.[51] 천 명의 남성 노동자가 있는 기계 공장에서 극소수인 여성 노동자 중 한 명이 디젤 엔진 볼트를 단단히 조여야 할 때, 그는 곧 더 긴 렌치가 필요하다는 걸 깨달았다. 같은 길이의 렌치를 썼을 때 여성 노동자는 남성 동료보다 볼트를 조이는 데 40퍼센트 더 오래 걸렸다. 그런데 두 배 긴 렌치를 썼더니 남성 동료보다 60퍼센트 빨리 조일 수 있었다.[52] 더 떨어져서 기구를 다뤄야 하지만, 긴 렌치는 이 여성 노동자가 힘을 덜 쓰게 하는 역학적 장점을 주었다. 측정된 여성 노동자의 악력은 동료 남성 노동자 평균의 절반으로 약했고 같은 부서 남성 동료에 비해서는 3분의 1 정도였지만, 적절한 도구를 사용하면서 남성보다 더 빨리 일할 수 있었다.

편안한 온도, 도구 손잡이 크기, 적절한 책상과 의자 높이 같은 것들의 성별 차이를 맞추려면 국소적으로 온도조절이 가능하게 하고, 사용 범위가 넓은 도구를 갖추며, 높이 조절이 가능한 책상과 의자를 마련할 비용이 필요하다. 또 업무 일정 변동이나 추위에 따른 생리 주기 문제에 대처하기 위해 관리방식을 처음부터 다시 세워야 한다. 고용주는 작업장 개선에 많은 돈을 쓰는 걸 꺼리기 때문에 쉬운 일은 아니다.

그래서 이 모든 차이, 그리고 과학자들과 고용주들이 여성 직업 건강에 관심이 없다는 점을 고려하면 직무 분리가 여성의 건강 보호 역할을 할 수도 있다. 그러나 이는 일터의 젠더 평등에 분명히 위험하다.

이 일을 어떻게 바꿀 수 있을까?

해결책을 향해

나는 "동일성" 페미니스트들이 여성과 남성이 다른 종이 아니며, 인지적, 신체적, 감정적 특성 범위가 엄청나게 겹친다고 주장하는 것이 옳다고 생각한다. 나는 앤 파우스토-스털링, 진 스텔먼Jeanne Stellman 같은 페미니스트 과학자들의 주장, 즉 여성과 남성 사이의 생물학적 차이는 염색체에 의해서뿐만 아니라 식단, 운동, 미학적 규범, 시간 사용, 삶의 다른 많은 부분을 포함하는 성별화된gendered 경험과 젠더 불평등에 의해서도 생긴다는 내용에 동의한다. 그리고 XX 또는 XY 염색체 구성을 가진 많은 사람이 생물학적으로 여전히 배타적인 한 성별에만 속하는 걸 명확히 정의할 수 없다고 주장한 루스 허바드와 스털링의 연구 결과를 존중한다.

그러므로 나는 염색체 성별이, 또한 젠더 정체성도 일터에서의 직무와 업무 배치를 결정해서는 안 된다는 것에 동의한다. 그러나 일터 건강과 관련 있는 성 관련 생리학의 몇 가지 측면이 스스로 "여성"이라 부르는 대부분 사람을 자신을 "남성"으로 칭하는 사람과 다르게 만드는 걸 인정한다는 점에서 "차이" 입장 사람들이 옳다고 생각한다.

내가 이론적인 주제들에 마음이 편하지 않다는 점을 반복해 말해둔다. 그런 주제들은 이론에 능숙한 페미니스트들에게 맡기려 한다. 이들도 통신 기사, 청소노동자, 간병사 모두 지금 변화가 필요하다는 데에 동의할 거라 확신한다. 어떻게 도울 것인가? 여성과 남성 모두에게 안전하고 공정한 일터를 위해 세 가지 변화를 추진할 수 있다. 더 많은 정보, 인적 자산에 대한 더 나은 접근, 그리고 특히 여성 노동자들(과 협력자들) 간의 더 단단한 결속이 그 세 가지다.

더 많은 정보: 신체적 부담이 있는 직무에서 저임금 여성 노동자들을 위한 정치적 싸움이 효과를 내게 하려면 우리는 실용적으로 질문해야 한다. 이 업무 혹은 저 업무는 여성의 신체에 맞춰져 있는가? 어떻게 더 낫게 만들 수 있을까? 여성의 신체는 실제로 어떤 상태이며 여성들은 지금 일터에서 자신의 상황을 어떻게 경험하고 있는가? 작업장 설계자들이 여성의 작업 환경을 인간공학적으로 향상하기 위해 무엇을

할 수 있을까? 작동 중인 메커니즘을 확인할 필요가 있다. 여성들이 작은 키 때문에 열려 있는 페인트통에 코가 더 가까운 상황보다 호르몬 상호작용 때문에 유기용제에 더 민감하게 반응한다면 우리의 접근법은 달라질 것이다. 한 마디로, 우리는 더 많은 과학적이고 기술적인 지식이 필요하다 (10~12장 참조).

지금 일어나는 일을 기록해야 한다. 인간공학자들과 엔지니어들이 기껏 하는 말은 물리적인 현장 크기와 조건이 노동자의 95퍼센트가 작업 가능해야 한다는 것이다. 이런 일을 하자면 이 행복한 95퍼센트에 대해 자주 듣는다. 이 말은 그 일을 95퍼센트의 노동자가 할 수 있다는 것이지만, 실제로 이 중 소수만 편하거나 주로 남성이 그렇다는 의미일 수도 있다. 그래서 조절 가능한 사무기기에 대한 더 높은 접근성과 더 다양한 작업 도구, 장비가 필요하다.

일터 정책: 위에서 설명한 모든 차이를 한 성별이나 또 다른 성별의 결핍으로 볼 수도 있고 다양한 장점과 재능의 원천으로 볼 수도 있다. 제대로 된 인적 자원 환경에서 고용주는 서로 보완 능력이 있는 팀을, 사람들이 협력 관계를 맺고 일할 수 있는 환경을 육성하려 할 것이다.[53] 남성 소방관들은 자신들이 연기를 너무 많이 들이마셨을 때 불길에서 끌어내 줄 덩치 큰 사람이 필요하므로 여성이 팀에 들어오는 건 원치 않는다고 말했다. 그렇지만 소방관들이 동료의 몸을 끌고 오는 데 모든 시간을 쓰지는 않는다고 말한 것도 그

들이었다. 화재 진압팀에는 크고 강한 사람, 작고 빠른 사람, 놀랍도록 전략적으로 사고하는 사람들이 필요하다. 불행히도 우리가 목격한 것은 여성이 다수가 남성인 직장에 들어갔을 때 사람들이 이미 그곳에 있는 남성처럼 되라고 여성을 독려한다는 것이다. 노동조합은 고용주에게 다양성에 대한 더 많은 책임을 물어, 충원된 인재의 장점에서 이익을 얻게 해야 한다.

연대: 일터에서 억압, 사고, 재해를 겪어온 수백만의 저임금 여성들은 성적 차이를 거부하는 것도 강조하는 것도 도움이 된 적 없다고 말하고 싶을 것이다. 생물학적 차이가 무엇이든, 더는 일터에서 우리 몸 때문에 수치스러워하고 싶지 않다. 우리는 우리의 주기, 생리, 완경, 가슴에 대한 농담을 듣고 싶지 않다. 우리는 "다르거나" "비전형적인" 몸을 가졌다고 생각되기를 원치 않는다. 왜냐하면 우리 몸을 포함한 많은 다양한 몸이 완벽하게 정상이기 때문이다. 우리는 일터가 남성의 몸에 하듯이(어느 쪽도 완벽하지는 않지만) 여성의 몸과 우리의 요구에 분명하게 대처하길 바란다.

일하는 여성들은 변화를 주장하기 위해 모여야 한다. 여성이 여성이라는 것을 수치스러워하지 않으면 우리의 권리를 지킬 수 있다. 노동조합을 통할 수 있다면 더 많은 보호와 안전 확보가 가능하다. 저임금 여성 노동자들은 성적 차이를 과장하지 않는 방식으로 잘 고려해 젠더 평등과 건강을 만들어낼, 이론이 아닌 실질적인 개입을 요구해야 한다. 일하는 여성들은 자신들의 “제2의 신체”에 적합하며 생산적인 팀워크 발전에 전념할 수 있는 일터를 주장할 필요가 있다. 때때로, 그 말은 다양한 연령대와 인종의 여성과 남성을 포함해, 넓은 범위의 신체에 일터를 맞추는 것을 의미한다. 때로 그 말은 팀 구성을 정말 열심히 생각한다는 것을 뜻한다. 그리고 때로는 인간의 차이에 대해 생각한다는 것, 그리고 그것을 어떻게 받아들여 이익을 취할지 생각한다는 의미다. 이제 개별 사업장을 넘어 정책으로 옮겨가야 할 수도 있다.

정책 변화

여성들은 항상 평등과 건강 문제 사이에서 균형을 맞춰야 했다. 예를 들어, 역사적으로 여성은 야간 노동과 관련한 불편한 선택에 직면해왔다.[54] 여성을 더 약하다고 간주했고, 젠더 역할 면에서는 여성에게 육아 임무를 부여했기 때문에 많은 나라가 공장에서 여성 노동자의 야간 노동을 금지했다. 몇몇 노동조합이 여성 야간 노동 면제의 법제화를 요구하기도 했다. 과학은 야간 노동이 신체의 자연스러운 리듬을 방해하고, 비만 체질로 만들 수 있으며,[55] 여러 질병을 일으키므로[56] 대부분 사람의 건강에 좋지 않다고 말한다. 밤에 일하는 엄마들은 낮에 밀린 잠을 청하기 어렵고, 점차 누적된 수면 부족으로 몸에 해를 입을 수 있다. 그래서 페미니스트들은 여성의 건강이 야간 노동 법률로 보호받을 때 기빼해야 한다.

그럴 리가 없었다. 때로 이런 유형의 법은 여성을 좋은 직업이나 고임금 교대제에서 몰아냈다. 그리고 법들은 선택적으로 적용된다. 보건의료 업종이나 전형적인 여성 야간 노동 직업들은 “보호받지” 못했다. 젠더 특정 법들은 여성들의 경제적 평등을 위한 접근을 어렵게 하면서 여성이 남성보다 가족에게 더 헌신하게 만들어 정형화된 젠더 역할을 강화할 수 있다. 그래서 페미니스트들은 이런 법에 반대할 것이다.

그렇지 않으면, 노출 기준을 정하는 경우는 이렇다. 정부는 인간공학자들에게 여성과 남성이 각각 어느 정도의 무게를 들 수 있는지 종종 묻는다. 그리고 같은 무게를 들 때 대부분 남성보다 거의 모든 여성에게 생리학적 부담이 더 크다는 것도 사실이다. 아주 많은 페미니스트가 여성과 남성에게 다른 노출 기준과 다른 채용 전 체력 테스트가 필요하다고 할 것이다.[57] 그런데 페미니스트들은 정말로 일터가 효율적인 두 세계로 나뉘고 성별에 따라 분리되기를 원할까? 여성들이 더 많은 직업에서 배제되지는 않을까? 키가 더 작고 약한 남성 또는 힘이 더 센 여성에게는 무슨 일이 벌어질까? 이 사람들은 직무 유형을 바꾸고 싶을까? 논바이너리 노동자들을 위한 특별한 직무 카테고리가 생길까?

성별을 바탕으로 한 노출 기준은 “여성임”을 입증할 테스트에 굴복해야 하는 “너무” 뛰어난 여성 육상 선수들의 경기에서 때로 제기되는 것과 유사한 문제를 낳을 것이다. 남성이나 여성 운동선수에게 허용되는 테스토스테론의 "적당한" 수준이 어느 정도인가에 대한 논쟁은 복잡하다. 그리고 이 논쟁은 신체가 어떻게 호르몬을 만드는지, 그리고 언제 또 왜 과잉 혹은 부족한지 밝혀지면서 꾸준히 진화한다.[58] 만일 우리가 다른 일터에서 별도의 기준을 선포한다면, 어떤 여성들은 더 높은 임금을 받기 위해 남성 기준으로 인정받도록 소송을 제기할 수 있을까? 남성은 자신들의 허리를 보호하기 위해 여성 기준을 적용해달라고 요구하지는 않을까?

어쨌거나, 지금 우리는 성/젠더에 따라 다를 수 있는 어떤 종류의 노출 기준을 결정할 만큼의 지식적 기반이 전혀 없다. 그리고 성/젠더는 일터와 관련 있는 생리학적 차이를 결정할 유일한 요인이 아니다. 경제적, 사회적 기회들이 인간 신체의 발달 형태에 엄청난 역할을 하고,[59] 성별과 관련한 다른 무엇보다도 역시 유전자가 신체적으로 고유한 특성을 결정한다. 일반적으로 키가 더 작고 유럽 사람들보다 더 날씬한 동아시아 출신의 이민자를 위해 다른 채용 기준을 세우기를 바랄까? 직원들의 DNA를 분석해 대륙별 유전자 비율에 따른 허용 가능한 화학물질 노출 정도를 결정하기 원할까?[60] 아마도 우리는 고용주가 일터를 모든 사람에게 맞춰야 하고, 모든 사람은 일자리에 공평하게 접근할 수 있어야 한다며 더 일반적인 노동 기준을 만들고 시행하라고 말할 것이다. 고용주들은 이에 대해 뭐라고 할 것인가?

고용주가 적절한 노동 환경을 제공하게 하려면 어떻게 해야 할까? 우리의 대답은 과학뿐만 아니라 조직적 정의와 정치적 행동에 근거해야 한다는 것이다. 나는 첫 번째 단계가 여성들이 자신의 몸에 느끼는 수치스러움을 멈추는 것이라고 언급했다. 두 번째 단계는 다양성, 팀워크의 장점을 강조하고 작업 도구, 장비, 팀 구성에서의 변화를 주장하는 것이다. 세 번째 단계는 연대하고 서로를 지지하는 일이다. 이다음 일은 정치적일 뿐만 아니라 과학적인 문제이기도 한, 일터를 어떻게 바꿀 것인가의 문제다. 다음 장들에서 이렇게 질문할 것이다. 여성들이 건강에 위협받지 않으면서 직업과 급여에 평등하게 접근하려면 우리가 어떻게 개입할 수 있고 어떻게 해야 하는가? 최고의 전략은 무엇인가? 우리 연구센터의 인간공학자들은 두 가지의 다소 다른 접근법을 활용했고 여기서부터 어떻게 진행해나갈지 고심하고 있다.

3부

일터 바꾸기

6장

변화를 실현하다

여성의 직무를 처음 생각하기 시작한 1970년대에 나는 잘못된 길로 들어섰다. 퀘벡대학교 동료인 도나 머글러가 당시 미국 석유화학원자력노동조합의 화학자였던 진 스텔먼이 토론토에서 여성과 직업 건강에 대해 강연한다는 소식을 전했다.[1] 인간공학 컨설턴트 한 명, 전국노동조합연맹 노동자 두 명과 함께 우리는 신이 나서 기차에 올라탔고, 5시간의 여정 동안 마주 보고 앉았다. 우리는 이동하는 시간 거의 내내 논쟁을 벌였다.

그 논쟁은 여성의 건강과 평등을 동시에 증진하려면 남녀의 생물학적 차이를 어떻게 다뤄야 하는지에 관한 것이었다. 남성과 여성의 생물학적 차이에서 가장 분명한 예는 임신이며 퀘벡의 여성 노동자들에게 유급 출산휴가가 도입된 지 얼마 안 된 시점이었다. 이제 막 정부는 임산부 혹은 수유 중인 여성에게 여성 자신과 태아, 그리고 수유 중인 영아가 유해인자에 노출될 경우 임신 기간, 수유 시기, 그리고 위험이 모두 지나갈 때까지 사실상 급여 전액을 지급하며 위험한 직무에서 벗어날 권리를 보장하겠다는 안을 제시했다.[2] 우리 다섯 명의 여성 모두 새 법안에 많은 관심이 있었다. 그중 컨설턴트와 나는 임산부에게 위험한 화학물질이나 환경은 거의 모든 남성과 비임신 여성에게도 위험하니, 일터에서 위험에 노출된 임산부를 위한 특별 휴가가 불필요하다고 주장했다. 우리에겐 이러한 생각을 뒷받침할 몇 가지 예시도 있었고, 이런 특별대우가 여성이 일자리에 접근하는데 오히려 어려움을 줄 거라고 우려했다. 몇 년 동안 안전보건 분야에서 노동자 훈련을 담당해온 도나와 노동조합 고문들은 어떤 일상적 조건들이 임신한 여성들에게는 용납되기 어려운 수준의 위험을 초래할 수 있다고 주장했다. 그들은 임신한 여성이 특히 더 피로에 취약하고 부담을 느끼기 쉬우며, 태아가 발달의 결정적인 단계에 있다는 사실을 고려했다. 도나와 고문들은 임신 기간에 노동자들이 특별한 배려를 받아야 한다고 했고, 그래서 그들과 아이들의 건강이 영구적인 손상을 입지 않기를 바랐다.

나와 의견이 다른 세 명이 임신한 노동자들에 대해 가장 많이 아는 여성들이라는 사실을 알아챘어야 했는데, 기차가 집으로 데려다준 이후에도 나는 여전히 그 보호 법안을 반대했다. 수년 후에 내 반대 의견 때문에 퀘벡 법안 통과가 더 어려워졌다는 소문을 들었다. 결국, (당시) 나는 유전학 전문가에 불과했던 것이다. 하지만 법안이 통과되자마자 나는 임산부의 위험을 인식하는 방법, 위험을 줄이는 방법, 그리고 임신의 어떤 단계에서 위험한 상황을 벗어나야 하는지 교육해 달라는 노동조합의 요청을 받아들였다. 그래서 나는 자기 노동 조건에 대한 여성들의 설명을 들어야 했다. 나를 놀라게 했던 상황들, 즉 어려운 환경에 관한 이야기였다. 환자를 들어올리고, 브래지어를 재봉하고, 계산대에서 일하는 임산부들의 이야기를 경청하며 나는 생각을 바꿨다. 임산부들은 특히 종일 서 있으면 안 된다. 특히 그들은 태아가 소음으로 청력을 잃거나 화학물질에 의해 기형이 될 위험을 감수해서는 안 된다. 특히 임산부들은 야간근무를 해서는 안 된다. 업무가 어려울수록 임신은 여성을 끔찍한 결과로 몰아넣을 수 있다.

또한, 시간이 흐르면서 평등에 대한 영향도 내가 완전히 잘못 알고 있었다는 사실을 깨달았다. 장기적으로 볼 때, 이 법안은 정치적으로 모든 면에서 여성에게 선물과 다름없었다. 보호 임신휴가는 여전히 퀘벡에서 여성들이 직업 건강 관행으로 특별하게 대우받는 유일한 분야다. 그래서 노동조합 안전보건위원회가 여성의 직무에 따른 건강 유해인자를 면밀히 살피게 했고, 때로는 노동조합 여성위원회와 협력하도록 만들었다. 이러한 접촉은 여성위원회를 강화해 여성 직무의 위험요소를 줄이는 데 도움을 주었다. 공중보건서비스가 임산부에게 위험한 노동 조건을 파악하는 데 관여한다는 사실은 의사들이 여성의 노동환경에 관심을 갖게 했는데, 대다수의 노동환경은 (놀랍게도!) 노출되는 모든 사람에게 매우 해로웠다.[3] 가장 중요한 사실은 계속해서 증가한 고용주들의 공격이 임산부뿐 아니라 다른 여성 노동자 단체까지 보호를 확장해온 노동조합, 여성 단체, 페미니스트 연구자, 그리고 공중보건 전문가 사이의 강력한 동맹을 자극하는 데 효과적이었다는 것이다.[4]

여성 직무의 어려움과 여성 건강에 미치는 위험을 심각하게 과소평가한 사람은 나뿐만이 아니다. 고용주, 법원, 심지어 동료들도 나만큼 둔할 수 있다. 하지만 여성 노동조합 활동가의 이야기는 숨겨진 위험을 드러내는 데 이상적인 도구인 인간공학적 분석을 공부하도록 나를 북돋웠다.

인간공학적 분석이란 무엇인가?

인간공학에 대한 프랑스식 접근방식을 창시한 알랭 위스너Alain Wisner와 그 외 인간공학자들은 고용주들이 "무지"로 인해 건강한 일터를 제공하지 못할 수 있고, 이는 과학으로 고칠 수 있는 부분이라 생각했다. 습득한 지식을 활용해 작업 과정과 환경을 변화시켜 생산성을 떨어뜨리지 않으면서 노동자의 건강을 보호할 수 있도록 업무를 과학적으로 분석해야 했다.

분석의 핵심은 인내심을 갖고 장시간 업무를 관찰하고 작업자와 소통한 후 인간공학자가 각 행동의 제약조건과 필수사항을 이해하는 데 있다.[5] 재봉틀 작업자는 왜 어색한 자세로 어깨를 들고 작업할까? 인간공학자들은 작업자가 어깨를 다쳤지만 스스로 알아채지 못할 만큼 바보는 아닐 것이며 재봉틀을 더 편한 곳으로 옮길 수 없을 만큼 변화에 반대하는 사람은 아닐 것이라는 전제를 가지고 출발한다. 그렇다면 의자가 조정되지 않아서 그런 걸까? 천 조각이 너무 커서? 작업대가 너무 넓어서? 관리자가 그렇게 하라고 해서? 가끔은 동료의 기계에도 손을 뻗어 도와야 하기 때문일까?

인간공학자들은 무엇이 잘못되었는지에 대해 아이디어와 이론이 있을 수 있지만, 그것 자체가 전부라고 생각해선 안 된다. 실제로 작업하는 사람들에게 우리의 아이디어를 검증할 필요가 있다. 여성 작업자들은 아니라고 말했다. 의자는 문제없고 괜찮다고. 문제는 일할 때 너무 서둘러야 하고, 그래서 의자를 올바른 위치에 둘 시간이 없다는 것이다. 올바른 위치란 뭘까? 어떻게 하면 의자가 올바른 위치를 유지하고, 어깨를 지탱할 수 있고, 어깨를 유지할 수 있는 시간을 늘리고, 아니면 어깨를 들어올리는 작업을 완전히 없앨 수 있을까? 일터로 돌아가 더 많이 관찰하고 작업자와 대화해야 하며, 이는 필요한 만큼 반복되어야 한다.

핵심 아이디어이자 인간공학적 개입의 목적은 노동자가 일하면서 건강을 지킬 수 있도록 "작업 재량", 즉 자유 재량권을 확장하는 것이다.[6] 그렇게 할 수 있는 재량만 된다면 노동자들은 자연스럽게 자기 능력과 필요에 알맞게 직무에 적응할 것이다. 따라서 의자 높이를 쉽게 조정할 수 있게 하고, 다양한 크기의 도구를 제공하며, 작업자 간의 의사소통을 촉진하는 것은 작업 재량을 확장하는 몇 가지 방법이 될 수 있다.

인간공학자가 작업을 철저히 관찰하고 모든 작업장 참가자의 관점을 고려해 추가 관찰을 통한 검증까지 마쳐야 비로소 권고사항을 작성할 수 있다. 그리고 우리의 권고가 특정 노동자를 배제하거나 고용 전 테스트에 적용되어선 결코 안 된다는 걸 배웠다. 작업이 근로자에 알맞게 조정되어야 하며, 그 반대가 되어선 안 된다.

인간공학자는 해결책을 강요해서는 안 된다. 우리는 작업장에 있는 사람들과 함께 변화에 대한 제안을 논의하고, 확실히 반영하기 전에 최적의 시험을 해야 한다. 따라서 인간공학적 개입은 페미니스트가 관심 있는 일종의 임파워먼트에 대한 가능성을 가지고 있다. 노동자들은 업무를 이해하려는 시도에 협력하고 더 나은 업무를 만드는 데 참여한다.[7]

페미니스트의 원칙을 인간공학적 개입에 적용할 수 있는가?

프랑스 초기 인간공학자 중 몇 안 되는 여성 가운데 한 명인 카트린 카유테제Catherine Cailloux-Teiger는 최초의 공식적인 인간공학적 개입과 그 이후의 대부분 시도가 여성 노동자와 그들의 노동을 개선했다고 언급했다.[8] 그들은 왜 그렇게 많은 여성의 직무를 연구했을까? 아마도 여성 직무의 위험이 눈에 띄지 않는 경향이 있어서, 이를 드러내기 위해 인간공학적 분석이 필요했을 것이다. 이런 비가시성은 눈에 띄게 위험한 직무에 남성이 배정되는 현실의 이면이다. 직무의 노동 강도가 분명히 세고, 두렵고, 복잡할 때 고용주는 남성을 고용하는 경향이 있다. 수하물 취급자, 군인, 그리고 기술자들은 주로 남성으로 고용되며, 그들이 허리 통증, 총상, 납 중독, 그리고 팔 통증을 호소하더라도 아무도 놀라지 않는다. 하지만 여성의 직무는 쉬워 보이고 기술이 필요 없는 "원초적" 능력만 요구하는 경향이 있다. 카트린의 첫 인간공학 연구는 단지 그 이유로 시작됐다. 여성 전기 작업자들은 몸이 아파 직장을 떠나야 했지만, 그 일은 "가벼운 일"로 분류되었다. 남성인 노동조합 대표들은 과학자들에게 이 여성의 문제가 "정말로 심각한지" 물어왔다.

초기 연구는 전자제품 조립 라인에서의 많은 건강 위험을 밝혀냈다. 예를 들면, 정적인 자세로 장시간 서 있는 것, 매우 빠른 작업 속도, 작은 물체에 시선을 고정하는 것, 손에 경련이 날 지경이 되도록 정교하고 미세한 작업을 수행하는 것 등이었다. 인간공학자들은 작업대를 놓는 방식에 약간의 변화를 제안할 수 있었고, 더 나아가 특히 여성 건강 문제가 "신경성 긴장 상태" 때문이 아니라 실제 작업 환경에 따른 것임을 밝힐 수 있었다. 인간공학자들은 여성의 직무를 계속 연구했고, 전화 교환원, 행정 사무원, 재봉 작업자에 대한 인간공학적 개입은 이 분야의 고전으로 자리 잡았다.[9]

그러나 인간공학에 관한 문헌과 나의 수업에서 이러한 노동자들의 젠더는 남성 "작업자"라는 이름 뒤에 숨겨져 있었다.[10] 나는 파리에서 공부한 교과서적인 개입이 여성 노동자에 대해 다뤘다는 사실을 전혀 알지 못했을 뿐만 아니라, 수업에서 젠더에 관해 생각하지 말라고 분명히 들었다. 프랑스 국립 공예원Conservatoire national des arts et métiers의 첫 수업에서 교수님은 학생들에게 어디에서 인턴십을 할 것인지 설명하게 했다. 캐나다에서 방금 도착해 아무런 정보가 없던 나는 여성의 일에 관해 공부하고 싶은데 추천해줄 사람이 있는지 교수님에게 물었다. 교수님은 여성의 일 같은 건 없으며, 모든 대상 인구가 적응해야 하고 적응할 수 있는 일만 존재한다고 퉁명스럽게 대답했다.

카유-테이거는 인간공학자들이 (노동환경에) 개입하면서 여성을 구별하기 꺼리는 한 가지 이유는 여성의 업무상 어려움에 대한 언급이 차별적인 관행, 즉 여성이 더 이상 고용되지 않는 문제를 야기할까 우려하기 때문이라고 말한다. 그리고 실제로 교수님도 이후 나에게 정형화를 피하고 싶었다고 말했다. 하지만 그의 말을 무시하고 철도역에서 화장실 청소를 하는 고령 여성에 관한 연구를 수행한 뒤, 여성의 일이라는 것이 있음을 알게 되었고 이는 고통으로 이어졌다. 나는 성별 직무 분리에 이름을 붙여야 했다. 여성은 분명히 몸을 구부리고 화장실을 청소하는 일을 맡았고, 남성은 물을 실은 대형트럭을 운전하거나, 난간을 닦고, 마루를 쓰는 등의 일을 맡았다. 여성의 업무는 더 빠른 작업 속도, 더 적은 기계의 도움, 그리고 더 어색한 자세와 관련 있었다. 차별이라는 이름을 붙이지 않았다면 그러한 차별은 계속 보이지 않았을 것이다.

교수님은 우리의 개입이 "정치적"이 아니라 "과학적"이어야 한다고 말했다. 나는 노사 간의 이견이나 분쟁을 어떻게 다뤄야 하는지 물었고, 교수님은 인간공학자는 중립적인 입장을 취하면서 반대 집단들 사이 장벽의 틈을 비집고 나가 모두가 받아들일 수 있는 해결책을 찾아야 한다고 답했다. 만약 노동자의 건강에 대한 중대한 위험이 지속되고 경영진이 우리의 제안을 받아들이지 않는다면, 이에 대해 우리가 할 수 있는 일은 없다. 나는 인간공학자가 대개 비용 절감을 추구하는 경영진으로부터 보수를 받는 점을 지적했고, 교수님은 그러한 사실이 우리의 입장에 영향을 미치도록 두어선 안 된다고 했다. 즉, 지속해서 "중립"을 유지해야 하고 업무 성과와 동시에 건강 증진을 도모해야 한다는 것이다. 당시 노동조합과 협력하는 인간공학자는 소수였다.

여성의 일에서 위험을 입증하기 위한 과학적 접근

니콜 베지나는 내가 인간공학을 처음 배웠을 때부터 지식면에서, 그리고 도덕적으로도 내 롤 모델이었다. 인간공학 분석에 대한 니콜의 접근방식은 철저하고 심오했다. 노동자

계급 가정의 첫 고학력자였던 그는 진심으로 노동자의 삶을 개선하고 싶어 했다. 이를 위해 니콜은 노동자들에게 피해를 주지만 생산 공정에서 필수적이지는 않은 작업 활동과 조직의 측면을 파악하고자 했다. 다시 말해, 고용주가 받아들일 수 있을 만한 환경 변화를 찾으려 한 것이다.

1970년대 말 석사과정 동안 니콜은 이러한 접근으로 연구하기 시작했다. 도나 머글러가 지도한 니콜의 첫 번째 연구는 아홉 군데 가금류 가공 공장에서 일하는 노동자들에 관한 것이었다. 전국노동조합연맹 안전보건 전문가의 도움으로 니콜과 도나는 노동자들과 이야기를 나누고 그들의 문제를 배울 수 있었다. 그들은 노동자들의 건강 문제와 근로 환경에 관한 상세 설문조사를 실시했다.

설문 응답에서 반복 작업에 의한 통증, 칼에 베임, 바이러스성 사마귀, 추위 노출에 의한 월경 문제 등 다양한 업무 관련 건강 문제가 나타났다.[11] 니콜과 도나는 노동조합과 협력해 "*Abattoir: Ne nous laissons pas abattre!*(도살장: 우리 자신을 도살하지 맙시다!)"라는 내용의 그래픽 팸플릿을 제작했고, 노동자들의 건강과 안전 문제를 설명하며 해결책을 제시했다. 노동조합과 대학의 협업을 통해 건강 문제에 대한 공식적인 인정을 받아냈고, 바이러스성 사마귀가 가금류 노동자에게 특화된 질병임을 확인하는 데 성공해 노동자들이 보상받도록 했다.[12] 노동조합은 또한 그 결과를 단체협약 수정에 반영하기도 했다. 니콜은 그 후 박사학위를 위해 프랑스로 떠났고, 그곳의 도축장에서 인간공학적 분석을 적용하는 방법을 배웠다.

하지만 니콜은 거기서 멈추지 않았다. 믿기 어려울 정도의 집중력을 가진 사람이다. 문제를 발견하면 그것에 대해 알아야 할 모든 것을 파헤쳤고, 시간이 얼마나 걸리든 바로잡기 위해 집중했다. 가금류 가공 공장에서 니콜은 자기 연구가 변화의 가능성을 연 것을 보았다. 그는 칼이 너무 무뎌 노동자들이 베이는 일이 생긴다는 걸 알게 되었다. 노동자들은 작업 라인에서 빠른 속도로 닭이나 칠면조를 자르고 뼈와 살을 발라내려고 했지만, 미끄러진 칼은 그들의 손과 팔로 향했다. 무딘 칼로 작업하기란 매번 너무나도 어려웠고, 작업마다 아주 세게 힘을 주게 된 노동자들은 어깨, 팔, 손목, 손에 끔찍한 통증을 호소했다.[13] 칼날을 갈 시간도 없이 1분마다 한 마리씩 작업을 완료할 수 있게 속도를 유지해야 했다.

더 중요한 것은 많은 노동자가 칼을 날카롭게 만들 방법을 정말 몰랐다는 사실이다. 올바른 칼 연마기란 무엇인지, 어떤 각도에서 사용해야 하는지, 칼날은 얼마나 얇게 만들어야 하는지를 말이다. 그래서 그 후 수십 년 동안 니콜과 그의 학생들은 칼 연마 기술을 가진 노동자를 확인하기 위해 도축장 노동자들을 만났고, 지역사회 전문가들과 상의했으며 칼 연마 작업의 주요 동작을 설명했다. 설명한 행동들은 분류와 평가를 통해 가장 적절하게 만들어졌다. 그리고 그들은 노동자 및 고용주와 협력해 칼 연마 방법에 관한 비디오를 제작했고, 노동자들이 칼 연마 전문가가 되도록 훈련했다.[14] 그의 비디오 "*Coupera ou coupera pas?*(잘리나요, 잘리지 않나요?)"는 퀘벡과 프랑스의 도축장 노동자들에게 상영됐다. 그의 팀은 훈련의 성공을 신중하게 평가하고, 개선하기 위해 노력했다.

이 모든 노력의 중요한 부분은 고용주의 수고와 지출을 최소화하고, 심지어 생산량까지 향상시켰다는 점이었다. 권위에 대한 공공연한 도전은 없었다. 젠더 관련 언급과 권력 관계에 대한 기타 내용은 결코 명시적으로 제기되지 않았다. 그러나 니콜은 훈련이 남녀 모두에게 확대되도록 전문 트레이너에 남성과 여성 모두를 조용히 포함시켰다.

니콜 자신도 젠더 이슈를 잘 알고 있다. 그는 이미 첫 번째 연구에서 가금류 가공 공정의 젠더에 따른 구분을 세심하게 묘사하고 발표했다(그림 6.1). 남성은 닭을 도살하고, 여성과 일부 남성은 닭 내장을 제거하고 자르는 작업을 한다. 또 여성들은 일부 남아있는 지방을 깨끗이 떼고, 여성과 남성이 닭을 포장하며, 마지막으로 남성이 포장된 닭을 냉동고에 넣어 운송했다.[15]

그림 6.1 1980년대 가금류 도축 공장에서의 성별 직무 분리

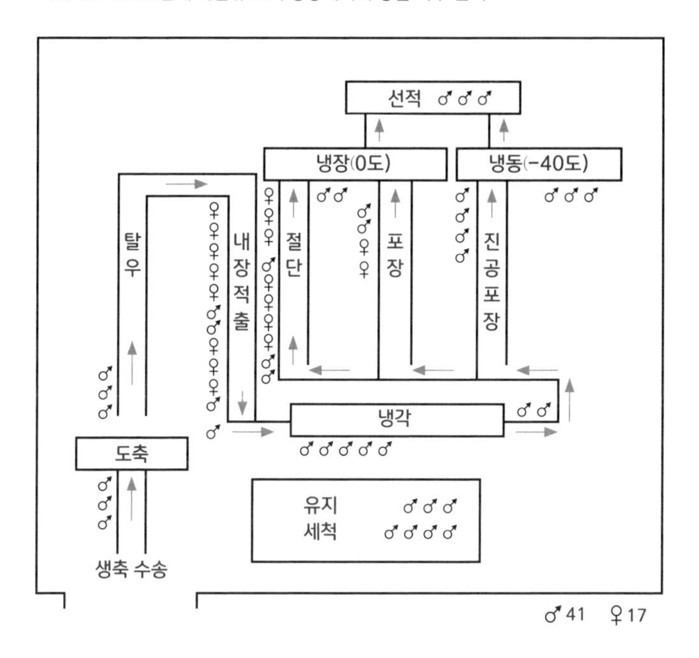

출처: Donna Mergler, Carole Brabant, Nicole Vézina, and Karen Messing, "The Weaker Sex?: Men in Women's Working Conditions Report Similar Health Symptoms," *Journal of Occupational Medicine* 29,5 (1987), 419.

1995년 니콜은 공장 노동에서 성별 직무 분리의 육체적 측면에 대해 세심한 설명서를 작성했다.[16] 그는 칠면조 가공 라인에 있는 여성들의 작업은 반복적인 움직임, 정밀함, 그리고 어색한 자세를 수반했기 때문에 시간이 지남에 따라 국소적인 통증을 유발하는 "지치는 일"이라고 했다. 남성들의 작업은 능력의 한계치에 도달하는 폭발적인 체력사용을

요구하므로 "한계에 도달하는 일"이라고 불렀다. 여성은 남성과 비슷한 횟수의 업무상 사고가 있었으나 통증은 더 자주 보고됐고, 닭을 자르는 등의 작업에서 남성 대신 여성이 대체 투입된 경우 업무상 사고가 더 발생했다. 그래서 직업성 건강 문제는 여성의 직무보다 남성의 직무에서 두드러져 보였다.

니콜이 인간공학 박사학위를 마친 후 돌아와 우리 생물학과 교수직에 지원했다. 채용 여부를 결정할 논문 학술발표 전날 밤, 나는 그에게 자기 능력에 자신감을 가지라고, 자신이 최고라고 스스로 말해야 한다고 격려했다. 니콜은 그 전략을 택하지 않았다. 대신 이렇게 말했다. "저는 여성의 얼굴이 드러나게 할 겁니다. 가공 공장의 여성들이요." 시간이 지나면서 니콜이 자신의 관심 분야에 대해 말하도록 혹은 생각하도록 독려할 필요가 애초에 없었음을 알게 되었다. 니콜은 다른 사람들, 특히 저임금 여성 노동자와의 연대에서 자신을 분리할 수 없었다. 나는 그가 어떻게 여성들을 부추겨 칼 연마 트레이너가 되게 했는지 말하면서 눈이 반짝였던 것을 기억한다.

교수로서 니콜은 공장 경영에 차질을 주지 않게 신중하고 철저하게 연구하도록 총명한 학생들을 교육했고, 여성 노동자들은 의심할 여지없이 더 나은 삶을 살고 있다. 니콜은 병원, 정부 안전보건기관, 노동조합 회의 등에서 우리가 일으킨 격한 감정적 대립 같은 일을 피한다. 그는 건강 증진을 위해 건강과 평등 사이의 모든 갈등을 해결하려 하지만, 가능하다면 평등을 추진하는 경향이 있었다.

니콜은 학생들과 함께, 많은 다른 일 중에서도 재봉틀 작업, 식료품 계산, 신발 정리, 소포 분류 등 여성들의 일을 세심하게 관찰해왔다. 각각의 사례에서 그의 아이디어는 노동자를 보호하고, 그들에게 더 많은 재량을 부여하고, 작업량을 줄이는 데 초점을 두었다.[17] 그는 여성 우편 노동자들의 어깨 통증에 대한 보상을 주장하면서, 노동자들이 다루는 소포의 크기는 비교적 작았으나 왼손으로 하루 평균 12,000킬로그램씩 운반했고, 분당 15개에서 20개의 소포를 처리했다는 사실을 입증했다.[18]

그동안 여성 노동자가 받는 육체적 요구는 남성 직무의 육체적 요구보다 덜 드러나는 경향이 있었기 때문에, 인간공학자들의 여성 직무 관찰 결과는 경영진을 놀라게 할 수 있다. 니콜은 공장 내 여성들의 좀 더 일반적인 문제를 강조했다. 즉, 여성들은 작업 라인의 끝에 집중돼 있어서, 앞에 있는 남성들의 속도에 좌우된다는 문제였다. 여성들은 앞 라인에서 벌어진 실수들을 바로잡아야 했다. 이러한 업무 부하의 근원을 경영진에게 알림으로써 니콜과 학생들은 많은 여성 노동자가 업무 부담을 완화하는 데 도움을 주었다.

쉽게 걸터앉을 수 있는 의자sit/lean chair를 대중화하려 했던 니콜의 노력을 살펴보자. 다른 주와 마찬가지로 퀘벡엔 고용주가 직장 내 의자를 제공해야 한다는 법률이 있지만, 또한 다른 주와 마찬가지로 많은 저임금 서비스 노동자들이 종일 서서 일해야 했다. 슈퍼마켓 계산원, 은행원, 그리고 다른 노동자들의 서서 일하는 환경은 순환기계 및 근골격계 위험과 연관되고 특히 여성에서 흔했다. 니콜은 이들을 위한 의자 투쟁의 선구자였다.[19] 그는 서 있는 자세에 따른 위해성을 조사하고, 조절 가능한 의자가 계산원에게 가장 좋은 해결책이란 것을 알아냈다. 그래서 추천할 가장 좋은 의자를 찾기 위해 연구하고, 안전보건 당국의 의자 요구에 영향을 끼칠 수 있도록 노력하는 한편, 슈퍼마켓 경영자가 의자 사용을 허락하게 했으며, 노동조합과도 협력해 그들이 장시간 서 있을 경우의 위험을 인식하게 했다. 니콜은 정부와 기업 간 위원회에서 적어도 10년 이상 자리를 지키며, 슈퍼마켓 계산원들이 왜 아직 앉을 수 없는지에 대해 나날이 진화하는 고용주들의 변명을 끈기 있게 들어왔다.

니콜의 노력 중 일부는 성공했다. 그는 노동조합을 위해 증언했고, 허리가 아픈 슈퍼마켓 노동자가 의자에 앉아 일할 수 있게 도왔다. 그의 학생 중 한 명은 근로감독관이 되어 신용협동조합Credit union 노동자들에게 의자를 제공하도록 했고, 결국 퀘벡의 대부분 은행원에게 의자를 줄 수 있었다. 또 다른 학생은 대형 체인 서점 직원의 의자 사용 지지 증언을 하고, 이로써 관련 소송 두 건을 승리로 이끌었다. 그리고 다른 신바이오스 졸업생은 카지노 직원들의 의자 사용 필요성을 입증했고, 이는 또 하나의 성공사례가 되었다.[20]

그러나 의자가 필요하다는 엄청난 양의 증거와 의자를 제공하도록 명시한 근로 기준에도 불구하고, 많은 서비스 부문 노동자들은 다리와 허리 통증, 심혈관계 질환의 위험에 시달리며 여전히 움직임 없이 서서 일한다.[21] 그리고 그들 대부분은 여성이다.

정치와 인간공학

니콜의 팀은 많은 여성의 직무가 그들을 다치게 한다는 것을 과학적으로 증명했고, 이에 따라 일부 여성이 보상받았으며, 어떤 여성들은 직무에 변화가 생겼다. 그러나 사회적 비전에는 큰 변화가 없었다. 퀘벡 정부가 2020년 안전보건법 개정을 제안했을 때, 우리 연구팀은 남성 노동자의 22퍼센트와 여성 노동자의 7퍼센트를 높은 위험군으로 추정해 가장 강력한 예방 노력을 해야 할 것으로 판단했다. 반대로, 여성의 72퍼센트와 남성의 53퍼센트가 가장 낮은 위험군으로 분류되었다.

여성들은 여전히 공장이나 저임금 서비스 직종에서 정치적 힘이 별로 없다. 그래서 여성위원회와 노동조합의 안전보건위원회는 사회적 변화를 끌어내기 위해 우리를 공식적인 파트너로 초대했다. 우리는 업무 개선뿐 아니라, 일터의 조직 정의를 지지해야 한다고 생각했다. 다음 장에서는 이러한 파트너십에 대해 설명하고자 한다.

7장

두려움이라는 용에 맞서는 일

퀘벡의 겨울로부터 더 많은 혜택을 받자고 생각한 45세쯤의 나는 다시 스키를 타야겠다고 마음먹었다. 스키 강습은 강사가 스키를 내리막길을 향하게 하고 스템(스노우플라우) 턴*에서 실제 패러렐 턴**을 하라고 하기 전까지 잘 진행되었다. 내 목표는 어떻게든 점차 속도가 빨라지는 걸 피하는 것이었기 때문에 회전마다 스키가 언덕을 향한 채 끝냈고, 그래서 계속 부드러운 회전이 어려웠다. "용의 얼굴을 똑바로 보셔야 해요!" 강사가 언덕 아래를 보라며 소리쳤다. 나는 그렇게 해냈고, 잘 되었으며, 30년 넘게 전문가 코스를 타고 있다.

용의 얼굴을 똑바로 바라본다는 것은 내가 속한 인간공학팀이 여성의 일에 개입할 때 취하는 일반적인 접근법이었다. 직장에서의 성차별주의는 불을 내뿜는 거대한 용이어

---

* 바깥쪽 스키를 A 모양으로 벌려 스템을 만든 다음 회전해 스키를 나란히 한 채 회전하는 것.

** 스키 양쪽을 나란히 두고 방향을 바꾸는 기술.

서, 젠더 평등과 여성 노동자들의 건강 증진에 보인 솔직한 관심 때문에 우리는 고용주, 연구기금 지원 단체, 심지어 몇몇 노동조합과 마찰을 빚었다. 수년 동안 일부 연구기금 지원 단체들은 여성 직업 건강 연구기금에 우리가 접근하는 걸 노골적으로 막았다. 한 주요 연구기관의 책임자는 여성의 일에 관한 어떤 언급이라도 하면 우리의 연구 결과를 배제하거나 다른 연구자들의 결과를 참조해야 한다고 홍보팀에 구체적으로 말했다. 내가 여성의 날에 노동자 보상위원회 사무국 강연자로 초대받았을 때, 부서장들은 노동자들을 참석하지 못하게 하라는 메모를 받았다(혹시 알고 있을까? 그 메모 덕분에 강연장이 꽉 찼다는 걸).

노동조합 여성위원회와의 연구 제휴는 젠더에 대한 우리의 관심을 고용주나 노동자들 앞에서 숨길 수 없다는 것을 의미했다. 니콜과 프랑스의 다른 교수들이 가르쳐 준 미묘한 힘의 균형, 조용한 협상은 우리에게 해당되지 않았다. 우리의 작업은 노동조합의 행동에 영향을 미쳤고 심지어 파업까지 초래했다. 그래서 우리의 관찰은 노동조합이 우리를 들여보낼 수 있는 작업장에서만 이루어졌다. 즉 연구계약서에 현장에서 조사한 내용을 노동조합에 제공 · 공유할 수 있다는 문구가 있는 곳, 고용주와 노동조합이 문제가 있다고 동의한 곳, 또는 처음에는 여성 이슈가 고용주에게 무해한 것처럼 보이는 사업장만 들어갈 수 있었다.

오랫동안 서 있는 것에 대한 우리의 접근은 명백하게 정치적인 것이었다. 우리는 상급 공무원을 압박해 직장에서 오래 서 있는 것에 대한 질문을 마지막 순간에 퀘벡공중보건조사Quebec public health survey에 추가시켰고, 공중보건 분야 동료들은 주 정부가 직업 건강을 조사할 때마다 그 질문이 포함되도록 계속해서 압박했다.[1] 우리는 데이터를 분석하기 위해 공중보건 전문가들과 협력했고, 그 결과를 과학자들과 노동조합에 알렸다.[2] 우리는 오래 서 있는 것에 대한 데이터를 여성과 남성 따로 분석하면 남녀 모두의 위험을 드러낼 수 있다는 걸 알려주기 위해 교육적인 방식으로 그 데이터를 사용했다(12장을 참조하라).[3] 우리는 국제적으로 그 데이터를 발표했고, 캐나다와 다른 나라의 연구자 중에서 동맹자들을 발견했다. 그들은 "앉는 것은 새로운 흡연"이라는 지배적인 이론을 미묘하게 바꿀 데이터를 생산하기 위해 우리와 함께했다. 퀘벡과 캘리포니아에서 상점 점원이 앉을 수 있는 자리를 획득할 수 있던 것은 많은 사람의 연구와 강력한 노동조합 행동이 축적된 결과였다.[4]

최근, 마리 라베르지Marie Laberge가 이끄는 우리 신바이오스 연구팀은 건강 개입에서 성별과 젠더를 통합하는 것이 실제로 캐나다인들의 건강을 개선하는지 연구할 지원금을 받았다. 그러나 어떤 종류의 개입인지 물을 필요가 있다. 건강과 젠더 평등 사이의 갈등은 정말로 해결될 수 있을까? 어떤 접근이 가장 효과가 좋을까? 어떤 방해물들이 있는가? 무엇이 도움이 되는가?

보이지 않는 상처
- 연구 파트너십

1990년대에 퀘벡 보건부는 건강 개선을 위해 지역사회와 과학자의 협력을 증진하는 프로그램을 만들었고, 우리의 노동조합-연구자 파트너십은 지역사회 건강 파트너십 안으로 비집고 들어갔다. 1993년부터 내가 은퇴한 2008년까지, 우리는 여성의 일을 관찰할 수 있도록 후한 보조금을 받았다. 그중에서도 청소노동자, 은행원, 초중등학교 교사, 성인교육 교사, 통신 기사, 의료 지원 노동자, 식당 서비스 노동자, 전화 교환원, 직업학교 교사, 호텔 노동자, 소매업 노동자, 특수 교육 지원 노동자, 재택근무자, 병원 접수원의 일을 관찰했다.

각각의 경우, 우리는 연구 과정을 안내하기 위해 공동위원회를 설치한 대학 현장 상담서비스의 도움을 받았다. 위원회에는 노동조합 여성위원회 소속 사람들 및 지역 노동조합과 관련된 사람들이 포함되었다. 여성위원회가 훌륭하고 적극적인 노동조합을 선택하면(그들은 거의 항상 그랬다), 흥미진진한 연구 과정이 펼쳐졌다. 우리는 어려운 질문들에 대답해야 했고, 우리를 고무시키는 피드백을 받았다. 모든 과학적 과정을 서로 도왔고 그 과정이 끝났을 때 모두가 훨씬 더 똑똑해져 있었다. 그리고 뜻밖의 이득은 당시 새롭게 발생하던 일터 문제들을 연구자들이 과학적 논쟁을 시작하기 훨씬 전부터 들을 수 있었다는 것이다. 불안정한 근무 스케줄 문제는 2000년대 문헌에서야 주목받는 연구 주제가 되었지만, 우리는 그 이야기를 1993년에 노동조합으로부터 들었다.

그러나 여성위원회와 협력하는 중이어도, 개입하는 동안 항상 젠더에 직접 초점을 맞출 수는 없었다. 1993년부터 95년까지 첫 번째 연속 조사에서 노동조합은 접수원, 은행원, 초등학교 교사 같은 여성들의 가장 흔한 직업을 살펴봐달라고 했다. 이러한 직업에는 남성이 거의 없었기 때문에, 성별화된 직무 분리와 젠더 관계는 우리의 작업 활동 설명에서 중요한 부분을 차지하지 않았다. 비록 조합원들이 가끔 차별의 예를 들긴 했지만, 우리는 인간공학 교수님들이 가르쳐준 대로 이러한 직업에서 보이지 않는 위험을 기술하고 개선책을 제안하는 데 힘을 쏟았다. 우리는 은행원들이 얼마나 오래 서 있는지, 교사들이 점점 늘어나는 문제 행동 아이들을 어떻게 다루는지, 병원 접수원들이 인지적인 문제가 있거나 영어도 불어도 잘 하지 못하는 사람들에게 어떻게 대처하는지 기록했다. 우리는 은행원에게 적절한 의자를,[5] 교사에게 학급당 학생 수 감축을,[6] 그리고 접수원에게 개조한 전화 헤드셋을 제안했다.[7] 니콜은 공식적으로 우리 파트너십의 일원이었고 그의 기여는 매우 소중했다. 노동조합은 지역에서 구체적인 노동 조건 변화를 가져오기 위해 우리의 과학적 결과를 활용했다. 연구 결과를 종합했을 때,

여성의 일에 숨겨진 위험이 따른다는 사실도 드러났기 때문에 동료 법대 교수들과 노동조합 여성위원회는 여성의 직업 건강 문제에 관한 일반의 인식을 증진하는 데에 이를 활용할 수 있었다.[8]

우리 연구의 다음 흐름에서는 1~3장에서 설명한 것처럼 남성에게 주어졌던 직무를 수행하는 여성들을 포함했다. 많은 여성이 여성 단체나 노동조합의 법적 투쟁을 통해 그러한 직업에 유입되었기 때문에 젠더는 고용주에게 가장 예민한 문제였고, 심지어 거슬리는 것이었다. 여성들이 특이한 사례가 되는 걸 달가워하지 않았기 때문에 우리는 그러한 직업을 개선하는 데 더 많은 어려움을 겪었다. 여성들은 종종 자신들의 신체, 작업 기술, 또는 능력이 남성 동료들의 그것과 다르다는 어떤 의견에도 저항하면서 가능한 한 남성들과 비슷하게 보이려고 노력했다. 그들은 생경한 시스템 안에서 자기 자리를 만들기 위해 심리적 괴롭힘, 심지어 육체적 폭력까지도 조용히 견뎌왔고, 따라서 우리가 그들을 두드러지게 만드는 것을 원치 않았다.

생물학, 성별, 젠더에 관해 가장 현실적으로 생각하게 만든 연구들이 있었다. 왜 로즈는 환자를 들어올리는 데 어려움을 겪고 있었나? 수잔느Suzanne에겐 어떤 종류의 공구 벨트가 필요했나? 이러한 연구는 노동조합이 문제를 완전히 해소하기 위해 최선을 다하도록 만들기도 했다. 사실, 이러한 개입이 있고 난 뒤 그 결과가 노동조합의 정책과 실행으로 퍼져나가기까지는 몇 년이 걸렸다. 여성의 직업 건강에 관해 노동조합이 후원하는 교육 과정, 건설 직종에 더 많은 여성이 일할 수 있도록 하기 위한 압력, 괴롭힘에 대한 새로운 입법, 또는 그저 성별 직무 분리에 대한 공개 토론을 통해, 우리의 협력 관계가 모든 사람의 시간을 완전히 낭비하진 않았음을 서서히 알 수 있었다.

젠더, 노동, 그리고 가족

2000년대 초반, 서비스 부문 여성 일자리에 대한 공격이 거세졌다. 영업시간이 길어져 근무시간은 불규칙해지고 예측할 수 없었다. 고용주는 노동자를 서비스 이용 패턴에 따라 바꿔 끼울 수 있는 부속으로 취급했고, 수요 변화에 맞춰 분 단위, 시간 단위로 근무일정을 미세하게 조정하기 시작했다.[9] 노동자들이 일과 함께 가정에서의 책임을 다하기란 외줄을 타듯 위태로웠다. 그래서 우리는 성별과 젠더 둘 다를 생각해야 했다. 근무 스케줄의 경우, 야간 노동과 유방암(성별)의 관계 및 일-가정 균형(젠더)을 생각했다. 동시에 여성에 대한 고정관념을 형성하는 경향과도 싸워야 했다. 그렇다, 여성들은 야간노동으로 유방암에 걸릴 위험이 있지만, 남성의 신체 또한 야간근무로 인해 고통받고 있다. 맞다, 가정에서의 책임은 공유되어야 하며, 여성만이 아이와 노인을 돌본다고 가정하는 건 좋은 정책이 아니다. 그러나 작업장에 관련된 법률과 정책은 (남성) 노동자들이 집에 있는 여성에게 가사와 돌봄을 의존하던 시기에 고안되었다. 그래서 이제, 노동 과정은 가족생활이 다양한 방식으로 짜이는 걸 방해한다. 그리고 가정이 돌아가게 하는 사람 대부분은 여성이다.

우리와 협력하던 노동조합은 근무 스케줄 이슈가 여성들을 움직이게 만든다고 말했다. 저임금 여성 노동자들은 이번 주를 살아내기 위해 충분한 유급노동 시간이 필요하고, 지금 당장 자녀들의 일정과 맞출 시간이 필요하다. 그들은 고용주를 화나게 하고 싶지 않았고, 관리자가 자기를 친숙하고 호의적으로 느껴 부탁을 잘 들어줬으면 하고 바랐다. 예를 들면, 그들은 앉을 의자를 확보하는 것보다 근무 스케줄 협상에 훨씬 더 많은 에너지를 쏟았다.

우리의 파트너십은 가사노동과 유급노동 활동이 뒤얽히는 방식을 보여주기 위해 일련의 근무 스케줄 연구에 착수했다.

일과 가정

1990년대 후반, 우리의 첫 번째 연구는 직무 요구가 가정생활을 침해하는 한 가지 방식에 눈을 뜨게 해주었다.[10] 대부분이 여성인 콜센터 노동자들은 노동시간에 대한 통제권이 거의 없었고 현기증이 날 정도로 불규칙한 스케줄로 일하고 있었다. 15분당 예상 통화량은 날씨, 휴일, 텔레비전 프로그램 편성과 관련 있을 수 있기에, 예정된 8시간 근무는 오전 6시부터 오후 4시 사이 언제든 시작할 수 있고, 무슨 요일이든, 또 이번주나 다음주 어느 날로도 달라질 수 있다. 2주에 한 번씩 새로운 근무일정이 배정되었고, 일정은 사나흘 전에 공지되었다. 이 모든 것은 어느 15분 단위에도 전화교환원이 단 한 명도 더 필요하지 않게 하기 위한 것이었다.

콜센터가 인력을 최적화하는 동안 가정의 영역은 혼란에 빠졌다. 여성들은 어떤 계획도 미리 잡을 수 없었다. 주치의와의 약속, 아이 선생님과의 상담, 생일 파티는 고용주의 필요에 따라 희생되었다. 여성과 남성 모두 로맨틱한 저녁식사 일정을 잡거나, 야간 강좌에 등록하거나, 스포츠팀에서 뛰거나 할 수 없다고 불평했다. 아이 숙제를 봐줄 사람을 2주 동안 무려 8명 구해야 했다(그럴 수 없었다). 우리가 연구한 노동자들은 대단히 힘겨운 근무일정에도 불구하고, 매우 강하고 호전적인 노동조합의 조합원으로서 축적된 경력과 비교적 좋은 급여 조건으로 일에 묶여 있었다.

노동조합의 협상을 통해 우리는 몇 시간 동안 노동자들을 관찰했다. 여성들이 지정된 좌석에 갇혀 있고 자리 이동이나 대화, 개인적인 통화가 금지되는 걸 볼 수 있었다. 우리는 여성들이 스케줄 게시판으로 걸어가는 것을 지켜보면서 반응을 들었다. 그들 중 엄마들은 주어진 일정대로 일할 수 없는 경우, 별로 그럴 생각이 없는 관리자에게 바꿔 달라고 부탁하기, 근무 시간대를 다른 사람과 바꿀 수밖에 없는 이유를 게시판에 공개하기, 여러 명의 베이비시터, 같이 사는 친척들에게 도움 구하기 같은 여러 번거로운 전략을 사용했지만, 오랫동안 아무 소용이 없었다. 나는 이들이 절망적인 상태임을 감지했고 심지어 자살에 대한 이야기까지 들었지만, 별로 유용한 제안이 떠오르지 않았다. 고용주는 근무일정을 좀 더 예측할 수 있게 만들 어떤 제안도 받아들이지 않았다. 우리의 유일한 성과는 제시간에 출근하기 어려워하는 여성들이 생각보다 "무책임"하지 않다는 걸 일부 상사들이 깨닫게 한 일이었다. 그리고 몇몇 과학자들과 정책 입안자들에게 불규칙한 근무일정이 엄청난 사회적 비용을 초래한다고 말한 것이었다. 시간이 흐르면서, 노동조합은 법조계에 있는 우리 동료들과 함께 일정 변경에 대한 사전 통보와 같은 몇 가지 더 나은 사회 정책을 추진할 수 있었다.

근무 스케줄에 대한 두 번째 연구에서는 건강관리를 위한 안정적인 팀의 중요성에 주목했다. 아나 마리아 사이페르Ana Maria Seifert는 한 퀘벡 병원의 간호사들이 고용주가 적합하다고 여기는 곳에 배치된 경우를 보여주었다. 그 결과 환자 간호에 지속성이 떨어지면서 문제가 발생했다.[11] 이틀 연속 같은 간호사를 만날 확률이 50퍼센트도 되지 않는다는 것은 환자가 제대로 간호받을 기회를 놓친다는 것뿐만 아니라 간호사들 역시 그 환자의 최근 상태를 파악하기 위해 시간을 더 써야 한다는 걸 의미했다. 게다가 끊임없이 병동을 오가는 일은 간호사들 사이의 의사소통을 방해했다. 1주일 동안 짝지어 일하는 11개의 다른 일정 중 오직 두 팀만이 두 번 연속 함께 일했다. 이는 간호사들이 자기 일에 가지는 의미는 물론 업무 효율성에도 영향을 주었다. 코로나19 대유행 동안, 보건의료 노동자들이 이곳저곳으로 옮겨 다니며 뒤섞인 것과 근무팀의 불안정성은 노동자와 환자 모두에게 치명적인 감염원이 되었다.

일과 가정에 대한 우리의 첫 번째 연구가 삶을 침해하는 근무일정에 대해 가르쳐주었다면, 두 번째 연구는 팀의 붕괴에 대해, 세 번째 연구는 관리자의 태도가 일-가정의 조화에 어떤 영향을 미칠 수 있는지 알게 했다. 이 세 번째 연구에는 공립 노인 요양시설이 포함되었는데, 이곳의 책임자는 자신이 철학자라며 우쭐해 있었다. 그는 연구하러 온 대학 연구원들이 완벽하게 운영되고 있는 시설에 아마도 감탄할 거라고 기뻐했다. 반면에 우리는 그나마 괜찮은 스케줄을 얻기 위해 험담과 경쟁이 난무하는 쥐들의 소굴rats' nest* 에서, 살아남으려 애쓰다 기진맥진한 노동자들을 관찰했다. 그들은 전부 여성이었다.[12] 이 철학자는 과로에 지치고, 자원 부족에 시달리는 여성 관리자 둘에게 모든 문제를 떠넘겼고, 노동자들이 스케줄에 대해 불평하면 그 관리자들에게

* 복잡하게 얽히거나 난잡한 상태를 일컫는 관용구. 체계적이지 않은 시스템을 표현할 때 쓰이기도 한다.

비난을 퍼부었다.

업무 스케줄은 하루 24시간, 주 7일을 꽉 채워야 했고, 교대조는 경력순으로 배정되었다. 경영진이 정규직 채용을 꺼렸기 때문에 일정 관리자들은 많은 근무일정을 막판에 온콜on-call*노동자들에게 배정했다. 그들은 근무 배정을 완료할 때까지 경력에 따라 의료지원 노동자들에게 전화하곤 했다. 그들은 스케줄 조정과 변경에 대한 무수한 요청을 확인하고 승인 여부를 결정할 소프트웨어가 필요했고, 이를 임시로나마 만들어보려 많은 기발한 방법을 사용했다. 그렇지만 책임자는 실무적이고 도의적인 지원을 전혀 하지 않았고, 정책도 바꾸지 않았다. 일정 관리자들은 그들이 개별 노동자를 믿는지에 따라, 혹은 그들이 생각하기에 그 노동자가 제시간에 출근하려고 노력하는지에 따라 스케줄 변경 요청을 받아들일지 거절할지 결정해야 했고, 누군가만 편의를 봐준다는 비난을 들어도 어쩔 수가 없었다. 한편, 노동자들은 일정 관리자에게 좋은 인상을 주고, 되도록 약속을 적게 잡고, 친구나 가족과의 눈에 보이지 않는 무수한 합의를 함으로써 살아남는 법을 터득했다. 직장에서 휴대전화 사용이 허용되지 않았지만, 당연하게도 노동자들은 남편, 베이비시터, 할머니, 아이의 학교와 통화했고 숨어서 하느라 시간을 더 썼

---

* 정해진 근무시간이나 장소가 없는 상황에서 필요에 따라 연락을 받고 업무에 배정되는 방식.

다. 엉망진창이었다.

이 연구를 통해 노동자들의 근무일정이 융통성 없이 짜여 있을 때 지극히 평범한 일들이 어떻게 재앙으로 변하는지 알게 되었다. 폭설, 자동차 고장, 질병, 주차 문제, 말썽을 부리는 아들, 뜻하지 않게 육상 선수권 대회에 참가하게 된 딸, 남편이 노동자들을 자꾸 불러냈다. 노동조합은 단체협약의 일부 사항을 변경해 사용하지 않던 공간에 어린이집 설치를 요구하려고 우리 보고서를 이용했다. 그 철학자는 우리 보고서로부터 아무것도 배우지 못했다. 그는 우리의 항의에도 불구하고 불쌍한 일정 관리자들을 공격하고 비난하는 데에 우리 보고서를 사용했다.

2020년, 무방비한 근무 재배치의 끔찍한 효과가 코로나19 유행 시기 보건의료 노동자들 사이에서 나타났을 때 책임자로부터 연락을 받았다. 나와 동료들은 노동자들이 규칙적인 스케줄로 일하고 각자 특정한 구역에 배정되어야 한다는 제안을 신문사에 서한 형식으로 보냈다. 그래야 그들이 환자들과 장기간 관계 맺을 수 있고, 더 안전하며, 더 규칙적으로 살 수 있다고 말이다.[13] 병원 책임자는 내가 도저히 이해할 수 없는 몇 장에 걸친 이론을 대답으로 보내왔다. 그리고 보건의료 분야의 어느 누구도 우리가 보낸 서한에 응답하지 않았다. 몇몇 노동조합 간부가 우리의 제안을 지지했을 뿐이다.

사실 2011년만 해도 우리의 노동조합 친구들은 처음으로 고용주와의 진정한 협력을 통해 근무일정을 짤 수 있는, 완벽해 보이는 곳을 찾아냈다. 한 대형 소매업체 경영자는 매년 100퍼센트가 넘는 엄청난 직원 이직률을 걱정하고 있었다. 이는 직원 대다수가 몇 달도 채 버티지 못했음을 의미한다. 매장 고용주들은 직원 만족도를 높일 방법을 진심으로 알고 싶어 했고, 우리는 그 일을 수락하게 되어 기뻤다. 노동조합은 서둘러 우리를 인사 담당 부사장에게 소개했다. 우리는 어떻게 하면 근무일정 설정 과정을 개선하고 직원과 고용주 모두를 행복하게 할지 생각해 보려 했다.

관찰과 설문조사를 통해 무엇이 잘못되었는지 진단하고 입증할 문서를 작성하는 일은 어렵지 않았다.[14] 근무일정을 정하는 과정은 융통성 없고, 자의적이며, 비합리적이었다. 대부분의 일정에는 어린이집이 문을 닫는 시간인 이른 아침, 저녁, 주말이 포함되어 있었다.[15] 근무일정은 예측이 어려울 정도로 다양했는데, 한 사람의 일주일 교대 시작이 오전 6시부터 오후 6시까지로 달랐다. 노동자들은 일요일부터 시작되는 한 주의 스케줄을 목요일이나 금요일, 즉, 이삼일 전에 통보받았다. 비상시에는 아무도 연락이 되지 않았다. 이러한 일정에 대처하기 어렵던 노동자들은 종종 시간이 임박해 전화를 걸어와 교대할 수 없다고 말했는데, 이때 부서 관리자는 다른 노동자를 부르거나 일터에 남아 있는 사람이 퇴근하지 못하도록 압박해야 했다. 대체인력을 구하지 못하면 자신들이 직접 일해야 했기 때문에 관리자들은 화가 날 때도 있었다. 교대근무에 자주 빠지거나 관리자의 요청을 거부하면 나중에 근무일정이 나쁘게 배정되는 결과로 이어질 수 있었다.

이곳의 노동자들은 약 3분의 1만이 가족에 대한 책임을 느낀다고 말했는데, 노동 가능 인구의 약 45퍼센트가 그렇다고 응답한 것과 비교했을 때[16] 이는 가족과 함께 사는 사람들은 애초에 이런 일자리를 피했거나 이미 떠났을 가능성을 시사한다. 위와 거의 같은 비율로(33퍼센트) 노동자들은 업무 일정과 개인 생활을 조화시키는 데 어려움이 많다고 답했다. 그리고 여기에서 젠더 문제를 발견하는 것은 어렵지 않았다. 여성들, 특히 가족을 부양하는 여성들은 근무일정과 일-가정 조화로 인해 훨씬 더 많은 어려움을 겪고 있었다. 가족이 있는 여성들은 일반적으로 가족이 없는 여성들보다 더 적게 일하고 싶어 했고, 남성들에게서는 이것이 정반대로 나타났다. 이런 결과 때문에 우리는 여성은 가족에 대한 주된 책임감을 돌봄으로 보지만, 가족이 있는 남성은 돈을 버는 데 더 압박감을 느낀다고 믿게 되었다.

여성들은 대개 계산원이었고 서서 일하는 데다 무거운 짐을 취급해야 했기 때문에 육체적으로 힘들었다. 종종 임박해서 확정되는 근무일정과 고객 응대 때문에 스트레스도 많았을 것이다. 계산대 앞에서 필요한 보이지 않는 요령과 재치, 그리고 인내심을 요구하는 여성의 일과 달리, 신체의 힘이나 인정받은 전문 기술을 쓰는 남성들은 더 많은 보수를 받았다. 이런 점이 바로 고용주가 남자들을 계속 쓰고 싶어 하는 이유였다. 고용주는 우리 연구가 "자격 있는" 노동력(남성)에는 충분한 관심이 없고 일-가정 상호작용에만 너무 관심을 쏟는다고 생각했다. 한 부사장은 처음부터 연구의 관심사를 알았으면서도 일-가정 균형에 관해 더는 듣고 싶지 않다고 말했다. 경영진은 결국 연구 보고서 직원 공개를 거부하고 우리를 내쫓았다. 그들이 보인 특히 비도덕적인 행태는, 연구 결과에 특히 관심 있어 보이는 직원이 누구인지 알려주면 개인에게 보고서를 보내주겠다고 제안한 것이었다. "충성심 없는" 직원을 밀고하는 꼴이 되고 싶지 않았고 우리는 제안을 거절했다.

이 특이한 노동조합이 경영진에게 겁을 먹었기 때문에 참여자들은 연구 결과를 전혀 알지 못했다. 이러한 경우는 내 연구자 경력에서 처음(이자 마지막) 있는 일이었다. 노동조합은 전반적으로 보고서에 별로 관심이 없는 것 같았다. 이 연구의 유일한 긍정적인 결과는 한 매장에 예측 가능한 근무 일정의 안정적인 일자리 몇 개를 만들도록 고무시킨 것뿐이었다. 우리는 노동자들을 더 돕지 못한 것이 실망스러웠다.

그러나 연구는 우리에게 큰 행운을 안겨 주었다. 훌륭한 연구 보조원 중 커뮤니케이션학 전공의 석사과정 학생 멜라니 르프랑수아Mélanie Lefranoisois가 있었다.[17] 나는 재빨리 멜라니를 인간공학 및 커뮤니케이션 박사과정으로 유도한 뒤, 커뮤니케이션학과 동료인 조헨 생 샤를Johanne Saint Charles과

공동으로 지도했다. 당시 우리의 노동조합 친구들이 또 다른 일-가정 연구를 요청했고, 자녀 둘이 청소년기에 접어든 멜라니가 관심을 보였다. 노동조합 여성위원회 대표가 우리를 한 지역 노동조합 회의에 데려갔을 때 거기서 일-가정 개입에 관심 있는 사업장이 있는지 물었다. 운수노동조합 소속의 모리스 아르세노Maurice Arseneault가 가장 믿음직했고, 그가 우리를 조합원들에게 데려갔다. 그는 내가 지금부터 트랜스펙Transpeq이라고 부를 자기네 회사의 작업 스케줄을 조사해달라고 했다. 남성 중심의 거대 노동조합과 긴밀히 협력해야 하는 것은 이번이 처음이었다.

청소노동자 그룹부터 조사를 시작했다. 이들의 36퍼센트는 여성이었다. 모리스는 멜라니가 모든 주요 인물을 만날 수 있게 도왔다. 적대적인 고용주가 있는 곳에서 인간공학적인 개입을 시도할 때 커뮤니케이션 훈련이 매우 도움이 된다는 걸 알았다. 미소가 아름다운 멜라니는 어느 관리자와 노동조합 간부가 우호적인지 재빨리 파악해 이들과 회의를 잡았고, 프로젝트 승인을 받은 뒤 관찰을 시작했다. 그는 자기도 청소노동자 훈련이 필요하다고 생각했고 인간공학적 관찰을 시작하기 전에 그들의 일을 알기 위해 얼마간 청소팀으로 일했다. 멜라니는 1년 동안 그곳에서 거의 살다시피 하며 모든 노동자와 관리자들을 알게 되었다. 그들은 멜라니를 좋아했다.

멜라니가 연구한 직무는 쉽지 않았다. 특히 수송 장비의

좁은 공간을 청소하는 일은 여러 부자연스러운 자세, 시간 분배, 팀워크 조율을 수반했다. 특히 여름엔 더 불편하고 뜨거운 환경에서 일해야 했다. 작업팀들은 매일같이 모여 누군가 몸이 좋지 않거나 처리해야 할 집안 사정이 있을 때 지원해주고 심지어 일을 나누기도 했다. 그러나 갈등도 있을 수 있었다. 관찰 중에 우리를 움찔하게 하는 인종차별적이고 성차별적인 발언도 들었다. 일부 여성들은 특히 저녁 늦은 시각에 특정 남성들에게 위협을 느낀 적이 있다고 말했다.

우리는 많은 시간을 들여 실제로 근무일정을 정하는 과정을 관찰했다. 이곳은 소매업체나 콜센터보다는 인간적이었다. 회사는 6개월마다 그들이 운영하던 수백 가지의 다른 근무일정을 게시했고 노동자들은 노동조합 대표의 도움을 받아 경력에 따른 근무시간을 골랐다. 그러나 일정 선택은 쉬운 일이 아니었다. 당신은 하루 중 일하는 시간대, 연속적으로 일하는 날과 쉬는 날, 작업팀, 청소 장비 유형이라는 여러 가지 복잡한 선택을 해야 한다. 그렇지 않으면 다양한 근무일정에 대해 온콜(대체인력) 근무를 신청할 수도 있다. 각각의 선택은 다른 결과를 낳았다. 일하는 시간대(오전? 오후? 야간?)는 급여뿐만 아니라 작업량과 피로도를 결정했다. 그리고 직장 근처 어디라도 주차할 곳을 찾을 수 있는지를 비롯해 출퇴근 시간에도 영향을 미쳤다. 연속적으로 일하는 날과 쉬는 날의 배열은 5/2, 4/2, 4/3, 4/4 또는 온콜일 수 있으며, 이에 따라 하루에 일해야 하는 시간은 물론, 근무해야 하는 주말의 수와 휴무일이 돌아올 때까지 얼마나 피곤할지를 결정한다.

> "저는 하루에 세 시간 자요. 새 남자친구와 지내는데 근무 일정 때문에 너무 힘들어요. 항상 베이비시터 시간을 맞추느라 뛰어다니고요. 엄마는 최선을 다해서 도와주세요. 그리고 제 딸들이 자주 병원에 가야 해서… 그래서 늦어요. 일도 놓치고요…." (여성 청소노동자)

당신이 이 일을 오래 했을수록, 근무 스케줄을 선택할 때 고려해야 할 것들을 더 많이 알 것이다. 장비의 종류에 따라 청소가 더 쉽거나, 체구가 작은 사람에게 더 유리했거나, 더 큰 규모의 작업팀을 요구하거나 했다. 그리고 아주 많은 이유로 당신과 잘 맞는 작업팀이 꼭 필요하다는 것이 밝혀졌다. 당신이 기운이 없거나 컨디션이 안 좋은 상태로 출근한다면, 다른 사람들이 당신을 대신할 것인가? 당신이 피곤하거나 화가 났을 때 당신의 동료는 지지해줄 것인가? 아니면 비판적으로 굴 것인가? 그들은 청소 업무를 공정하게 분담할까? 아니면 언제나처럼 결국 한 사람(아랍인, 아프리카인, 여성)이 화장실을 청소하게 될까? 모두 같은 기준으로 청소했을까?

그리고 훨씬 복잡한 사안에 대해서는 추가로 고려할 것들이 있었다. 만약 내가 이 일정을 잡고 내 친구가 다른 일정을 잡으면, 우리는 연속근무를 하는 대신 추가로 하루를 더 쉬기 위해 가끔 서로 근무조를 바꿀 수 있다. 즉, 내가 그리 피곤하지 않아 연속근무할 수 있다면 그렇다는 것이다. 만약 괜찮은 주간 일정을 가진, 경력이 오래된 동료가 7월에 출산휴가를 갈 거라고 내게 살짝 알려준다면, 그 동료가 하던 좋은 시간대는 내가 차지하기 위해 온콜을 선택할 정도로 가치 있는가? 그가 출산휴가를 떠나기 전 내가 끔찍한 시간대에 꽂힐 위험을 무릅쓰고도 그러한가? 만약 그 사람이 유산이라도 하면 어떻게 될까?

그뿐만 아니라 신규 채용자, 소수 인종, 이민자, 그리고 영어나 프랑스어를 잘하지 못하는 사람들처럼 정보 접근성이 더 낮았던 사람은 어땠을까? 그들은 어떻게 근무일정을 선택해야 하는지도 모르고 그 시스템을 돌아가게 하는 모든 가능성에 대해 듣지도 못했다.

일단 노동자들이 몇 년 근무하면, 그들은 제안된 스케줄의 의미를 상당히 빠르게 파악하고 일정을 현명하게 선택할 수 있었다. 그러나 때로 회사가 훼방을 놓았다. 대부분의 파트타임 노동자가 5일 근무, 2일 휴식을 해야 한다고 결정된 그해처럼 말이다. 그것은 재난이었다. 규칙적인 7일 간격에 기반한 모든 스케줄이(4/2 또는 4/4가 아닌) 소수의 사람에게만 좋다는 걸 의미하기 때문이다. 월요일부터 금요일까지 일하고 토요일, 일요일은 쉬는 일정을 잡을 수 있던 오랜 경력의 노동자들은 모든 주말을 쉴 수 있겠지만, 절반 이상의 노동자들은 그 후 6개월 동안 주말에 전혀 쉴 수 없을 것이다.

회사가 일부러 근무일정을 겹치게 짜서 일정 교환이 불가능했던 적도 있었다. 심지어 우리가 유연한 근무일정의 중요성을 고용주 대표에게 설명한 뒤에도(설명을 듣지도 않는 것처럼 보였다) 그들은 변경을 거부했다. 이러한 사건들은 회사가 근무일정을 붙여놓던 게시판이 왜 "통곡의 벽"으로 불렸는지 알게 해주었다.

멜라니와 나는 스케줄 거래가 벌어지는 동안 통곡의 벽 옆에 자리 잡고 앉아 노동자들이 내린 선택에 관해 그들과 이야기했다. 우리는 노동자들이 적절한 작업팀을 얻기 위해 많은 에너지를 쏟는다는 걸 알게 되었다. 이러한 선택은 이 일이 가진 신체적, 감정적 요구를 고려할 때 아주 실용적인 의미가 있다.

> "폭염에 종일 쉬지도 않고, 물도 못 마시고, 쉴 틈도 없이 일하고 있을 때, 누군가 당신 팔을 스치면 큰 싸움으로 번질 거예요."(남성 청소노동자)

작업팀, 팀의 리더, 일할 시간, 그리고 쉬는 날을 선택하는 것은 주요한 고려사항이었지만, 우리는 또한 여성들이 무서운 남성 동료와 동시에 근무하는 걸 원하지 않는다는 이야기와 온콜 근무 할당을 둘러싼 복잡한 게임에 관해서도 들었다.

노동조합은 노동자들의 스케줄 선택을 돕는 데 많이 관여했다. 노동조합은 근무일정 협상 과정에서 약간의 정보를 받아 스케줄 선택 기간 내내 전문가의 조언을 제공했다. 그러나 노동조합이 스케줄에 영향을 미칠 수 있는 실질적인 힘이 상당히 제한적이었는데도, 노동자들은 노동조합이 불공정한 상황(특히 겹치는 스케줄)을 바로잡지 못할 때 결국 노동조합 대표들을 비난하곤 했다. 평소에는, 예를 들어 한 그룹의 선임노동자들이 야간근무에 지친 어느 육아하는 동료를 위해 주간근무 일정을 비워 두기로 했을 때는 노동자들의 연대가 매우 놀라웠다. 물론 반대 상황도 일어날 수 있다. 어떤 사람들은 일부러, 자신에게는 좋지만 그들의 일상적인 작업팀에서 다음 사람을 "쫓아내는" 스케줄을 골랐다. 이것이 반드시 승리하는 전략은 아니었다. 소중한 막내 팀원을 잃은 것에 화가 난 팀들이 침입자의 다음 6개월을 비참하게 만들 수 있었기 때문이다.

많은 청소노동자는 처음부터 힘겹게 살았다. 그들 대부분은 그저 제시간에 일터에 오기 위해 매일 분투해야 하는, 불어가 능숙하지 않은 이민자들이었다. 이들 중 일부는 인종차별적 욕설 중에서도 가장 끔찍한 것을 참아야만 했던 유색인들이었다. 그들이 웃으려고 노력하는 걸 지켜보기가 너무 가슴 아파서 우리는 "관찰자"의 자세를 버리고 끼어들고 싶은 마음이 굴뚝같았다.

근무 스케줄을 정하는 문제는 그들의 삶을 더욱 힘들게

만들었다. 한 주는 양육권이 있고 다음 한 주는 양육권이 없는 어떤 이혼한 남성들은 육아 문제에 대처해야 했다. 하지만 우리가 본 가장 극단적인 스케줄 문제는 여성 노동자들과 관련되어 있었다. 야간 근무조는 놀랍게도 엄마들로 구성되어 있었다. 왜냐하면, 이 시간대는 선택 경쟁이 거의 없고 밤에 일하면 낮을 가족과 관련된 일에 "자유롭게" 쓸 수 있기 때문이다. 한 싱글맘이 들려준 근무일정, 작업팀, 그리고 아들의 수많은 병원 예약 이야기는 우리를 울게 했다.[18]

> "작년에는 암이나 다른 큰 병에라도 걸릴 것 같았어요. 너무 아프고, 죽을 것만 같았어요." (청소노동자, 만성질환을 앓고 있는 아이를 둔 엄마)

멜라니는 이 연구를 하는 동안 우리의 이해에 매우 결정적이었던 중요한 관찰을 했다. 바로 일이 가정생활에 압박을 가하는 요인 중 근무일정이 유일한 것은 아니라는 점이다. 직업적인 삶과 개인의 삶은 여러 면에서 밀접하게 얽혀 있다. 먼저 피로도 관리가 있었다. 일은 힘들었고 청소노동자들은 화나고 불편해졌다. 그들은 지치고 기분 나쁜 상태로 집에 들어가지 않도록, 그래서 가족들에게 퉁명스럽게 굴지 않도록 일터에서의 삶을 관리해야 했다. 그들은 휴식시간이 근무 시작이나 끝에 배치되는 걸 피하려고 휴식시간 결정에 영향을 끼치는 다른 서비스 담당자들에게 친절하게 굴어야 했다. 마찬가지로, 그들은 직장에서 서로 돕는 사회생활을 해나갈 필요가 있었다. 아이를 돌보는 문제나 집에 갑자기 일이 생겨 늦게 될 경우, 일을 대신해줄 사람이 필요하기 때문이었다. 그들은 팀 동료 및 다른 동료들에게 의지해 근무일정에 대한 정보와 팁을 얻기도 했다. 따라서 그들은 작업팀을 선택하고 그들과 관계를 형성하는 데 많은 힘을 쏟았다.[19]

상사에게도 딱 적절한 양의 선의를 베풀어야 했다. 너무 많이 "아부"하면 동료들로부터 존중과 지지를 잃게 된다. 경영진에게 잘 보이지 않으면, 아이가 아플 때 휴가를 받지 못하거나 근무일정 선택 시 유용한 정보에 접근할 끈을 잃을 것이다. 커뮤니케이션과 인간공학을 접목한 멜라니의 전문지식은 팀워크를 구축하고 촉진하는 것이 일-가정 상호작용을 관리하는 데 매우 중요하다는 것을 알게 해주었다.

용이 숨을 때

이 연구를 하는 동안 젠더는 명시적으로 드러나지 않았다. 노동조합은 항상 전반적인 일-가정 갈등에 관해 이야기했다. 그러나 젠더(인종 및 언어도)는 작업팀의 선택에, 그리고 잠재적으로 동료가 될 특정 인물을 피하는 데에, 혹은 상사가 노동자들의 가족 관련 문제를 근무일정에 어떤 관점으로 보는가에도 내재해 있었다. 나는 남성 지배적인 이 직장에서 여성들이 가정 문제를 숨기는 데 상당한 에너지를 쓰는 반면, 남성들은 그러한 이야기를 꺼내는 데 더 자유롭다는 인상을 받았다. 실제로 노동조합 간부가 일-가정 갈등과 관련해 처리하고 있던 공식적인 고충을 우리에게 털어놓았을 때, 그 사례들은 모두 남성들이 들고 온 것이었다.

우리는 노동조합과 경영진에게 48건의 제안을 했고, 노동조합 측에서는 그것들이 매우 유용했다고 말했다. 우리는 청소노동자를 더 존중하고, 더 좋은 도구를 들이고, 작업량을 더 공정하게 분배하는 등의 조치를 권했다. 일-가정 조화를 돕고, 인종 차별과 싸울 정책을 개발하라고 관리자들에게 강력하게 제안했다. 또한, 젠더에 따라 특정 업무가 배분되는 것에 문제 제기했고, 여성위원회 구성을 제안했다. 노동조합은 사상 처음으로 경영진이 제시한 근무일정을 저지하는 데에 힘을 발휘했다.

커뮤니케이션에 대한 멜라니의 전문지식은 스케줄 선택을 도와주는 도구를 개발하게 했다. 일정을 선택할 때 알아두면 좋을 몇 가지를 설명한 팸플릿이 그것이다. 노동조합은 이 팸플릿을 매우 좋아했다. 그래서 마찬가지로 업무 일정이 복잡하고 괴로운, 99퍼센트가 남성인 트랜스펙의 다른 부문 노동자를 위해 이 팸플릿을 개정해달라고 부탁했다.

하지만 성적, 성차별적(및 인종차별적) 괴롭힘에 대한 몇몇 발언 외에, 보고서 어느 곳에서도 젠더에 대해 타당하게 이야기하기란 어려웠다. 일-가정 조화에 관한 내용이 노동조합의 당연한 논의사항이 아니라면, 어디서 젠더가 나와야 할까? 용의 얼굴은 어디에 있었나? 우리가 젠더를 좀 더 노골적으로 말해야 했을까? 어떻게? 더 나은 스케줄뿐만 아니라 평등을 진작시키기 위해서 어떻게 더 효과적으로 개입할 수 있었을까?

이전 연구들과 마찬가지로, 한 가지 문제는 통계와 관련이 있었다(12장을 참조하라). 통계 분석을 위해서는 각기 다른 모든 것을 통제한 후 관심 있는 요인들(젠더와 근무일정)을 조사해야 한다. 당신이 작업장 건강을 조사할 때, 많은 현장 변수는 한 부서 안의 모든 노동자에게 공통으로 존재한다. 그들은 같은 공기를 마시고, 같은 관리를 받으며, 유사한 직무 할당 체계를 가진다. 그러나 당신이 일-가정 조화를 들여다볼 때, 거기에는 훨씬 많은 가변성이 있다. 우리는 백여 명의 청소노동자들과 이야기를 나누거나 그들을 관찰했는데, 가족이 처한 상황은 매우 달랐다. 그들은 모든 범위의 일-가정 문제를 겪고 있었다. 다른 지역에 있는 아내, 한 주는 양육자가 되고 다른 주는 그렇지 않은 상황, 한부모 가족, 출장 간 남편, 야간 강좌, 장거리 통근, 아이를 돌보던 할머니의 병 등 너무나 많았다. 우리가 연구한 작업장에는 (나이, 연공서열, 언어, 이민자 지위, 인종은 말할 것도 없고) 모든 다양한 상황에서 젠더를 고려할 수 있을 만큼 복잡한 통계 분석이 가능한 충분한 인원이 없었다.

그래서 우리는 여성들에게 특별한 고려가 필요하다는 것

을 그 직장의 모든 사람에게 입증할 증거가 없었다. 그런 증거가 필요했을까? 아니면 여성 노동자들 사이의 연대와 지지를 발전시키기 위해 더 노력해야 했을까? 하지만 그 여성들은 자신을 위해 이미 그렇게 했었다. 팀에서, 동료들과 함께.

확실히 그곳에서 멜라니의 존재는 육아 문제와 특정 동료에 대한 두려움을 털어놓은 여성들에게 위로와 도움이 되었다. 그리고 트랜스펙 노동조합은 현재, 어느 정도는 우리 팀의 잔소리에서 기인한 여성위원회를 가지고 있다. 그렇지만 일반적으로 노동조합을 통해 가능한 연대에 여성들이 접근할 수 있도록, 과연 우리가 더 많은 일을 할 수 있었을까?

개인적인 것은 정말로 정치적인 것일까?
정치적인 것은 그렇게 개인적인 것일까?

1960년대에 내가 젊은 페미니스트였을 때, 모든 사람이 "개인적인 것은 정치적인 것이다"라는 문구를 인용하고 있었다. 아무도 누가 어디서 그 말을 처음으로 했는지 모르는 것 같았지만 그 의미는 가장 사적인 관계가 사회정치적 맥락에서 생겨난다는 것이었다. 우리는 신이 나서 페미니스트적 분석을 삶의 모든 측면에 적용했다. 각자 선호하는 성적 행위, 아이를 갖고자 하는 욕망, 음악 취향, 그리고 물론 가사 분업에까지. 50년이 지난 지금, 어떻게 직무 분석을 적용해 유급노동과 가족 부양을 양립할지 알아내려 노력할 때,

그 문구를 생각할 수밖에 없다. 젠더 분석을 일-가정 균형을 위한 행동에 적용하는 건 왜 그리 어려울까?

대학에서 우리의 성공과 실패에 대해 다른 사람들과 토론할 때, 우리는 연구 중에 젠더가 등장하면 무슨 일이 일어나는지 듣는다. 예를 들어, 내 동료 중 한 명이 고용주, 노동조합, 과학자로 구성된 위원회에 연구비 제안서를 제출했을 때였다. 그는 그 연구가 가질 수 있는 잠재적 영향 목록의 맨 마지막에 젠더를 언급했다. 연구 결과를 사용한 여성 교육 담당자들이 남성 노동자가 대부분을 차지하는 그 직업에서 더 많은 영향력을 얻을 수 있다는 것이었다. 격렬한 항의가 이어졌고, 연구자금 제공자는 잠재적인 결과 목록에서 불쾌감을 주는 "여성"이라는 단어를 빼자고 제안했다. 내 동료는 그 자리에 펼쳐졌던 감정의 격렬함과 여성과 남성 모두 부정적인 반응을 보였다는 사실에 놀랐다.

나는 젠더에 대한 역효과를 낳는 노동조합 논의를 종종 보아왔다. 대규모 지역노동조합 회의에서 제시카 히엘이 고등학교 교사들의 작업 활동에 관한 석사학위 연구를 발표하는 걸 들었다. 그의 관찰 결과는 다양한 활동에서 여성과 남성의 시간 사용이 다르다는 것을 보여주었다(여성은 훈육에 더 많은 시간을 할애했다). 토론은 급속히 다른 성별에 대한 비판으로 변질되었다. 여성들은 훈육에 너무 안달복달하기 때문에 긴장을 푸는 법을 배워야 한다. 아니, 그보다 남성들이 규칙을 좀 더 진지하게 받아들여야 하지, 느긋한 태도는 그저 문제를 다른 교사들에게 전가하는 것밖에 안 된다. 하지만, 여성들이 상냥하게 도와주는 분위기만 유지해도 더 존중받을 것이다. 아니, 여성들은 규율을 유지할 필요가 있다. 그렇지 않으면 교실 안의 남자아이들은 버릇없이 굴어도 된다고 느낄 것이다… 등등. 그 토론이 특별히 유익하지는 않았다고 말해야겠다. 그리고 같은 일이 다른 노동조합 연맹에서도 일어났다. 우리는 직장 개입이 어떻게 일-가정 균형을 쉽게 맞출 수 있는지 발표하면서 회의를 시작했다. 그러자 남성들은 마이크에 줄을 서서 자기가 집에서 설거지를 한다거나 아내가 자기보다 빨래를 더 잘한다거나 하는 말을 했다.

우리가 토론 사회를 제대로 보지 못해서 이런 결과가 생긴 것일까? 아니면, 젠더에 대한 사람들의 생각과 감정이 너무 깊숙한 곳에 있어서, 노동조합이 작업시간에 노동자들을 불러낼 수 있는 시간보다 훨씬 더 오래 회의해야 생산적인 논의가 나오는 걸까? 지역노동조합 지도부는 자주 바뀌고 바뀐 지도부의 관심사는 대부분 다른 곳, 당면한 임금 및 휴가 문제에 긴밀하게 연계된 이슈에 있다. 그리고 젠더 평등에 관심 있는 고용주를 하나도 찾지 못했다는 사실은 지역에서 변화를 일으킬 수 있는 장기적이고 지속적인 개입을 어렵게 만들었다.

반론의 여지 없이 성별과 젠더의 개념은 엄청난 감정적 무게를 지니고 있기에, 우리는 그것들을 잊고 일의 다른 측면에 집중하려는 충동에 맞서 싸워야만 한다. 이 글을 쓰고 있는 지금까지, 우리는 그동안 연구했던 작업장들에 젠더에 대한 고려를 도입할 올바른 방법을 발견하지 못했다. 심지어 일-가정 균형 논의를 시작할 방법도 찾지 못했다. 우리가 각 작업장에서 보내는 시간이 제한적이라는 점과 노동자들과 우리 사이의 문화적 거리를 고려할 때, 아마 우리는 이런 종류의 불평등과 싸우는 데 기여할 수 없을지도 모른다.

그러한 논의는 많은 시간과 숙련된 토론 진행 기술을 필요로 한다. 토론을 조직하고 그에 따르는 갈등에 대처할 시간을 확보하면서 자신감을 가진 여성들을 찾을 수 있다면, 작업장 기반의 여성위원회 설립이야말로 이상적인 방법이다. 고용주가 원칙적으로 평등과 다양성에 개방적이고 구성원들이 복잡한 논의에 익숙했던, 거의 이상적인 상황인 우리 대학 여성위원회에서도 항상 쉽지만은 않았다. 나는 사회변화를 주도하는 사람들을 성장시키고 용기를 북돋기 위해, 그리고 우리의 여성위원회에 힘을 실어주기 위해 우리가 더 많은 일을 해야 한다고 생각한다. 연대의 확장을 우리 개입의 최전선에 두어야 한다.

더 높은 곳으로 올라가기

프랑스에서 플로렌스 샤페르가 인쇄소 여성노동자에 대한 부당함의 시정을 고용주로부터 거절당했을 때(4장을 참조하라), 그는 국가 정책 수준으로까지 자신의 노력을 끌어올렸다. 그는 정부 기관의 지원으로, 고용주가 작업장 건강 및 안전 문제를 젠더에 따라 조사 보고하도록 하고, 노동자들의 노출평가에서 젠더를 고려하게 하는 법안의 통과를 도왔다.[20] 몇몇 프랑스 노동조합들은 법 적용에 점차 관여하고 있고, 플로렌스와 동료들은 현재 고용주들을 대상으로 성차별주의 인정과 근절을 교육하고 있다.

퀘벡 노동조합은 우리의 연구 결과가 법과 정책으로 옮겨갈 수 있도록 법학 교수 그룹과도 협력할 것을 제안했다. 돌이켜보니 얼마나 좋은 생각이었던지! 법학 교수들은 노동조합의 법률 전문가 및 안전보건 담당자들과 협력해 여성과 남성의 산업재해 보상 결정에서의 공정성을 비롯해 직장 내 정신건강, 괴롭힘, 일-가정 상호작용, 불안정노동, 일상을 침해하는 업무 스케줄, 세계화를 둘러싼 정책들을 젠더와 관련해 검토했다.[21] 인간공학자와 법학 교수들은 서로의 연구를 통해 배웠고, 일터와 정책 변화를 위해 좋은 제안을 했다고 느꼈다.[22] 칠레의 한 페미니스트 건강 옹호 그룹Centro de los studios de la mujer은 우리 팀의 법률학자 및 인간공학자들과 함께 연구한 후, 공중보건 당국과 협력했고, 여성의 직업건강 문제를 노동조합의 요구사항뿐만 아니라 정부의 관심주제로 만들기 위해 우리 학생이던 파멜라 아스터 딜로Pamela Astudillo 및 카를로스 이배라Carlos Ibarra와 협력했다.[23] 그리고 우리 역시 작업장을 여성들에게 맞게 개조하라고 요구하는

몇 가지 법정 소송에 관여했다.[24]

퀘벡에서는 우리의 법조계 동료들과 노동조합 파트너들이 주 정부가 일-가정 상호작용과 직장 내 성희롱을 생각하는 방식을 변화시키기 위해, 임신한 여성을 보호하기 위해, 성별 분업을 없애기 위해, 매장 직원의 의자를 요구하기 위해, 그리고 노동안전보건 연구에서 여성을 더 고려하도록 우리의 연구 결과를 사용했다. 나는 노동조합의 정책 논의에 기여했다. 실제로 노동조합 여성위원회는 전통적으로 남성 지배적인 안전보건위원회를 여성위원회와 연합시켰다는 사실만으로도 우리의 파트너십이 노동조합 관행을 바꿀 새로운 기회가 되었다고 말한다. 즉, 우리 연구는 노동조합 연맹 차원에서 연대를 결집했다는 점에서 효과적이었다.

같은 젠더, 다른 젠더?

4장과 5장에서 여성과 남성이 같은 신체를 가진 것처럼 간주하는 것이 어떻게 직장에서의 불평등을 낳고 결국 여성의 건강 문제를 유발하는지 이야기했다. 그러나 나는 남성과 여성의 생물학적 차이를 강조하는 것이 차이를 과장하고 고정관념을 조장하는 데 기여할 수 있다는 것 또한 보여주었다. 페미니스트는 성차를 인식하는 것과 그것을 지나치게 강조하는 것 사이에서 균형을 유지할 필요가 있다.

젠더 차이도 마찬가지라고 생각한다. 우리는 사회적 역할이 생물학보다 더 유동적이라고 생각하고, 실제로도 그렇다. 하지만 거기에서 벗어나는 것은 매우 어렵다. 특히 일터를 더 가족 친화적으로 만들고자 할 때 이런 점을 확인한다. 좋은 아버지가 되기 위해 정말로 노력하고 집안일을 분담하려는 남자들이 존재해도, 일-가정 균형에 대한 대부분의 부담은 여전히 여성에게 부과된다. 일이 잘못되었을 때 비난받고 자신을 탓하기도 하는 사람 역시 대부분 여성이다. 그리고 직장 내 평등에 대한 모든 이야기에도 불구하고, 남성들은 보통 정규직이 되어야 한다는 데에 더 큰 압박을 느낀다. 따라서 직장에서 일-가정 이슈를 논의하는 일은 성차를 논의할 때와 유사한 함정에 빠진다. 젠더 고정관념을 강화할 위험을 무릅쓰고 젠더를 언급해야 할까? 일-가정 충돌이 직장에서 여성들에게 불균등하게 해를 끼친다는 사실을 무시해야 할까?

젠더 퍼즐의 가장 분명한 예는 노동조합이 있는 사업장과 미조직 사업장 모두에서 근무일정을 결정할 때 연공서열을 사용하는 것이다. 노동자든 경영자든 거의 모든 사람이 연공서열에 따라 우선순위를 정하는 걸 좋아한다는 점을 언급하고 시작하겠다. 연공서열을 따르는 것은 관리자가 모든 것을 알아서 결정하고 그 후 누군가에게 특혜를 주었다는 비난을 듣는 것보다 더 나은 시스템이다. 그러나 평균적인 남성 노동자는 평균적인 여성 노동자보다 경력이 길고, 평균적인 고령 노동자는 평균적인 젊은 노동자보다 경력이 더 오래되었다. 그러니 어린 자녀를 둔 여성은 가족 친화적인 근무 시간대나 휴일이 가장 필요한 사람임에도 그것을 가질 자격은 가장 못 갖춘 셈이다.

연공서열의 젠더적 측면만 따져도 골치가 아플 수 있다. 어린 자녀를 둔 사람들은 교대근무와 휴일에서 우선권 같은 것을 가져야 할까? 그런데 그들이 남성이고 아내는 유급노동을 하지 않는다면? 그들이 여성이고 남편은 재택근무를 한다면? 노부모를 돌보는 여성은 어떤가? 아니면 노부모와 함께 사는 남성은? 그 남성의 엄마와 여자 형제들이 돌봄과 관련한 모든 일을 하는지 어떻게 알 수 있나?

연공서열을 정하는 규칙에 젠더 역할을 명시적으로 언급해야 할까? 그것이 모든 여성의 경력을 막지는 않을까? 자녀가 있는 젠더플루이드gender-fluid*들은 어떠한가?

그래서 한편으로는, 가정 내 책임 대부분이 여성에게 부과된다는 점에 대한 부정은 고통으로 이어질 수 있다. 여성이 가정 내 유일한 돌봄 수행자라고 보아 정책을 짜는 것이 젠더 평등에 끔찍한 타격을 주듯이 말이다. 유일한 해법은 직장을 가정생활에 최대한 덜 방해되는 방향으로 바꾸는 것이다. 이는 규칙적인 근무일정, 원활한 교대, 야간 및 주

---

* 변화하는 젠더를 가지는 것. 젠더플루이드인 사람은 젠더들 사이를 유동하거나, 동시에 다수의 젠더를 경험할 수 있다. 이들의 정체성은 완전히 무작위로 또는 특정 상황에 따라 변화한다. 애슐리 마델, 『LGBT+첫걸음』(팀 이르다 옮김, 봄알람, 2017, 153쪽) 참조.

말 근무의 최소화, 그래서 자녀와 노인을 돌볼 수 있게 하는 것 등이다. 그리고 더 넓게는 노동자를 덜 지치게 하는 것이다.[25] 하지만 나는 고용주들이 가장 가족 친화적인 직장이 되기 위해 경쟁하는 걸 본 적이 없다.

거대한 용

우리는 용을 죽일 수 없었지만, 그 거대한 크기를 알게 되었고, 용이 뿜어내는 불길에 물을 약간 뿌렸다. 인간공학자와 법률 전문가의 협력은 지역 연구 결과를 정책의 장으로 가져오는 데 도움을 주었다. 시몬 드 보부아르의 유령이 우리가 직장에서 "제2의 성"과 "제2의 젠더"의 문제를 어느 정도 인정받았다는 것에 기뻐하기 바란다.[26] 우리와 우리 법학자 친구들은 노동조합이 근무일정을 인도적으로 만들 수 있도록 도왔다.[27]

우리가 비전통적 직종 여성들의 삶을 개선하기 위해 많이 노력하지는 않았지만, 노동조합 여성위원회가 변화를 추진하고 생존을 위해 투쟁하는 데에는 아마 도움이 되었을 것이다. 그리고 여성위원회들은 계속해서 노동조합 내 젠더 토론을 발전시키고 있다. 퀘벡에서 남성 노동자 조직률이 천천히 감소하는 반면, 여성 노동자의 조직률은 꾸준히 상승하고 있다. 일자리가 더 불안정해지고 노동시간이 점점 더 삶을 침범해 온다는 사실은 일-가정 문제가 더욱더 노동조합의 우선 과제가 되어야 함을 의미한다. 우리는 현재의 비우호적인 분위기에서 노동조합이 살아남기를 바란다.

평등을 향한 관심이 오히려 여성의 건강 증진을 반대하는 것처럼 보이는 작업장에 개입하며 우리는 무엇을 배웠나? 첫째, 주의를 기울이는 법을 배웠다. 병원과 운송회사에서 관찰하는 동안 계속해서 성/젠더를 상기해야 했다는 것은 용이 얼마나 다루기 힘든지 보여주는 증거다.

둘째로, 바로 여기 이 직장에서, 평등의 문제가 더 나은 건강을 위한 투쟁에 어떻게 반대되는지 정확하게 알아야 한다. 장비에 문제가 있나? 교육에, 동료들에게, 상사들에게, 관리자들에게 문제가 있는 건가? 어떤 종류의 해결책이 두 개의 목표를 같은 경로에 나란히 놓게 할 것인가?

셋째, 우리는 보고 듣고, 또다시 더 열심히 오랫동안 보고 듣는 법을 배웠다. 우리가 개입한 사례 중 일부에서는 여성을 동원하고 일부는 그러지 않는 쪽으로 진행했다. 왜 그랬을까? 아마도 여성과 남성을 소규모로 따로 자문하는 습관을 들여야 할지도 모르겠다. 한번은 남성 인간공학자에게 남성 교사 그룹의 수업 질서유지 방식을 청취해달라고 요청하며 이 방법을 시도했다. 그리고 남성 교사들은 학생들에게 성적으로 접촉했다는 누명을 쓰고 비난받을까 봐 두려워한다는 걸 알게 되었다. 우리 여성들은 전혀 알아차리지 못한 두려움이었다. 하지만 종종 여성위원회에 자문했는데도, 우리는 여성들만으로 구성된 그룹을 만들 엄두를 내지 못했다. 여성들(과 남성들)에게 좀 더 명시적으로 상담해야 한다. 그들에게 위험하지 않다면 인종으로 분류된 그룹들과도 명시적으로 상담해야 한다.

넷째, 지역적 개입은 어떤가? 어떻게 여성을 더 강하고 건강하게 만드는 권력 관계에 기여할 수 있을까? 정치적인 말을 드러내서 하지 않고 육체적인 노동환경에 집중했던 니콜의 개입이 옳았을까? 건강 개선을 위해 여러 작은 변화를 추진했던 고된 노력은 전통적으로 여성의 일로 간주되는 직종의 여성 노동자 질병을 확실히 예방했다. 니콜은 노동자들 사이에서 긴장을 야기하는 경영 관행을 없애면서 결국 노동자 연대를 강화하는 몇 가지 개입까지 했다. 니콜이 개입한 직장에는 프랑스 인쇄소나 우리가 연구했던 병원 병동보다 울고 있는 여성이 더 적을 것이다. 반면에, 우리가 젠더 이슈에 침묵할 때, 여성 노동자 한 명 한 명은 혼자 그 문제를 감내해야 하는 상황에 부닥친다.

니콜의 책을 본받아 우리가 제안한 해결책을 좀 더 상세하게 살펴봐야 한다. 고용주가 여성과 소수 인종에 대한 차별을 없애기 위해 노력하겠다고 말하는 것만으로는 충분하지 않다. 모두가 "아, 네." 하고 말하고는 전에 하던 대로 계속할 것이다. 프랑스에서 개발된 반성차별 훈련처럼 구체적인 해결책을 찾아 시도할 필요가 있다.[28]

다섯째, 우리가 무엇을 하든 여성들 간의 연대를 발전시키고 성장시켜야 한다. 바로 연대가 다른 해결을 가능하게 하기 때문이다.

핵심은 이렇다. 나는 우리가 더 여성주의적인 사회를 향해 전 세계적으로 노력할 필요가 있다고 생각한다. 다음 장에서는 인간공학적 개입이 페미니스트 고용주와 함께할 방법을 설명할 것이다.

8장

페미니스트 사업주가 여성주의적 인간공학 개입에 함께한다면

친구인 아나 마리아 사이페르는 호텔 청소노동자 대상의 교육을 요청받았다. 매트리스와 같은 중량물을 더 안전하게 들어올릴 방법을 가르쳐달라는 것이었다. 결과적으론 작업 일정부터 인종 간 관계에 이르기까지 모든 것을 분석하게 됐다.[1] 모든 연구는 작업장 요구에 따라 시작되지만, 반드시 초기의 요청에 딱 맞게 답을 주는 것은 아니다. 인간공학자들은 중요한 행위자를 인터뷰하고, 작업 현장에서 정보와 기록을 수집하며, 작업에 대한 예비 관찰을 통해 초기 요청의 근거를 알아내려고 한다. 이 과정은 항상 잠재적 관심 영역을 넓히거나 심지어 변형시키는 것으로 이어진다. 최상의 결과는 인간공학자, 노동자 및 사업주가 최종 질문에 동의하는 것이다. 아나 마리아는 결국 직원이 들어야 하는 매트리스의 무게뿐만 아니라 두꺼운 카펫을 따라 밀어야 하는 무거운 카트의 저항력, 심지어 그들이 채워 넣어야 하는 작은 샴푸와 로션 병의 수에도 초점을 맞추면서 개입을 확대했다.

일반적으로 우리는 노동조합과 협력해 연구를 수행하는데, 2003년부터 2004년까지 진행한 여성 쉼터에 관한 연구는 상담원 간의 "스트레스"와 세대 간 긴장을 줄이고자 하는 43개의 쉼터와 함께 진행했다. 쉼터 노동자들은 협회에 그만두고 싶다고 절박하게 말하고 있었다. 노동자들 일부는 이사회를, 일부는 관리자를, 일부는 나이가 많거나 어린 동료 노동자를 비난했고, 또 일부는 주 정부가 보조금에 인색하다고 비난했다.

(협회 운영자를 포함해) 연배가 있는 상담사들은 친밀한 관계에서 발생하는 폭력이 대중의 관심을 받지 못하던 시기에 쉼터를 설립했다. 그들의 출신은 전 분야에 걸쳐 있었고, 공식적인 훈련을 받지 않았으며, 대다수가 폭력의 피해자였다. 그들은 돈을 받지 않고 자원해서 쉼터를 만들었고 재정적, 사회적 지원은 거의 또는 전혀 없이 쉼터를 운영했다. 일부는 신체적 공격을 받기도 했고, 동료들이 공격받거나 심지어 살해당하는 것을 목격하기도 했다. 우리가 연구를 시작하기 몇 달 전에 상담원이 한 입소자의 파트너에게 살해당했고 상담원들은 그 일로 인해 여전히 두려움에 떨고 있었다.

상담사는 많은 급여나 사회적 인정을 받은 적이 없다. 그들의 일에 대한 즐거움은 전적으로 다른 여성들을 돕고 있다는 보람과 고객 및 서로와 맺은 유대감에서 비롯되었다. 그들은 협회의 지원을 받아 아무것도 없던 초기부터 상담

방식을 고안하고, 여성주의적 개입 방법과 독창적인 교육 자료를 개발하고 평가했다. 그들은 젊은 세대 상담사들이 상담을 사회복지학과에서 훈련받은 직업으로만 여긴다고 불평했다. 반대로 젊은 상담사들은 대학에서 배운 기술을 혁신하거나 심지어 사용하는 것조차 억눌리고 금지되어 있다는 느낌을 받았다.

우리는 242명의 상담사에게 퀘벡주가 건강수준을 측정하기 위해 사용하는 표준화된 설문지를 내밀었다. 그랬다, 그들은 확실히 스트레스를 받았으며 여기에는 의심의 여지가 없었다. 상담사들은 퀘벡의 동년배 여성 노동자들에 비해 스트레스 수준이 두 배 이상 높았다.[2] 그런데 이 연구의 초기 단계에서 흥미로운 역설이 나타났다. 쉼터가 어떻게 관리되는지 살펴보면서 우리는 쉼터들을 세 그룹으로 나눌 수 있었다. 모든 노동자가 민주적으로 운영하는 쉼터, 전통적인 위계적 방식으로 관리되는 쉼터, 고용된 "코디네이터"가 노동자들과 협의하여 작업을 조직하는 쉼터가 그것이다. 우리는 상담원이 노동 조건을 더 잘 통제할 수 있는 집단임에도 불구하고 민주적으로 운영하는 그룹 가운데서 스트레스 수준이 가장 높은 쉼터가 나왔다는 것을 확인하고 놀랐다.

그러나 우리는 더 많은 것을 알아야 했다. 상담사에게 "스트레스"란 무엇을 의미하는가? 스트레스는 어디에서 온 것인가? 그들은 어떤 스트레스 요인을 말하고 있는가?

우리는 사회복지학 교수인 낸시 구버만Nancy Guberman과 팀을 이뤄 상담사들의 직무를 연구했다. 상담사들은 각각의 여성이 폭력적인 전 남편을 상대할 때 돕는 것은 물론, 재판을 거치는 동안 여성과 자녀들이 먹고, 거주하고, 안전을 유지할 수 있게 했다. 음식을 제공하는 일은 식사 준비, 식료품 쇼핑, 청소를 포함한다. 주거는 배관, 수리, 그리고 아이들이 너무 시끄럽게 하거나 서로 싸우지 않게 하는 것을 포함한다. 삶은 단순하지 않은 법이다. 여성 중 일부는 마약과 알코올 문제가 있어 면밀한 보살핌이 필요했다.

우리는 예비 관찰 결과 직무 요구와 요구되는 기술 목록을 크게 늘렸다. 상담사들은 보조금 신청서를 준비하고 기부를 요청하는 데 점점 더 많은 시간을 할애했다. 그들은 입소자들과의 소통을 상세하게 기록해 보관하고 이에 대해 다른 상담원과 의견을 나누었지만, 쉼터 입소자의 의견에 반하여 이 기록을 이용할 수도 있는 경찰이나 공무원으로부터 그것을 안전하게 보관해야 했다. 상담사들은 다른 정부 기관들과 협력해야 했지만, 그 대가로 항상 그 기관들로부터 도움을 받는 것은 아니었다. 사실, 상담사들은 그 기관들이 그간 자신들이 파트너 폭력에 대처하기 위해 수년간 발전시켜온 특수한 역량을 존중하지 않는다고 말했다.

입소자 대부분이 위기 상황에서 찾아오기 때문에 상담사들은 365일 24시간 내내 새로운 요청사항을 처리해야 했다. 근무일정 편성은 전형적으로 연공서열에 따라 결정되는데, 이는 어린아이가 있는 많은 젊은 여성이 주말노동과 야간노동을 더 했다는 것을 의미한다. 상담사들 모두 위기 상황에 처한 여성과 그들의 자녀들 간 갈등을 중재했다. 집단적 거버넌스가 있는 쉼터에서는 상담사들이 가사노동, 이사회, 규율, 이웃 관계, 그리고 서로에 대한 문제를 어떻게 처리할 것인가에 관해 매우 자주 이야기 나눴다. 우리는 쉼터 노동 조건이 이 모든 직무를 처리하면서도 상담사들의 우선 업무이자 동기 부여가 되는 입소자들과의 상담을 가능하게 하는지 궁금했다.

집단으로 운영되는 쉼터를 처음 조사하는 동안, 다양한 연령의 상담사들 사이의 상호작용을 관찰했다. 젊은 마리-잔느Marie-Jeanne는 크리스마스 파티 준비물을 사러 나갔고 훌륭한 물건을 발견했다. 마리-잔느는 나이 많은 바버라Barbara에게 자기가 찾아낸 장식에 대해 자랑스럽게 말했다. 쉼터에 머무는 아이들도 재미있어할 것이고 값도 싸다고 덧붙였다. 하지만 바버라는 이참에 절차와 집단적 의사결정의 중요성을 마리-잔느에게 설명했다. 바버라는 완강했고 말투도 엄했다. 바버라의 입장은 마리-잔느가 흥정한 물건 가격이 너무 비쌌고, 회의를 통해 예상 구매 내역을 제시하지 않고서 직접 구매하면 안 된다는 것이었다. 눈물을 참던 마리-잔느는 회의가 끝난 후 장식을 환불하러 갔다. 눈앞에 펼쳐진 세대 간 갈등을 볼 수 있었고, 쉼터의 집단 운영이 왜 스트레스가 되는지 알 것 같았다.

우리는 세대 간 문제뿐만 아니라 일반적인 상황, 시간 압박을 받는 상황에서의 의사소통을 포함해 다양한 스트레스 원인을 쉼터와 협력해 찾기로 했다.

직무 관찰과 질문 찾기

관찰은 인간공학자의 핵심 도구이며 인간공학 연구는 인터뷰를 기반으로 한 연구와 구별된다. 실제로 프랑스어권 인간공학의 고전에서는 "할당된 작업"(*travail préscrit*)과 대비하여 관찰에 따른 "실제 작업"(*travail réel*)이라는 표현을 사용한다.[3] 관찰은 "실체적 진실" 확인을 목적으로 하며, "실제" 작업 과정, 작업 과정에 대한 결정 요소, 필요 사항 및 제약을 바탕으로 완전한 그림을 그리게 한다.[4] 인터뷰는 이러한 관찰을 보완하고 설명해준다.

첫 번째 관찰은 작업 과정을 파악하는 데 도움이 된다. 일반적으로 이 단계는 50~100시간 정도 소요된다. 우리는 다양한 사람, 직책, 상황 및 근무조를 관찰한다. 이 단계에서 한 상담사가 때때로 육체적으로 긴장된 자세로 일하는 것을 보았다. 그 자세는 건강에 해로워 보였고, 처음에는 불필요해 보이기도 했다. 하지만 상담사는 입소자의 위험한 전 파트너가 올 수 있기 때문에 항상 대피소 앞 창문을 볼 수 있도록 자리 잡고 있어야 한다고 말했다. 그 상담사는 자신은 주변의 모든 것을 볼 수 있지만, 밖에서는 들여다볼 수 없게 한 예방 조치를 전부 알려주었다. 우리는 전화와 출입문 사용을 둘러싼 모든 복잡한 절차도 알게 되었다. 입소자가 가해자에게 전화를 걸어 부드럽게 화해하는 순간, 대피소의 위치를 밝히면 어떻게 할까? 또는 그 입소자가 아직 관계 정리가 안 된 폭력적인 파트너에게 문을 열어주어 모든 사람을 위험에 빠뜨린다면 어떻게 할까? 관찰을 통해 우리는 폭력의 가능성이 상담사의 사소한 동작에 얼마나 영향을 미치는지 알게 되었다.

우리는 여성주의적 원칙의 실제적인 의미에 대해서도 배웠다. 예를 들어, 입소자들과의 모든 상호 작용은 치유의 일부로서 잠재적인 힘을 북돋아주는 과정으로 간주된다. 따라서 함께 요리하는 것보다 입소자들과 공식 상담하는 일에 특별한 우선순위가 주어지지 않았다. 둘 다 지원과 힘을 북돋아줄 기회라는 것이다. 상담사는 입소자들과 공식적인 시간을 보내기 위해 노력했지만, 상담은 중단될 수 있었으며, 이런 상황은 매우 자주 발생했다.

마찬가지로 사회정치적 맥락에 대해서도 들었다. 늘 모자란 보조금으로 인한 인력 부족과 낮은 급여, 결과적으로 잦은 이직에 관한 이야기다. 일부 상담사는 회의적인 친구와 가족들로부터 자신의 일을 지키는 데 어려움이 있다고 말했다. 외곽 지역 쉼터의 상담사들은 자신이 지역 사회에서 눈에 띄는 사람이고 때로 남성을 싫어하는 사람이라는 표적이 될 수 있으므로 주위의 눈총을 받는다고 느꼈다. 많은 상담사가 자신이 만난 사람들에게 자기 직업이 무엇인지 정확히 말하지 않는다고 했다.

우리는 인력 부족의 직접적인 결과를 보았다. 두 명의 상담사가 입소자들 간의 문제를 다루기 위해 회의를 계획했다. 회의하는 동안 자원봉사자가 입소자들의 아이들을 돌볼 수 있도록 시간을 맞췄다. 그러나 한 상담사는 베이비시터가 도착했을 때 통화 중이었고 다른 상담사는 혼자 회의를 시작했다. 그때 다른 전화가 울렸고 두 번째 상담자도 전화를 받아야 했다. 왜냐하면 어떤 전화라도 곧 닥칠 폭력에 직면한 여성이 도움을 청하는 소리일 수 있기 때문이다.

상담 전화를 받을 사람을 따로 고용하지 않는 이유를 묻자 상담사들은 각자 다른 대답을 했다. 일부는 자금 조달과 관련이 있다고 했고, 다른 일부는 페미니스트 원칙(노동자들은 계층 구조로 나뉘지 않는 하나의 "계급"이라는)을 근거로 이야기했으며, 다른 일부는 고객의 요구(전화 건 사람의 상황을 이해하고 신속하게 행동할 수 있는 사람과 먼저 접촉하는 것)를 이유로 들었다.

세부적인 분석을 위한 상황 선택

노동자와 오랜 시간을 보내는 것은 인간공학에서 내가 가장 좋아하는 부분이다. 나는 병리학적으로 시각 기억이 부족하기 때문에(합병증을 동반한 중등도의 안면실인증 prosopagnosia) 눈으로 관찰하는 능력이 별로 좋지 않아 학생들의 도움이 필요하다. 그렇지만 노동자들이 일하는 바로 그곳에서 노동자들과 함께하는 것은 내 두뇌를 새로운 시각으로 요동치게 한다. 쉼터가 어떻게 작동하는지, 이용자가 어떤 사람인지, 항상 폭력에 대해 생각해야 할 때 삶이 어떻게 보이는지 느낄 수 있었다. 설문지와 인터뷰만으로는 쉼터에 들어가 멍이 든 여성을 보거나, 상담사가 스트레스를 받은 여성이나 싸우고 있는 아이들을 진정시키는 것을 보는 것만큼 빨리 일을 이해하기 어렵다. (쉼터에서 돌아온 한 인간공학 과정 학생이 긴 침묵 후 다른 학생에게 "내가 그때 밥Bob과 헤어진 건 확실히 잘했어"라고 말하는 걸 들었다.)

28명의 노동자와 인터뷰하고 쉼터에서 50시간 동안 관찰한 후 우리는 두 가지 주요 영역에 집중했다. 동료인 셀린 샤티니는 인간공학과 교육 전문가였고, 상담사에게 필요한 기술과 이러한 기술이 세대 간에 어떻게 전달되는지 분석하는 책임을 맡고 있었다. 근무일정 역시 또 다른 세대 간 문제여서 셀린은 그 일도 맡았다. 나는 의사소통, 시간 사용 및 시간 제약에 관한 연구를 담당했다. 학생인 제시카 히엘, 마리-크리스틴 티보, 이브 라페리에는 다음의 관찰 및 분석을 도왔다.

시간 사용

어느 세대에 속해 있든 상관없이 모든 상담사는 상담에

시간을 쓰고 싶어 했다. 즉, 입소자에게 직접 개입할 수 있는, 가급적 일대일 상담을 원했다. 이것이 그들이 이 직업을 선택한 이유이고, 일에서 좋아하는 부분이며, 이 직업에서 가장 좋다고 느꼈던 점이었다.

> "구조적으로 개입할 때 저는 정말 내 일을 하고 있다는 생각이 들어요. 때로는 입소자에게 여러 차례 상담이 필요할 수 있는데, 그 사람이 자신만의 길을 찾게 됐을 때 만족스럽고 보람을 느껴요."(낮 근무 상담사)

그러나 우리의 관찰에 따르면 실제로 입소자들과 일대일로 상호작용하는 데 소요되는 시간은 절반도 되지 않았으며 대부분은 짧은 정보 교환이었다(그림 8.1). 그들은 입소자들이 무엇을 하고 있는지 기록하고 다른 상담사에게 전달할 메시지를 작성하는 데 14퍼센트 정도의 시간을 보냈고, 식사 준비와 같은 가사노동, 배관공을 부르거나 청구서를 지불하는 등의 관리 업무에도 14퍼센트의 시간을 사용했다. 동시에 얼마나 많은 상담사가 일하고 있는지에 따라 달라지기는 하지만 그들은 13퍼센트의 시간을 그들끼리 의사소통하는 데 추가로 사용했다.[5]

그림 8.1 여성 쉼터에서의 시간 사용

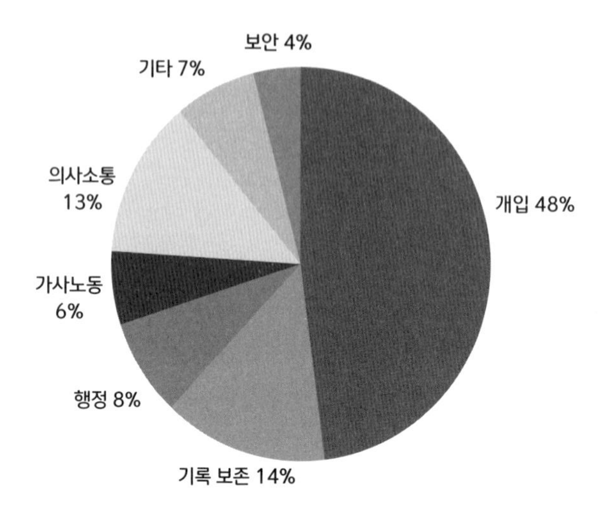

출처: 제시카 히엘과 캐런 메싱의 논문을 번역함. *Analyse ergonomique du travail des intervenantes en maison d'hébergement et de transition pour femmes victimes de violence conjugale : l'utilisa- tion du temps*, report submitted to the Regroupement des maisons d'hébergement pour les femmes victimes de violence conjugale, April 28, 2005.

우리가 주목한 또 다른 놀라운 현상은 업무가 중단되는 횟수였다. 입소자들과의 교류부터 출입문 보안 확인, 전화 처리까지 모든 업무가 방해 없이 연속된 시간은 보통 2분이었다(표 8.1). 상담사들이 입소자 상황을 논의하기 위해 마주 앉아 구조화되고 개별화된 상담을 하는 경우에도 그것은 평균 11분 동안만 지속되었으며 대부분은 2분이 지나기 전에 중단되었다.[6]

표 8.1 관리방식 및 지역 특성이 다른 3개 쉼터에서 102시간 관찰 결과 활동 중단 전 업무 지속 시간

목적	활동	평균값(분)	중앙값(분)
보안	감시, 출입문 응대	2.2	2
상담(평균 3.6분)	입소자와의 공식적인 1대1 상담	10.9	2
	입소자와의 비공식적 상담	3.8	2
	전화 상담	3.1	2
	정보 전달	2.7	2
기록 보존	팀을 위한 메모, 보고, 기록	2.8	2
	개인별 서류	2.5	2
	전화 기록	2.7	2
	개인별 계획 발전	2.9	2
	개별 기록	1.8	1
	기타(사진 복사, 팩스)	3.1	2
행정	관리, 회계	2.9	2
가사노동	요리, 정리, 수선, 청소	3.0	2
의사소통	상담사 간 소통	4.0	2
휴식	휴식	4.3	2

출처: 제시카 히엘과 캐런 메싱의 논문을 번역 및 요약함, *Analyse ergonomique du travail des intervenantes en maison d'hébergement et de transition.*

상담사들은 전화, 방문자, 아이들, 여성들, 그리고 서로에게 방해받았다. 한 상담사와 입소자가 공식적인 상담을 하는 동안 다른 입소자들에 의한 중단이 두 번, 동료 상담사에 의한 중단이 열 번 있었다. 우리는 다른 상담사와 함께 있을 때에 비해 상담사 혼자 있을 때의 작업이 상당히 다르다는 걸 알게 되었다. 그래서 두 가지 상황을 광범위하게 관찰했고 두 가지 맥락에서 시간 사용과 중단을 보여주는 수치를 작성했다. 우리는 그들의 빠른 업무 속도가 상담사들에게 적절한 휴식이나 재충전의 시간을 거의 또는 전혀 남겨두지 않았음을 깨달았다. 우리가 방문한 쉼터 중 쉬는 시간을 명시한 곳은 없었다. 흡연자들만이 규칙적으로 휴식을 취했는데, 담배를 피우는 시간에도 대부분은 흡연자인 입소자들과 함께였다. 비록 흡연 시간이 종종 상담으로 이어진다고 해도, 그것은 업무 속도를 조절하는 데 도움이 되었다. 한 상담사는 "나는 담배를 끊은 것을 거의 후회할 정도예요"라고 말했다.[7]

변화를 향한 움직임

시간을 재는 일은 변화에 대한 압력으로 이어질 수 있다. 입소자들과의 직접 상담이 근무 시간의 절반도 안 되는 것으로 나타났을 때 상담사들은 이 비율을 높이고 싶다고 말했다. 휴식시간이 법적 조건보다 훨씬 짧다는 것을 알게 되었을 때 상담사들은 휴식이 필요하다는 데 동의했다. 상담이 중단되는 횟수를 헤아려 우리는 쉼터가 이를 문제로 인식하게 했다.

시연을 통해 잠재적으로 변경이 가능한 업무의 측면을 정확히 파악할 수 있다. 문제 요소에는 대개 이유가 있다. 사람들이 쓸데없이 방해하는 건 아니었다. 우리는 업무를 분담할 상담사 수가 많을 때 업무 중단이 적다는 사실을 알게 되었고 결국 상담사가 짝을 이뤄 일할 것을 권했다.

업무 중단은 노동자 배치 정책(항상 또는 때로 집단으로 일하는 것에 비해 저녁에 혼자 일하는), 여성주의적 원칙(모든 쉼터 노동자가 동등하므로 모두가 전화를 받고, 요리를 하고, 배관공을 상대해야 한다는), 폭력의 위협(주변에 대한 지속적인 경계, 출입문과 창문 단속)에 따른 결과라고 볼 수 있었다. 우리가 발견한 결과에 대한 토론은 업무 활동에의 이해를 심화시켰고, 작업장 자체나 주변 상황(예를 들면 부족한 자금 조달, 비우호적인 이웃)에서 결정 요인의 목록을 늘렸다.

동시에 동료 셀린은 주말 근무를 두고 심각한 갈등을 겪고 있는 쉼터에서 연구 중이었다. 나이가 많은 노동자는 연공을 이용해 평일에 근무했지만, 아이와 보낼 주말이나 저녁 시간이 정말 필요한 건 많은 젊은 노동자였다. 해결책이라면, 노동자들이 업무의 모든 측면을 통제할 수 있는 자기 능력인 "운영상의 재량"을 이상적으로 확대하는 것이다. 여기서는 여성주의적 관리에 대한 쉼터의 의지가 도움이 되었다. 평등과 사회 정의의 원칙은 셀린이 상담사들이 그들의 스케줄을 더 잘 통제하도록 타협안을 중개하는 데 도움을 주었다. 셀린은 젊은 상담사들이 연장자들의 경험으로부터 더 많은 이익을 얻을 방법도 생각해냈다.[8]

권고는 어떻게 진행되었나

협회는 우리 보고서를 좋아했다. 그들은 연례 회의의 작은 워크숍에서 우리가 발표하게 했고, 작가를 고용해 대중용 보고서를 쓰게 했다. 그리고 이 둘 다를 사용해 정부에 상담사 양성과 재정 확충을 요구했다.

최근에 우리가 연구했던 쉼터 중 한 곳에서 일하는 젊은 여성을 우연히 만났다. 이 여성은 일을 시작하면서 12년 된 우리 보고서를 읽었다고 했다. 협회는 현재 쉼터 노동자의 상당수가 이 보고서를 읽었다는 사실을 알려줬다. 노동자들은 심지어 우리 연구센터의 이름까지 알고 있었다. 우리는 페미니스트로서 쉼터를 도왔다는 사실에 자부심을 느꼈다.

협회가 2019년 다시 연락해왔고 우리의 권고가 어떻게 진행되었는지 확인할 수 있었다. 14년 동안, 그들은 보고서를 바탕으로 더 공정한 업무 일정과 더 나은 의사소통을 포함한 변화를 도입했다. 쉼터는 여성주의적 관리에 대한 교육 모듈을 만드는 한편, 순수한 민주적 집단 및 고용된 코디네이터 모형에서 점차 벗어났다.

쉼터들은 병원과 달리(3장 참조) 우리의 권고를 잊지 않았다. 업무 중단 통계에 놀란 그들은 우리의 충고를 따라 적어도 두 명의 노동자가 항상 함께 근무하는 방침을 추진했다. 한 명은 입소자와의 직접적인 상호작용을 책임지고 다른 한 명은 관리 업무와 가사 업무를 담당하게 했다. 쉼터들은 노동자 충원에 따른 재정 마련을 위해 정부와 협상하면서 우리의 보고서를 사용했다.

우리가 추천한 사항 중 정말 쉽게 채택될 것 같았던 하나는 실제론 그렇지 않았다. 우리는 모든 쉼터에 컴퓨터가 있으니, 컴퓨터를 이용해 문서를 공유하면 문서 작성에 걸리는 시간을 줄일 수 있다고 권고했었다. 그러나 일부 쉼터에서는 노동자들이 관련 소프트웨어 사용에 익숙하지 않았고 일부는 (2005년에) 컴퓨터 사용을 꺼린다고 말했다. 그래서 근무 교대 시간을 충분히 겹치게 해 정보를 구두 교환하라고 권했다. 2019년 다시 쉼터에 갔을 때, 우리는 그들이 읽고 써야 하는 모든 메모에 불평하면서도 컴퓨터로 정보를 공유하지 않는다는 것을 알고 놀랐다. 더 나이 들고 현명해지자, 우리가 이런 식의 정보 교환의 기능을 완전히 이해하지 못했다는 것을 깨달았다. 끔찍한 사고를 목격했거나 공격을 당한 사람들이 자기 이야기를 누가 들어줄지 모르는 상황에서도 여러 번 이야기하는 것처럼, 많은 상담사가 스트레스를 줄이기 위해 자신의 경험을 글로 쓰고 있었다. 그들은 매일의 보고서, 포스트잇, 메모 등을 통해 동료들에게 하루하루가 어떻게 흘러갔는지 말하곤 했다. 한 쉼터 관리자는 자신은 거의 항상 듣는 것을 좋아했지만, 손으로 쓴 메모지를 뒤적이는 것에 싫증이 났다고 말했다. 이제 우리의 과제는 상담사들이 다른 사람들에게 같은 정보를 읽고 또 읽게 만들지 않고, 그들의 이야기를 나누며 안도하고 편안해질 방법을 알아내는 것이다. 그리고 더 넓게는 이 어려운 업무에서 상담사들을 어떻게 지원할지에 관한 것이다.

그 개입이 적어도 부분적인 성공을 거둔 이유는 무엇일까? 첫 번째 요인은 협회가 노동자들이 잘 지내고 행복하기를 진심으로 원한 점이었다고 말하고 싶다. 각 쉼터 이사회 대부분이 이에 동참했다. 이번만은 사업주가 우리 편이었다. 여성주의적 연대는 "경영 방침"의 핵심으로서 관리자와 노동자 모두에게 필요한 직무 요건이었다. 또한, 관리자들은 대체로 다른 여성들의 행복을 자신의 행복과 동등하게 여겼다. 관리자 중 일부가 다른 관리자보다 더 귀 기울여 듣는 편이었지만, 우리가 만난 거의 모든 사람이 여성주의적 경영의 이상을 향해 고군분투했다. 마지막으로, 상담사들은 공정성과 사회 정의의 개념에 매우 관심이 많았으며 거의 모두가 노동자로서 자기 행동방식에 이러한 아이디어를 적용했다.

하지만 이러한 사례는 우리가 경험한 다른 여러 사업주와 뚜렷한 대조를 이루기 때문에 사업주의 태도를 강조해야 한다. 통신 기사들의 사업주는 그들이 고용한 소수 여성들의 어려움에 전혀 관심이 없어 보였고, 확실히 업무 조정에 돈을 쓰려고 하지 않는 것 같았다. 청소노동자와 의료지원 노동자를 고용한 병원들은 우리가 관찰한 부당함에 대해 듣고 싶어 하지 않았다. 운송회사와 소매점은 일과 가정의 균형에 조금도 신경을 쓰지 않았을 것이다. 그들은 그러한 기준으로 평가되지 않았고, 아무도 그것이 중요하다고 말하지 않았다. 즉, 다른 여러 도시에 흩어져 있는 주주들은 이윤과 훨씬 더 명확하게 관련 있는 현상을 잣대로 경영 방침에 찬성 혹은 반대표를 던질 것이다. 다른 연구자들이 가족 친화적인 근무일정을 만들기 위해 소매점 관리자들과 함께 일하려고 노력했으나 큰 성과는 없었다.[9]

최악의 조건을 가진 사업주들이 반드시 변화를 원하는 것은 아니며, 그들을 감독하는 정부 기관들이 반드시 도움을 주는 것도 아니다. 나는 최근에 보건당국에서 노동자들의 "보이지 않는 고통"에 대한 강연을 했다. 강연 후, 공공의료서비스 인간공학자들이 몰려와 질문을 던졌다. 그들의 업무는 주 전역에서 업무를 관찰하고, 직업 보건 문제를 파악해 해결책을 제안하는 공공보건 프로그램을 관리하는 것이었다. 나와 경험을 나누고 싶어 한 그들과 지하의 작은 방에 마주 앉았다. 인간공학자들은 작업장에서 끔찍한 위험을 발견했지만 사업주들이 개선에 관심 없다는 이야기를 연달아 들려주었다. 그들은 슬퍼하고, 무력하고, 죄책감을 느끼고 있었다. 근로감독관을 불러 조치하게 할 수는 없냐고 물었지만, 그 일은 감독관 소관이라고 했다. 그들 일부를 제외하면 목숨이나 사지에 즉각적이고 극적인 위협(그들이 관찰한 남성의 일에서 더 흔하다)이 없는 한 고용주와의 대립을 감수하려고 하지 않을 것이다. 그리고 어쨌든 감독관은 항상 부족했다(보건당국의 관리 소홀은 최근 감사원장 보고서로 확인되었다).[10] 그래서 사업주들에게는 작업 환경을 개선할 메리트가 없었다. 나는 인간공학자들에게 할 수 있는 모든 것을 하라는 말 외에 어떤 제안도 하지 않았다. 그들이 더 많은 이야기를 원하기에 우리는 서로를 조금이나마 격려했다.

따라서 쉼터는 전형적인 사업주가 아니었다. 그들은 노동자들의 건강을 증진시키는 데 적극적으로 참여했고, 협회는 그것을 명시적으로 의무화했다. 우리가 젠더를 이야기할 수 있었던 건 그들이 최전선의 페미니스트였기 때문이다. 문제를 이야기하는 것에 어떤 금기도 없었다. 우리는 협회, 노동자, 그리고 우리 사이의 자유로운 정보와 아이디어 흐름으로 최선을 얻었다. 비록 우리가 제안한 많은 해결책이 실행 불가능한 것으로 드러났지만, 모든 가능성이 논의되었다. 쉼터들에는 스스로 해결책 실행을 결정할 수 있도록 정치적 절차가 마련되어 있었다. 또한 가장 중요한 것은 쉼터 노동자와 코디네이터 사이에 협회가 육성하고 자양분을 주는 페미니스트 연대가 있었다는 점이다. 이것은 셀린이 주말 근무일정을 좀 더 공정하게 만들기 위해 상담사들과 협력할 때 특히 중요했다. 공정성과 연대는 협회와 쉼터의 DNA에 있었다.

사업주로 간주되는 쉼터 협회와 이사회의 좋은 특성이 페미니즘에서 비롯된 것인지, 각 쉼터의 규모가 작거나 사업주가 비영리 사회적 기업이라는 사실에서 비롯된 것인지는 모르겠다. 우리가 또 다른 지역사회 기반 비영리단체를 연구한 결과, 관리자가 직원을 대하는 여러 가지 방식을 발견했다. 일부는 좋았고 일부는 불쾌했다. 어떤 사람들은 작업 일정을 정할 공정한 방법이 있었고 일부에서는 서로 물어뜯는 상황이었다.

따라서 페미니스트 연대는 경영 모델이 될 수 있다. 우리 연구센터인 신바이오스는 페미니스트 원칙을 가진 여성들이 설립했고 35년 넘게 페미니스트가 이끄는 곳이다. 다음 장에서는 여성 노동자들을 돕기 위한 목적으로 페미니스트 연대가 우리의 과학과 직장에서 어떻게 변화를 가져왔는지 보여줄 것이다. 이 자랑에 대해 미리 용서를 구한다. 나는 신바이오스가 무척 자랑스럽다.

9장

연대

1장과 2장에서 나는 남성들이 여성에게 공격받는다고 느낄 때 이들이 얼마나 강하게 일치단결하는지 보여주는 몇 개의 예를 제시했다. 여성들이 공격당하면 이들 역시 서로를 돕고 싶어 한다는 것도 이해가 되는 일이다. 그러나 우리가 함께하려 하면 여기에 반대하는 강력한 힘이 있음을 경험을 통해 알 수 있다. 나는 이런 힘의 세기를 직접 체득했다. 1976년 생물학과에서 일을 시작했을 때, 나는 이 학과 구성원 17명 중 두 번째 여성이었다. (남성) 공동 연구자 두 명이 재빨리 다가와 "너를 위해 하는" 말이라면서 학과의 유일한 여성인 도나 머글러와 거리를 두라고 강조했다. 이 사람들은 도나가 평판이 나쁘고 배려심도 없으며 친절하지 않다고 말했다. 다른 동료들도 때때로 비슷하면서 애매한 말로 반복해서 주의를 주었다. 나는 도나를 뛰어난 연구자이자 통찰력 있는 정치 분석가로 생각해 존경했지만, 다른 동료들이 하는 말을 신경 써서 듣고 도나를 멀리 했다.

시간이 지나면서 도나와 나는 공통의 관심사로 함께 하기 시작했다. 1977년, 성 상담가를 양성하는 학과(Département de sexologie)에서 우리와 다섯 명의 다른 여성 교수를 초청해 회의 자리를 만들었다. 그 학과에서는 우리가 3년 전에 여성학 학제 간 수업을 진행했던 것을 알고 과에서 계획하고 있는 프로그램에 우리가 참여해주길 원했다.[1] 이들은 이미 프로그램과 수업 내용을 정해두었고, 그 교재로 수업할 교수가 필요한 상황이었다. 당시 성과학 학과에 놀랍게도 여성 교수가 없었기 때문에 도움을 청하는 것은 이해할 수 있었지만, 우리는 남자들이 상의도 없이 결정한 프로그램에 보조자로 우리를 부른 것에 반발했다. 지금은 고인이 되신 용감한 사회학자 니콜 로랭Nicole Laurin이 이 저항을 이끌었다. 니콜이 소름 돋는 저음으로 "여성으로서 나는 모욕당했다!"[2]라고 외쳤다. 그리고 우리는 모두 거기서 걸어 나와 사회학, 역사학, 경제학, 생물학 수업을 넣어 우리만의 프로그램을 계획하기 시작했다.

도나와 나는 우리 과로 돌아와 여성과 생물학 수업을 위해 강의 계획서를 작성해 제출했다. 우리 과는 쉽게 넘어오지 않았다. 동료 몇 명은 유전학, 세포생물학과 같은 "학문 과정"에서 자원을 빼앗는 것에 반대했다. 그렇지만 우리는 학생들의 지지 속에 힘을 합쳤고 결국 이겼다. 그 수업은 다른 학과 학생들에게도 인기를 끌었고 동료들은 이 수업을 유지할 수밖에 없게 되었다.

도나와 나는 더 많은 시간을 함께하게 되었고, 다른 동료들이 우리에 대해 말했던 것처럼 서로 동의하기 어려운 상대는 아니었다는 걸 알게 되었다. 도나는 이전에 페미니스트로 정체화하지는 않았었지만 사회 정의 감각이 잘 발달한 사람이었는데, 학과 회의에서 중요한 지점에 대해 의미 있는 관점을 나에게 주기 시작했다. 동료 한 명이 수업을 위해 "마르세유Marseille에서 온 아담하고 목소리 좋은 여성"을 채용하자고 제안했을 때 도나는 엄청나게 대담해져서 그 말이 성차별로 맹렬히 비난받을 일이라는 암시를 농담 식으로 했다. 안 그래도 동료들은 점점 우리가 작당 모의하는 걸 알아채고 마뜩치 않던 중이었다. 도나의 농담은 기폭제가 되었다. 이들은 우리에게 고함치고 화내기 시작했다. 동료들이 전부 일어섰을 때 (도나는 곧게 섰을 때 152센티미터 정도이고 나 역시 별 차이 없다) 우리는 두려웠다. 다행히 도나의 사무실이 회의실 바로 반대편이라 우리는 뛰어서 사무실로 숨어들었다. 하지만 우리가 문을 닫으려 할 때 학과장과 그 무리가 문이 닫히는 것을 막으려고 밀었다. 우리 몸에 그들 모두가 문을 미는 힘이 그대로 느껴졌다. 물리적으로 문을 닫기는 했지만, 학과에서 우리의 위치는 영원히 바뀌었다.

우리는 우리가 불붙인 그 분노를 무시할 수 없었고 어떻게 대응할지 생각해내야 했다. 도나와 나는 우리가 함께 일하기 전부터 이미 한 패로 보였음을, 또 아닌 척할 수도 없음을 깨닫게 되었다. 어쨌거나 둘이 함께해야 했으니 우리는 그냥 즐기기로 했다. 나는 연구 주제를 곰팡이 유전학에서 직업 건강으로 바꿔 도나와 일하게 되었다. 1981년에 우리는 정부 주도의 산업안전보건연구소Institut de recherche RobertSauvé en santé et en sécurité du travail, IRSST와 공식적으로 제휴할 연구팀을 공동 창설했다.[3] IRSST는 일터에서 발생하는 생물학적 손상의 초기 지표에 대한 우리 연구에 아낌없이 지원했다. 여성 노동자에 특정한 연구로 의심되면 무엇이든 열정적으로 거부하긴 했지만 말이다.[4]

IRSST가 연구 지원을 중단했을 때 도나와 나는 직업 및 환경 건강 영역을 다루는 신바이오스 연구센터를 설립했고, 이후 도나는 센터를 세계보건기구WHO 연계 센터로 이끌었다. 현재 태아의 환경적 손상을 연구하는 세포 생물학자 캐시 밸랑코르Cathy Vaillancourt가 이끄는 신바이오스에는 37명의 연구원이 있고 그중 32명이 여성이다.

연대와 끈기가 있었기에 신바이오스가 정부 정책을 변화시킬 수 있었다. 페미니스트 노동 단체, 지역 공동체, 환경 단체들과의 연대 속에서 인간공학, 생물의학, 법학 교수들의 끈끈한 유대가 성추행, 폭력, 일-가정 조화, 임신부와 태아 보호, 북미 선주민의 건강, 환경 보호, 노동자 보상 관행 등 여러 영역에서 연구 결과를 정책과 실행으로 옮기는 데 큰 역할을 했다. 그리고 신바이오스 연구자들은 퀘벡대학교의 보건과 사회 연구소를 공동 설립하고 이끌었으며, 동시에 젊은이들이 생물학, 심리학, 사회 영향력을 생각할 수 있도록 훈련하고 있다.

한편, 성과학 강의 계획서에 반발하며 시작된 그룹은 (다른 학과 소속인 우리 동료가 주도한다) 여성에 관한 몇 개의 강좌에서 시작해 다학제 간 수업 과정으로, 대학원 연구 프로그램으로, 여성 그룹(Relais-femmes) 컨소시엄과의 지속적인 협력으로 이어졌고,[5] 나중에는 페미니스트 연구와 교육을 위한 거대한 기관(Institut de recherches et d'études féministes)으로 발전해갔다.[6]

그러면 성과학 학과는 어떻게 되었을까? 나는 1979년에 노동조합 교섭위원으로 선출되었다. 몇몇 동료의 반대가 있었지만, 우리는 여성이 40퍼센트 미만인 학과에서는 여성을 우선 채용하게 하는 조항을 단체협약에 넣었다. 이 조항을 관철하기 위한 행동을 함께 이어가기도 했다.[7] 우리 노동조합 여성위원회는 성과학 학과를 포함해 새 교수 임용을 앞둔 남성 다수의 모든 학과에 방문해, 해당 조항을 설명하고 학과에서 취해야 할 행동을 설명하기도 했다. 해당 학과들이 이 일을 반기지는 않았다. 그래도 그중 일부는 우리가 이야기할 수 있게 했고, 또 일부는 듣기도 했다. 우리와 다른 대학 페미니스트들의 압박 끝에, 현재 성과학 학과 교수는 여성이 68퍼센트다. 우리 생물학과는 그리 성공적이지는 않았지만, 여성 비율은 내가 채용되던 당시 12퍼센트에서 30퍼센트로 올랐다.

연대는 또한 IRSST가 직업 건강에서 젠더의 중요성을 이해하게 하는 데 도움을 주었다. 초기 15년 동안 노동조합과 사용자 단체가 공동으로 관리한 IRSST는 주로 여성이 매우 적은 직업에 연구 지원금을 썼다. 이는 당시 직업 건강에서의 전형적인 상황이기도 했다.[8] 우리가 여성 블루칼라 노동자의 건강과 안전에 관한 프로젝트를 제시했을 때, 노동조합 연맹은 우리를 지지했으나 사용자들이 격렬히 반대해 대응에 애를 먹었다. 우리가 그 프로젝트를 제출하도록 도왔던 IRSST 관리자들은 중간에 낀 상태가 되어버렸다. 또다시, 나는 당황한 관리자들과 노동조합 양쪽에서 표출하는 예상치 못한 분노를 마주하게 되었다. 한 남성 노동조합 교섭 담당자는 내가 (그가 소속된 노동조합 중 한 곳과 함께) 이 프로젝트를 개발함으로써 노동조합 운동 전체에 어떤 해를 입혔는지 장황하게 늘어놓으며 나를 몰아세웠고 나는 눈물을 흘릴 수밖에 없었다. IRSST의 한 직원은 내가 프로젝트를 고집한다면서 "당나귀처럼 고집이 세다"라고 대놓고 말했고, 기회가 있을 때마다 나를 헐뜯었다. 만일 노동조합 내 페미니스트들의 따뜻하고 공감 가득한 조언과 지지가 없었다면 아마 프로젝트 전체를 포기해버렸을 것이다. 퀘벡 노동자 연합 여성분과 대표인 캐롤 징그러스Carole Gingras와 한참 늦은 시간에 했던 통화를 결코 잊지 못할 것이다. 노동조합에서 캐롤의 위치가 그렇게 안정적이지 않았지만, 그는 나를 지지해주었고 다른 노동조합 페미니스트들 역시 나와 고위층 사이에서 관계 봉합을 위해 서둘러주었다.

이 일련의 사건으로 IRSST는 뒤흔들렸고 IRSST는 젠더와 직업 건강 관련 어떤 연구에 대한 지원도 꺼리게 되었다. 내 박사과정 학생이 이주민 직업 건강 연구에 장학금을 받을 수 있는지 문의하려 전화했더니 프로그램 담당자는 아무 지원도 해줄 수 없다고 답했다. "여성 직업 건강을 연구하겠다는 거잖아요"라고 담당자가 강하게 말했다. 또 "우리는 집단에 대한 연구는 지원하지 않습니다"라고 했다. IRSST 장학금 신청 심사 거부를 확인한 서한에서 담당자는 "[기관의] 연구 우선순위를 특정 집단에 둔다는 정책은 없습니다"라며, 대신 "사고, 소음과 진동, 보호 설비, 장비 안전, 생산 방식, 화학 및 생물학적 요인, 근골격계 질환"에 대해 연구해보라고 학생에게 제안했다. 오직 마지막에 제시된 것만이 여성 직업에서 어떤 빈도로든 나타난다. 그리고 이것이 왜 여성 노동 인구가 45퍼센트를 차지하는데도 IRSST에서 지원한 연구에선 15퍼센트보다 낮았는지 설명해준다. 성추행과 폭력같이 여성의 직업에 있는 위험, 불규칙하고 예상이 어려운 업무 스케줄, 장시간 서서 일하는 노동은 연구가 되지 않았다. 그래서 신바이오스 연구자들은 연구가 부족하고,[9] 제대로 보호받지 않으며,[10] 보상이 잘 이뤄지지 않는[11] 여성 노동자들을 퀘벡 주정부에 보여주기 위해 자료를 발간했다. IRSST 이사회는 상당히 화가 났고 (학계에서 검증된) 논문 중 하나를 발간했다는 이유로 학술지 편집자를 사적으로 위협하기까지 했다고 들었다.

노동조합 여성위원회는 여성 직업 건강에 대한 지원을 받아내기 위해 계속 싸웠다. 페미니스트 생존 전술 전문가가 여성의 직업 건강에 관한 노동조합 기자회견장으로 법 연구자와 인간공학 연구자들을 불러냈다. 우리의 첫 번째 연구에서 가져온 자료를 활용해 노동조합은 여성 직업에서 예방이 엄청난 후순위임을 비난했다. 《몬트리올 가제트*Montreal Gazette*》*가 이를 1면에 실었고,[12] 건강 및 안전 관계자들이 어떻게 할 것인지 답변하도록 압박했다. 결국, 보건당국 안팎에서 정치적 압력이 가해지며 일이 진행되었다.

우리와 또 다른 사람들이 여성 노동에 관한 자료를 만들기 시작하면서 우리의 파트너십이 IRSST 소속 연구자들에게 영향을 끼치기 시작했다. 일부는 용감하게 건강과 안전 자료 분석에 젠더의 렌즈를 들이댔다. 그리고 이 시도가 결국 이들의 관행이 되었다.[13] 그리고 업무상 사고와 질병에 관해 발간된 주 차원의 데이터베이스가 노동자들의 젠더 정보를 포함하기 시작하면서 연구자들의 삶은 더 순조로워졌다. 우리의 첫 번째 기자회견 이후 17년 만에 IRSST는 젠더, 노동, 건강을 연구할 내부 교수직을 설치했고,[14] 그 후로 얼마 지나지 않아 이 주제에 관한 종일 세미나도 열었다. 심지어 나에게 강연을 요청한 적도 있다. 2017년에 IRSST는 젠더를 고려한 이주민 직업 건강 보고서를 발간했다.[15]

세월이 흐르면서 우리는 여러 구석에 숨겨져 있던 연대를 확인했다. 오타와에서 알게 된 연방 보건부Health Canada의 여

---

* 몬트리올에서 발간되는 영문 일간지.

성 건강국Women's Health Bureau[16]은 우리에게 지원금을 전달하고 존경심을 표해오기도 했다. 1990년 어느 화창한 날, 국장인 프레다 팔티엘Freda Paltiel이 점심식사를 제안했다. 이 사람은 연구자와 활동가들이 여성의 직업 건강에 관심을 두도록 독려할 방법을 물어왔다. 내게도 특별한 아이디어가 없었는데 프레다가 뭔가를 생각해냈다. 프레다는 노동부에서 비슷한 역할을 맡은 사람들에게 여성과 직업 건강에 관한 첫 정부 보고서를 주문하고 발간하게 했다.[17] 이후 프레다와 그의 열성적인 여성 건강 전문가 무리가 1990년대와 2000년대 초 여성의 직업 및 환경 건강에 관한 몇 차례의 컨퍼런스를 후원했다. 이런 컨퍼런스에는 프레다의 영향력을 인정한 모든 영역의 과학자들과 전문가들이 참석했다. 브리티시 컬럼비아British Columbia 출신인 수전 케네디Susan Kennedy와 미크 쿠훈Mieke Koehoorn이 역학 분석에서의 젠더 이슈를 인식하게 해주었다. 서스캐처원Saskatchewan 출신인 헬런 맥더피Helen McDuffie는 농업에 종사하는 여성들이 어떤 화학물질에 노출되는지 알려줬다. 뉴펀들랜드Newfoundland 출신 공학도인 안젤라 테이트Angela Tate는 모든 생체역학 연구가 남성 카데바* 에 기초한다는 사실을 일깨워주었다. 요크 대학York University의 팻 암스트롱Pat Armstrong과 그의 학생들은 일터에서의 사회적 변화에 관한 최신 정보를 주었다. 1995년 열린 컨퍼런

* 연구를 위한 해부용 시신.

스의 결과를 전국의 저자들이 23개 장으로 엮어 책으로 냈고,[18] 과학 학술지 논문집으로도 출판됐다.[19] 이런 출간 작업은 캐나다에서의 여성 직업 건강에 관한 연구와 실천을 북돋는 데 매우 주요했다.

프레다는 핑계가 있을 때마다 여성들과 모이곤 했는데, 은퇴한 후에도 그의 사무실에서 관행이 유지됐다. 모임은 편안했고, 온기와 상호 지지로 가득했다. 1990년대 후반에 이 모임 중 하나에서 여성들에게 가장 놀라운 일이 일어났는데, 바로 캐나다가 건강 연구를 위한 기관을 설립한 것이었다. 우리가 같은 공간에 함께 있다는 사실은 많은 전투 끝에[20] 젠더와 건강 연구소Institute for Gender and Health, IGH 설립을 이끈 불꽃을 만들기 충분했다. IGH는 젠더 감수성이 있는 연구를 장려하고 지지했을 뿐만 아니라 열정 넘치는 지도자들이 모든 생체역학 연구에서 여성과 여성 이슈에 대한 고려를 포함해 전문가 리뷰를 내도록 밀어붙였다.[21]

한편, 세계 곳곳의 노동조합은 노동조합에 가입한 여성의 숫자가 늘어나고, 남성의 직업이 제조업에서 여성의 일로 여겨지던 서비스 영역으로 이동함에 따라 여성의 직업 건강에 관심을 더 기울이기 시작했다. 로랭 보겔Laurent Vogel이 이끄는 유럽 노동조합 연구소The European Trade Union Institute는 1999년에 우리의 〈인간공학 분석에서의 젠더 통합*Integrating Gender in Ergonomic Analysis*〉 보고서를 지원했고,[22] 이는 유럽 노동조합과 여성 단체들에 의해 6개 언어로 번역됐다. 로랭은 여성, 노동, 건강에 관한 일련의 국제 컨퍼런스를 조직했고, 연구자, 노동조합, 공동체 그룹을 한데 모으는 한편 남미와 캐나다, 유럽에서 페미니즘 연구를 강화했다. 1999년 리우데자네이루에서 열린 여성, 노동, 건강 컨퍼런스는 남미에서 여성 직업에 대한 관심을 키웠고 이제 연구자들은 베네수엘라, 브라질, 칠레, 멕시코에서 매우 활발하게 연구 활동을 하고 있다. 또 이런 활동으로 유엔 세계보건기구의 여성들이 일터에서 여성의 건강과 안전에 관한 WHO 공식 팸플릿을 지원하도록 추동했다.[23]

비슷한 움직임이 다른 곳에서 자라고 있었다. 1994년에 미국 국립건강연구소US National Institutes of Health의 어느 암 연구자 그룹이 화학물질 노출과 그에 따른 결과에 주목했고, 몇 차례 컨퍼런스를 열어 직업성 암에 관한 연구에 여성을 포함할 것을 권고했다.[24] 1998년 스웨덴 정부는 직장에서의 여성 건강이라는 한 프로그램을 후원했는데, 이 프로그램은 사회과학과 자연과학 분야 모두의 연구를 고무시켰다. 2006년에는 직업 보건에 관한 국제회의the International Congress on Occupational Health가 여성, 노동, 건강 과학위원회Women, Work and Health Scientific Committee를 설립했다. 같은 해에 국제인간공학협회the International Ergonomics Association는 신바이오스 인간공학자들과 프랑스 인간공학자의 그룹인 젠더, 활동, 건강Genre, Activité, Santé이 주도하는 젠더와 노동 기술위원회the Gender and Work Technical Committee를 설치했다. 기술위원회는 그

후부터 3년마다 열리는 컨퍼런스에서 최소 한 건의 종일 심포지엄을 후원해왔다. 2021년 컨퍼런스에는 세 개의 심포지엄이 예정되어 있다.

열과 성을 다하는 여성들 간의 연대는 공고한 반대에 맞서 일하는 여성들을 돕는 방향으로 직업 건강 및 안전의 연구와 실천을 추동했다. 그러나 여기 서술한 무엇도 연대가 쉬웠다거나 도나와 나와 우리 동료들이 언제나 사심 없이 서로에게 충실했던 것처럼 해석되어선 안 된다. 1980년대에 커플 치료를 하는 페미니스트 심리상담사에게 도나를 끌고 갔던 일이 생각난다. 커플 치료가 내 결혼생활을 회복시키지는 못했지만, 도나와 나의 활동에는 효과가 있었다. 그리고 그럴 만한 가치가 있었다.

여성 운동에서 주된 메시지가 있다면 그것은 여성들이 서로를 믿고 지지해야 한다는 것이다. 이는 우리 학과, 우리 학교, 우리의 지원금 제공자, 우리 과학 공동체에서 잘 작동해왔다. 퀘벡의 노동조합 여성 그룹은 사안별로 페미니스트 공동체 그룹에 합류해, 임신부 보호에 가해지는 공격, 자유로운 임신 중지 접근성에 대한 공격에 저항할 수 있게 했고, 정부의 평등 정책[25]과 임금 형평성 개선에 커다란 진전을 이루게 했다. "여성을 돕는 여성"이라고 스스로 자부하는 여성 쉼터 그룹과 함께한 연구에서(8장), 나는 연대가 조직의 화합 안에서 실질적인 이득이 되는 걸 목격했다.

그래서 내 경험에 따르면, 여성의 일을 변화시키는 인간공학적 개입은 불의와 싸우고 연대를 만들어야 한다. 그러나 물론 말하기란 실천보다 쉬운 법이다. 우리는 각각의 상황이 일어날 때 이를 분석해야 하고, 각각의 맥락에서 어떻게 여성의 이익을 가장 잘 충족할 방법이 무엇인지 동료들과 결정해야 한다. 노동조합이 여성주의적 접근법에 개방적인가? 노동조합이 인간공학자들을 일터로 데려올 수 있을 만큼 강력한가, 아니면 우리가 사용자와 협상해야 하는가? (가령, 설비나 일-가정 균형 등에 관한) 사용자 방침의 변경을 시도하기에 적절한 시기인가? 현 정부가 새로운 법안을 도입하는 데 열려 있나? 일하는 여성의 지위를 전반적으로 향상하는 동시에 각각의 일터에서 여성을 보호하기 위한 방법에 기초해 결정해야 한다.

용의 형태 찾아내기

보이지 않는 상처 파트너십 기간 동안 우리의 연구는 일터에서 여성의 건강을 해치는 세력에 대해 무엇을 가르쳐주었을까? 비전통적인 직업에서 일하는 여성에 관한 연구로부터, 여성의 신체는 일터에서 "제2의 신체"라는 것을 배웠다. 장비, 일터 설계, 훈련에 변화가 필요하다.

여성의 전통적인 직업에 관한 연구로부터, 여성의 직업은 "제2의 직업"이라는 것을 배웠다. 여성들은 형편없는 임금을 받고, 여성의 요구사항은 하찮게 여겨지며, 이들의 일터에서의 문제는 인정받지 못한다.

일-가정 조화에 관한 연구로부터 우리는 여성의 가정에서의 책임은 "제2의 역할"이라는 것을 배웠고, 경시되며 존중받지 못한다는 것을 배웠다. 여성들은 일터에서 고군분투해야 하고 때때로 잘하지 못했을 때는 혼란을 야기했다며 비난받는다.

그리고 여성의 직업 건강에 관한 연구로부터, 여성의 건강은 "제2의 건강"이라는 것을 배웠고, 지금껏 연구된 바가 매우 적으며 그나마 형편없다는 것도 알았다.

미투 운동이 우리에게 말해주듯, 여성들이 우리가 마주하는 공격에 이름을 붙이고 우리를 공격하는 사람들에 책임을 물어야 한다면, 과학은 그 이름 짓기의 일부다. 과학적 조사는 어떤 건강 문제가 인식되는지, 기관이 건강 문제에 어떻게 대응하는지, 건강 문제에 관해 누구에게 발언권이 주어지는지 정할 때 큰 역할을 해왔다. 그래서 도나와 나와 신바이오스의 우리 동료들이, 관심 있는 여성들의 적극적인 참여와 함께 여성을 도울 과학적 연구 수행 방법을 오래 생각해온 것이다.

모든 과학자가 일하는 여성과 자주 만나거나 친밀함을 많이 느끼는 건 아니다. 우리도 여성의 직업 건강 문제를 연구하는 동안 거부당하고 무시당했으며 당황스러운 일을 겪었다. 다음 몇 개의 장에서는 과학에서의 용을 다루는 방법에 관해 우리의 생각을 조금 보여주려 한다.

4부

직업보건학의 변화를 위하여

10장

과학이 제대로 다루지 않는 2등 신체

과학자들이 때때로 술집에서 떠드는 무리처럼 행동한다는 걸 독자들에게 보여줄까 한다.

2014년 나는 연구자들이 자신의 연구 정보를 공유하는 공간이자 일종의 과학자를 위한 페이스북인 리서치게이트ResearchGate에 질문을 올렸다. "가슴 크기가 제조업이나 보건의료 분야에서 들어올리는 작업의 생체역학에 미치는 영향을 살펴본 분이 있습니까? 가슴이 큰 여성은 몸에서 물건을 더 멀리 뻗은 채 운반해야 해서 들어올리는 작업 효능에 (마찬가지로 허리 통증에도) 영향받을 것으로 보여요. 하지만 이에 대한 아무 정보도 찾을 수가 없네요." 답변은 순식간에 올라왔고, (프로필 사진을 보니) 모두 남성들이 올린 것이었다.

첫 번째 연구자: 이 주제와 [육상]달리기와 관련된 몇몇 논문이 있다고 들었는데, 들어올리는 작업과 관련해서는 잘 모르겠어요.

두 번째 연구자: 여성들이 왜 몸에서 물체를 더 멀리 떨어

트려 운반해야 하는지 이유를 모르겠어요. 그런 자세는 요추에 부담을 줄 수 있습니다. 가슴 크기가 크든 작든 간에 물체를 옮길 땐 몸 가까이(가슴 아래) 들고 이동해야 해요. [참고: 생체역학 전문가들이 이 답변을 본다면 폭소할 것이다. 당신이 여자라면, 책이 담긴 상자를 가슴 아래로 들어 운반해 보길 바란다.]

세 번째 연구자: 물건을 허리 높이의 복부에 대고 팔꿈치를 90도로 구부린 자세로 운반한다면, 가슴둘레보다는 복부둘레가 문제가 될 것 같아요. 결국 당신의 질문이 여성에 관한 것일 수도 있지만, 남성에게도 간접적인 대답이 될 수 있습니다. 만약 어떤 남성이 상당한 체지방을 가지고 있다면 복부 둘레가 클 거라 예상할 수 있어요… 이걸 어떻게 여성의 가슴 사이즈와 연결할 수 있을지 모르겠지만, 여성의 가슴 크기와 마찬가지로 비만 남성은 큰 복부둘레 때문에 몸에서 물체를 멀리 떨어트린 채 운반해야 하니 허리 통증의 위험 증가를 예측할 수 있죠. [또다시 생체역학자들의 웃음소리가 들리는 것 같다. 비만 남성들은 가슴을 가진 보통 여성들과 신체 형태가 전혀 다르고, 사람들은 보통 큰 상자를 허리 높이에 두고 운반하지 않는다.]

네 번째 연구자: [스포츠 달리기에 관한 또 다른 관련 없는 답변]

다섯 번째 연구자: *저는 그 문제에 대해 연구해보지는 않았지만 해결책을 압니다.* [과학자가 쓴 답변이다!] 인도 어느

마을에서는, 여성들이 30킬로그램에 달하는 무거운 물체를 (바구니, 자루, 혹은 가방에 싸서) 등에 메거나 머리에 이고 다니며…

여섯 번째 연구자: [이 답변은 내 질문을 기술적인 언어로 반복할 뿐이다.] 가슴 크기가 큰 여성은 평균적인 여성 혹은 남성들에 비해 무게중심과 무게중심선이 더 앞쪽에 위치한다고 가정할 수 있어요. 무게중심과 무게중심선의 변화는 허리와 넙다리뒤근hamstring muscle에 부담을 가중시켜 들어올리는 작업의 효율에 영향을 미치게 됩니다.

일곱 번째 연구자[나는 그를 카를로스Carlos라고 부르기로 했다.]: 만약 제 농담이 외설적이라면 용서를 구하며, 스페인에서는 "tiran más dos tetas que dos carretas"[두 가슴이 두 대 이상의 수레를 당긴다]*고 말하죠.

여덟 번째 연구자: 카를로스, 좋은 속담이네요. 구글 번역기로 뜻을 알았어요.

여기까지 답변이 달렸을 때, 내가 나서서 모두에게 질문을 잊어달라고 말했다. 이런 경험을 성폭력과 비교할 수는 없지만, 내 질문과 나, 그리고 여성 전반이 존중받지 못하는 것처럼 느껴졌다. 나는 진지하게 질문했고 그에 상응한 대답을 원했기 때문에 더 상처받았다. 그리고 이 일은 나의 활

---

* 여성의 매력이 다른 어떤 고려사항보다 더 중요하다는 것을 나타내는 데 사용되는 스페인 속담.

동 분야인 자연과학계가 여전히 어떤 면에서는 남성 소굴이라는 사실을 일깨워주었다.

제2의 직업 건강

연구자들은 종종 여성의 신체 손상을 "제2의 건강"으로 취급해왔고, 직업 건강도 예외는 아니었다. 1994년까지, 진 스텔먼, 빌마 헌트Vilma Hunt, 셸리아 잠Shelia Zham[1]과 같은 연구자들은 여성과 그들이 주로 행하는 직무가 직업안전보건 연구에서 매우 적게 다루어졌다는 사실을 보여주었다. 1998년, 나는 이러한 지식 부족이 예방 노력에 심각한 결과를 초래한다고 완곡히 말한 적이 있다.[2] 그림 10.1은 당시 존재했던 여성 노동자에 영향을 미치는 "악순환"을 보여준다. 바로 직장 내 여성의 경험에 대한 지식 부족이 여성의 직업 건강 문제를 생물학적 또는 심리적인 "특성"의 결과로 해석하는 문제로 이어진 것이다.

이러한 태도로 인해 남성보다 여성들이 업무 관련 질병에 대한 보고를 훨씬 꺼리게 되었고, 직업안전보건 증진, 예방, 보상 프로그램에 접근하기 어렵다는 사실이 확인됐다. 우리의 문제들은 눈에 보이지 않았고 고용주와 주정부로부터 지원을 거의 받을 수 없었기 때문에, 연구 수행이나 문제 분석을 자극할 만한 관심을 유발하지 못했고 이는 악순환을 완성했다. 21세기 초에 이사벨 니담메르Isabelle Niedhammer와 그

그림 10.1 여성 직업 건강의 악순환, 1998

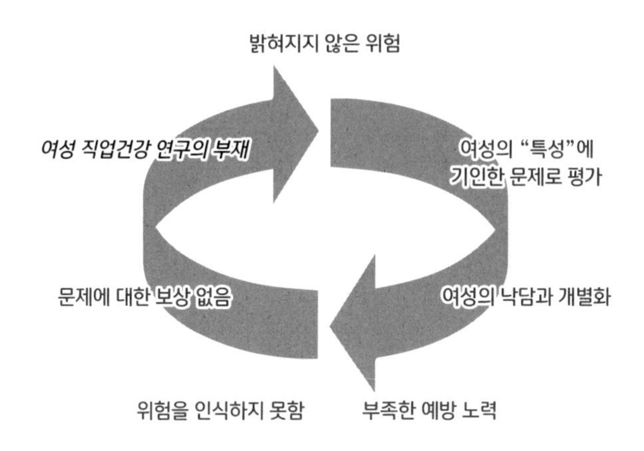

출처: Karen Messing, *One-Eyed Science: Occupational Health and Working Women* (Philadelphia: Temple University Press, 1998), 79.에서 수정.*

동료들은 여전히 여성이 직업 건강 연구로부터 배제되어 있고, 여성 문제에 관한 자료는 구체적으로 분석된 적이 거의 없음을 명확하게 보여주었다.[3] 2018년, 여성들은 여전히 직업성 암 연구에서 비극적일 만큼 잘 드러나지 않고 있다.[4]

우리는 또한 여성의 뇌에 대해 아는 바가 거의 없고, 심지어 여성의 뇌가 환경 영향에 어떻게 반응하는지도 잘 알지 못한다. 여성의 뇌(그리고 암컷 실험쥐들)는 남성의 뇌보

* 『반쪽의 과학: 일하는 여성의 숨겨진 건강 문제』, 정진주 외 옮김, 한울, 2012, 156쪽 표 참조.

다 훨씬 덜 연구되며,[5] 이러한 연구 배제는 여성의 통증과 독성 작용 예방에 나쁜 영향을 미칠 수 있다. 도나 머글러는 2011년에 작업장 내 유기용제 노출(가장 일반적인 유형의 신경독성 노출)이 뇌에 미치는 영향에 대한 대부분의 연구 결과가 여성을 배제하고 있다는 사실을 밝혀냈다. 비록 유기용제에 노출되었을 때 두 성별 모두 뇌 손상을 일으킬 수 있지만, 여성만을 대상으로 한 연구보다 3배 이상 많은 연구가 남성만을 포함하고 있었다.[6] 2019년에 다시 살펴본 결과, 도나는 여성을 포함한 연구의 비율이 2002~2011년 38퍼센트에서 2012~2018년 54퍼센트로 약간 개선되었고, 대상의 성별이 보고되지 않는 비율은 26퍼센트에서 15퍼센트로 감소했다는 것을 확인했다. 여성에 관한 대부분의 연구는 여성 노동자 자신이 입은 해가 아닌 여전히 태아에 대한 환경 영향에 집중되었다.[7] 그리고 지난 10년 동안 다른 환경 신경독성 노출에 대한 성별에 따른 반응 차이는 거의 연구되지 않았다.[8]

독자 여러분은 처음 리서치게이트에 올렸던 내 질문에 여성은 응답하지 않았다는 걸 알아챘을 것이다. 할 말이 없었기 때문에 그랬을 수도 있다. 그러나 많은 연구자, 특히 여성 연구자들이 힘의 유형, 근무 환경이 월경 기간에 미치는 영향, 직장 내 독성물질에 대한 성호르몬의 영향처럼 성별 차이를 묻는 연구 아이디어를 좋아하지 않는 것도 사실이다. 그들은 성별 차이를 강조하는 것이 고정관념을 낳고 결국 여성에 대한 차별로 이어질 것이 두렵다는, 정말 그럴만한 이유를 가지고 있다. 그리고 내가 그 (가상의) 공간을 떠난 지 세 달 후, 한 젊은 여성이 응답했다. 그는 "이런 종류의 연구는 여성이 노동으로부터 외면당하는 결과를 가져올 수도 있습니다"라고 경고하면서, "사회에서… 과거의 성차별이 남긴 거름에서 아직 꽃이 피어나지 않았네요"라고 비유적으로 덧붙였다. 그리고 그는 내 프로젝트에 행운을 빌어주었다.

과학에서 성차별은 단순한 과거의 잔재가 아니다. 우리는 이것을 여성의 연구비 신청에 대한 전문가 평가에서,[9] 우리가 쓴 논문에서,[10] 그리고 우리가 제출하는 입사 지원서에서도 확인할 수 있다.[11] 그리고 과학자들이 여성의 고통을 다루는 방식에서도 알 수 있다. 그래서 나는 우리가 용의 얼굴을 정면으로 보고 그 크기, 형태, 가속도를 측정해야 한다고 생각한다.

성차별주의와 직업성 근골격계 질환

2003년, 캐서린 리펠Katherine Lippel은 여성의 근골격계 질환 보상 청구가 남성보다 더 자주 항소 단계에서 불승인된다는 걸 발견했다.[12] 스웨덴에서 여성의 보상이 불승인될 가능성은 남성의 4배에 달했다.[13]

부상당한 노동자에 관한 이야기들을 생각하면 미투 운동

중에 들었던 말이 떠오른다. 여성의 업무 관련 통증에 대한 표현은 회의적으로 받아들여지고, 여성들은 보상 청구를 결정하는 데 어려움을 겪는다.[14] 청구 과정의 경험은 심지어 성폭력에서의 경험을 연상시키기도 한다.

> "[의사가] 내 목을 진찰하면서 '고개를 더 돌려볼 수 있어요?'라고 물었어요. 나는 '아뇨, 못해요… 아파서 안 돼요'라고 했어요. 그러자 의사가 저를 붙잡더니… 제 뒤로 가서 어깨와 턱을 잡고는 정말 억지로 머리를 돌렸어요… 다리에 힘이 풀려서, 울고 말았어요. 정말 아팠거든요! 그런데 의사가 하는 말이 '거짓말이군요. 못 움직인다는 건 사실이 아니에요!'라는 거예요. 그러더니 보고서에 제가 모든 동작에 대해 불평했다고 기록했어요." (여성 노동자가 보상을 청구하는 동안 있었던 건강진단에 대해 캐서린 리펠과 동료들이 수행한 인터뷰 내용)[15]

성폭력에서와 마찬가지로, 첫 번째 문제는 신뢰성의 간극이다. 목격자 앞에서 성폭력이 자행되는 경우는 드물다. 업무와 관련된 어떠한 통증도 입증할 수 없다. 이러한 통증은 "객관적" 측정을 통해 검증되기 어렵고, 경험한 사람만이 설명할 수 있다. 그래서 여성들이 통증을 호소하면, 이 신뢰성은 면밀히 조사받게 된다. 여성들이 과장하고 각색하고 있지 않나? 과민반응은 아닌가? 여성들이 근무 환경을 설명할 때 진실을 말하고 있는가? 인터뷰에서 청구인들은 같은 종류의 상처, 자괴감, 분노, 자기 의심이 뒤섞인 감정들을 표현했다.

> "주변 사람에게 도움을 기대할 수가 없어요. 결국 그 사람들은 당신의 실제 경험을 몰라요. 그리고 만성적인 통증을 겪으면서 산다는 걸 아무도 이해하지 못합니다. 그들은 우리가 꾸며낸 이야기라고 생각해요." (보상 신청을 진행한 여성 노동자와 캐서린 리펠 및 동료들이 수행한 인터뷰 내용)[16]

설상가상으로, 여성이 대체로 명백하고 극적인 위험을 지닌 직무에서 배제된다는 사실은 여성들의 업무 관련 문제들이 직장에서 노출되는 위험과 과학적으로 연관되기 더 어렵게 한다. 연관성을 만들기 위해 역학자들은 정량적 데이터가 필요하다. 큰 표본이 필요하고, 위험요인 관련 건강 문제를 설명할 명확한 설문 항목이 필요하다. 트랜스펙의 수하물 취급 노동자가 허리 통증으로 고통받고 있다면, 그가 중량물을 들어올리는 작업을 했기 때문임을 보여줄 수 있다. 우리는 그가 취급한 짐 개수를 세거나 무게를 잴 수도 있고, 혹은 들어올리는 작업을 얼마나 자주 수행하는지 직접 관찰할 수도 있다.[17] 청소노동자들이 좌석의 먼지를 털거나 화장실을 청소하기 위해 오랜 시간 허리를 굽힌 채 일하다 참을 수 없을 만큼 심각한 허리 통증이 생긴 경우를 보자. 이때 노동자의 작업 중 발생하는 다양한 허리 각도와 긴장을 기록하는 것은 너무 길고 복잡하며, 정량화할 수 있는 중량물의 무게도 없기 때문에 허리 통증과 업무의 연관성을 만들고 관계를 성립하기란 더 어렵다.

직업성 근골격계(혹은 다른 계통) 질환을 가진 여성의 또 다른 문제는 권력의 불균형이다. 여성은 더 자주 저임금 직무에서 일한다. 업무 관련 통증을 호소하는 저임금 여성은 그들보다 일반적으로 더 많은 자원을 가지고 우위를 점한 고용주의 반대에 부딪힌다. 노동조합이 그의 문제를 중요하게 여기더라도 변호할만한 자원이 부족할 수 있는 반면, 고용주는 그의 청구 주장을 기각하는 데 명료하고 경험이 풍부하며 값비싼 화이트칼라 전문가의 지지를 받는다.

또 다른 문제는 노동법, 작업장, 노동정책, 직업 건강 실무, 직업보건학, 가족정책, 노동 기준 등을 설정할 때 여성이 임금노동자의 소수집단에 해당하기 때문에 여성의 신체는 일터에서 "제2의 신체"로 여겨진다는 점이다. 여성이 노동 영역에 늦게 진입함으로써 나타난 결과가 있다. 고용주, 의사, 그리고 심지어 동료들도 여성의 통증을 이해하는 방법을 모른다. 반복적인 움직임에 노출된 많은 여성과 마찬가지로, 플로렌스 샤페르가 연구한 인쇄소(4장) 여성들의 통증도 당장 악화하지는 않았다. 무거운 책을 다루는 작업이 만성적인 염증을 일으키는 데는 몇 년이 걸렸다. 그래서 고용주는 여성들의 불만이 성별과 나이에서 비롯된다고 생각했고, 해결책으로 제시한 것이 남성을 고용하는 일이었다. 실제로 고령 여성들의 직업성 통증에 대한 보상 청구에서 자주 쓰이는 방어책은 완경을 이유로 들고, 모든 건강 문제가 업무가 아닌 완경과 관련이 있다고 주장한다.

그러나 역설적으로, 여성의 업무 관련 문제에 보상을 거부하는 수단으로 성별 특정 요인들이 사용되는 데 반해, 여성들은 온도 조절이 어려운 환경에서의 완경기 증상 악화, 교대근무로 인한 월경 주기 이상과 그에 따른 불임 문제,[18] 혹은 열악한 근무일정, 화학물질 및 저온 노출로 인한 심각한 월경통[19]과 같이 여성에 특정된 업무 관련 상태에 대해 인정받거나 보상받지 못하고 있다. 다른 나라의 일부 관할권에서는 월경 기간 동안 무급휴가를 허용하지만, 여성 특유의 문제를 대상으로 한 일터 예방 혹은 보상 프로그램을 본 적은 없다.[20] 그리고 과학자들이 여성의 신체를 다루는 것을 꺼리기 때문에, 가슴 크기와 들어올리기 작업만 연구를 못하고 있는 건 아니다. 예를 들면, 직장에서 오래 서 있는 자세가 골반저근을 소진해 요실금으로 이어지게 한다는 연구는 어디에 있나?[21]

나사NASA가 작은 사이즈의 우주복이 충분하지 않다는 이유로 여성 비행사를 배제했을 때, 이 사실은 대서특필되었다.[22] 그러나 문제는 훨씬 더 일반적이다. 작업대, 훈련 기술 및 장비는 일반적으로 남성의 신체 능력, 치수, 힘에 알맞게 설계되었다. 그래서 중량물을 들어올리는 데 어려움을 겪는 여성들은 적절한 장비를 지급받지 못했거나 여성의 신체 형태, 크기, 무게중심에 알맞은 기술을 배울 수 없었기 때문이 아니라, 잘못 들어올렸기 때문이라고 지적받을 수밖에 없었다. 업무는 남성 신체의 노력을 극대화하는 방향으로 짜였다. 이제 다양성으로부터 이익을 취할 수 있도록 조직적인 재편이 필요하다.[23] 팀 단위의 업무 수행은 여성과 남성 모두의 허리에도 좋지만, (수행 업무가 매일 바뀌는 한 노동자에게 각 환자를 배정하기보다는) 여러 환자로 구성된 그룹을 안정적인 병원 노동자 팀에 할당하는 관행을 만들고, 더 규칙적인 업무 배치 방안을 창출해 팀워크를 촉진할 필요가 있다.[24]

우리는 또한 정부 정책과 일터 뒤에 숨어 있는 여성의 고통을 인식하게 하기 위해 싸워야 한다. 여성의 고통을 일터 조건과 여성의 괴로움을 공식적으로 연결하는, 잘 알려지지 않은 과학-의료 영역으로 이를 끌어와야 한다. 성폭력 피해 여성을 위해 공평한 경쟁의 장level playing field*을 만들려 애쓰는 것처럼, 일터에서 여성의 신체 손상에 대해서도 과학적인 대처 방식을 갖춰야 한다.

이는 쉬운 일이 아니다. 몇 년 동안, 여성들은 연구에서

---

* 기울어진 운동장 이론uneven playing filed(어느 한쪽에게 일방적으로 유리한 제도나 질서가 있는 상황)에 대립한 이론으로 제도적인 공정성이 갖추어진 상태를 의미한다.

제외되거나 제대로 연구되지 못했다.[25] 여성에게 특정된 문제들은 거의 관심을 불러일으키지 못했다. 직업안전보건 연구에서 젠더와 성별 차이를 어떻게 다룰지에 대한 고려도 거의 없었다.

우리는 업무 관련 통증에서의 성/젠더 차이를 생각할 페미니스트 연구자들이 필요하다. 다음 장에서는 우리가 여성의 고통에 관해 어떻게 생각하는지 설명하고, 그 이후의 장에서는 직업 건강 연구자들이 우리 분석에서 성별을 어떻게 다뤄야 하는지에 대한 몇 가지 일반적인 생각을 제시하고자 한다.

11장

여성의 고통을 이해하는 일

스테파니 프렘지는 나와 캐서린 리펠과 함께 몬트리올의 의류공장에서 일하는 여성과 남성 이민 노동자를 연구해 박사학위를 받았다.[1] 노동조합은 이민자라는 지위가 여성의 직업 건강에 영향이 있는지, 그렇다면 어떤 영향을 미치는지 알고 싶어 했다. 노동자들과의 첫 회의에서 만난 지역 노동조합 대표는 아이티 출신 재봉틀 작업자였다. 그는 자신의 업무 관련 어깨 질환에 대해 어떻게 산업재해 보상을 요구해왔는지를 말해주었다. 자신의 증상, 직장에서의 어려움, 그리고 산업재해 보상 위원회를 상대로 고군분투한 이야기들이었다. 이 노동조합 대표는 자기 경험을 말하는 도중에 계속해서 "저는 거짓말을 하고 있는 게 아니에요"라고 말했다. "진짜로 아파요. 지금 거짓말하는 거 아니에요." … "일을 그만둬야 할 정도였어요. 거짓말이 아니에요." … "집에서 침대 정리하기도 힘들었어요. 거짓말 아니에요." … 결국, 나는 당신이 진실을 말하고 있다는 걸 의심하지 않는다고, 왜 우리가 의심한다고 생각하느냐고 물었다. 그는 자신의 이웃, 가족, 심지어 몇몇 다른 노동자들도 재봉틀을 돌리는 일이 통증을 유발할 수 있다는 생각을 잘 하지 못한다고 대답했다. 아주 쉬운 일처럼 보인다는 것이다.

결국 스테파니는 연구 결과를 정리하고 나서야 왜 노동자들이 통증을 겪는지 이해할 수 있었다.[2] 그들은 개수임금제로 일했는데, 이는 생산한 옷의 수량에 따라 임금이 정해진다는 것을 의미한다. 그래서 고국의 가족들에게 보낼 돈이 절실한 이민자들은 비좁은 상태에서 불편한 자세로 반복 동작을 하며 정말 빠르게 일하고 있었다. 그들은 휴식시간에도 일했고, 교대조가 끝난 이후에도 남아서 계속 일했다. 그러고 나서 저녁 식사를 만들고 아이들을 돌보기 위해 집에 꼭 갈 필요가 없는 사람 중 대다수는 저녁반 언어 수업을 들으러 가곤 했다.[3] 쉴 틈 없이 과로하던 끝없는 날들은 상과염, 어깨건염, 손목터널증후군을 불러왔다. 하지만 그들의 일은 이웃과 가족, 심지어 자신들에게조차 위험하게 여겨지지 않았다.

미투 운동 전에 여성들이 성폭력을 신고했을 때 우리는 부정과 조롱, 무관심과 맞닥뜨렸다. 우리는 너무 많이 혹은 너무 늦게 불평했고, 불행을 자초했으며, 아무것도 아닌 일에 큰 소란을 피우고 있었고, 실제론 고통을 겪지 않은 사람으로 치부됐다. 직업성 통증을 호소하는 여성들도 비슷한 장애물에 부딪힌다. 우리의 통증은 하찮고, 그것은 우리가 너무 예민하거나, 너무 뚱뚱하거나, 너무 늙었기 때문에 생긴 것처럼 느끼게 한다. 우리가 올바른 자세로 일하지 않아서, 우리가 하던 집안일 때문에, 우리가 운동을 충분히 안 해서, 갱년기라서, 너무나 작고 사소한 것에 대해 불평했다는 것이다.

그렇다면 페미니스트 과학자들은 어떻게 여성의 통증을 연구할 수 있을까?

직업성 근골격계 통증이라는 흔한 문제

여성 노동자들은 남성 노동자들보다 직업성 근골격계 질환을 더 많이 앓고, 이는 공장에서의 극심한 반복 작업처럼 수작업을 하는 여성들에서 특히 더 그렇다.[4] 짧고 격렬하게 한 철 동안 게를 자르고 포장하는 해산물 가공 노동자들은 어깨와 팔에 심한 통증을 겪었는데, 이 통증은 고용량의 약물을 복용해야만 줄일 수 있었다.[5] 작업장에서 바짓가랑이 두 쪽을 한 손으로 높게 치켜들고 재봉틀에 실을 끼워야 하는 재봉틀 작업자들에게는 결국 그쪽 어깨에 통증이 생겼다.[6] 그러나 노동자들의 부상에 대한 산업재해 보상은 거부되었다. 왜냐하면 그들의 일이 눈에 띄게 위험하지 않기 때문이다. 3초당 1개씩의 비율로 소포를 들어올리고 분류하는 집배 노동자들이 상과염에 대한 산업재해 보상을 주장해 왔지만, 그들이 낸 청구 건도 받아들여지지 않았다. 1킬로그램

이 채 안 되는 소포는 통증을 유발할 만큼 무겁지 않은 것으로 추정되었기 때문이다.[7]

불편한 자세로 갇혀 있는 것만으로도 시간이 지남에 따라 만성적인 통증을 유발할 수 있다. 자리에 앉지 못하고 장시간 서서 일하는 접수원, 가게 점원, 혹은 바리스타는 허리나 하지에 통증이 생길 수 있다.[8] 키보드 위로 머리를 숙여 작업하는 사무직 노동자는 만성 어깨 통증과 목 통증이 생길 수 있다(그리고 성희롱을 당하는 것은 목의 긴장을 유발해 통증 또한 악화시킬 수 있다).[9]

만성 통증을 유발하는 반복적인 업무와 불편한 자세에 노출되는 것은 여성뿐만이 아니지만, 남성의 수작업은 대개 더 큰 힘을 발휘해야 하는, 분당 반복 횟수가 더 적은 작업들로 이루어져 있다. 그들의 위험은 관찰자에게 더 깊은 인상을 주고, 결국 더 명백하고 더 확실한 손상처럼 된다. 여성과 남성이 무거운 것 들기 같은 유사한 작업을 수행할 때, 그들 모두 많은 사고와 부상을 호소한다. 예를 들어, 환자를 들어올리고, 옮기고, 자세를 바꾸는 여성과 남성 노동자 모두는 높은 수준으로 인정되는 직업성 근골격계 질환을 가지고 있다.[10]

통증에 대한 평가

여성들이 과장한다고, 별것 아닌 일에 호들갑을 떤다고

수군대거나 비꼬는 (때로는 우리 내면에서 들리기도 하는) 목소리들에 어떻게 대답할 수 있을까? 불행하게도 통증을 "객관적으로" 평가하는 방법은 아직 없다. 통증 묘사를 돕기 위해 많은 도구가 사용되지만, 그것들은 대개 노동자에게 통증의 빈도나 강도를 묻는 것으로 귀결된다. 빈도는 주어진 시간 동안 "항상 그렇다/종종 그렇다/거의 그렇지 않다/절대 그렇지 않다"로 평가한다. 강도는 척도(0에서 10까지, 10은 그 사람이 상상할 수 있는 가장 큰 고통의 정도)로 보고되거나, 흔한 일상적인 활동을 할 수 있는 능력과 관련해 평가할 수 있다. 만성 통증에 시달리는 사람들뿐만 아니라 통증이 없는 사람들에게서 통증 민감도 또한 평가할 수 있다. 이를 위한 여러 가지 방법이 있는데, 예를 들면 측정된 압력을 정해진 신체 부위에 가하고 그 사람이 처음으로 통증을 호소하는 압력("통증-압력 임계값")을 등록하는 것이다.[11] 그러나 결국, 모든 방법은 통증을 호소하는 사람의 주관에 의존한다.

당사자 진술에 대한 의존, 통증 기전mechanisms을 둘러싼 불확실성, 통증의 정도를 조직 손상과 연관시킬 간단한 방법의 부재라는 이 모든 요인은 사람들이 경험하는 통증의 "실상"에 대한 젠더화된, 종종 불쾌한 해석의 길을 열어준다. 초기에 만성 통증이 저강도 반복 작업과 관련 있다는 것이 처음 밝혀졌을 때, 일부 과학자들은 그 현상을 그리스어로 자궁을 뜻하는 단어인 "히스테리아hysteria"라고 불렀다.

그들은 반복적인 작업으로 통증을 호소하는 사람들이 사회적으로 유발된 불만을 가지고 있다고 비난했다.[12] 그중 어떤 사람들은 특히 여성을 표적으로 삼았다.[13]

근골격계 통증이란 무엇인가?

근골격계 통증은 근육, 신경, 관절, 연골, 그리고 힘줄과 인대 같은 결합조직의 손상과 관련 있다. 이러한 손상은 다른 여러 증후군 중에서도 요통, 손목터널증후군(손목 통증), 상과염(팔꿈치 통증), 골관절염(관절 통증), 좌골신경통(허리 통증), 섬유근육통(여러 부위에서 느끼는 전신성 통증) 형태로 경험될 수 있다. 근골격계 통증은 비교적 흔하며, 알려진 바로는 세계에서 (정신질환 다음으로) 두 번째로 흔한 장애를 유발하는 질환이다.[14]

힘줄과 근육의 염증에는 많은 유전자, 신호 체계, 호르몬, 그리고 환경적인 요인들이 포함되어 있다.[15] 과학자들은 만성 통증이 신경계와 면역 체계 사이의 상호작용 사이에서 발생하여, 손상된 신체에서 일어나는 수많은 개입 단계를 거치고, 엑스레이나 다른 영상 장치를 통해 (그게 무엇이든) 나타나는 병변 혹은 노동자가 느끼고 호소하는 양상으로 표현된다는 데 대체로 동의한다.[16] 특정 신체 손상을 통증의 호소와 연관시키는 연구들은 아직 어떤 조직 변화가 정확히 근골격계 통증으로 이어지는지에 대한 좋은 정보를 주지 못하고 있고,[17] 따라서 심리적 요인과 인간의 주관성을 언급할 여지가 많다. 초기 급성 통증에서 만성적인, 장애를 유발하는 통증으로의 이행(이는 경제적 생존을 결정하는 데 매우 중요하다) 또한 여전히 연구 중이다.[18]

여성의 젠더는 우리가 치료에 접근하는 데에도 영향을 줄 수 있다. 핵심은 여성의 훨씬 더 높은 만성 통증 유병률이 부분적으로 여성의 생리학, 통증, 그리고 통증의 표현에 대한 의학적 지식의 부족 때문은 아닌지 물어야 한다는 것이다.[19] 진단과 치료에서의 결함은 여성의 급성 통증이 만성 통증으로 더 자주 이행하게 만들 수 있다. 여성들은 통증을 적절히 치료받지 못하고, 남성을 위해 고안된 치료법에 반응하지 않기 때문에 더 많은 만성 통증을 경험할 수 있다.

아마도 여성의 통증에 관한 더 많은 연구가 나온다면 이는 여성의 직업성 손상과 질환에 대한 더 나은 산업재해 보상으로 이어질 것이다.[20] 여성의 산업재해 보상 청구를 기각하는 것은 그 여성에게 즉각적인 경제적 어려움을 겪게 할 뿐만 아니라, 재활을 도울 접근권 또한 차단하는 것이다.

여성의 통증과 남성의 통증은 다른가?

여성이 남성보다 직업성 통증을 더 많이 호소한다는 것에 이미 공감대가 형성되어 있다. 그러나 이 현상을 어떻게 해석할 것인가에 대해서는 많은 논란이 있다.[21] 더 구체적으로, 과학자들은 무엇이 통증 빈도의 남성-여성 차이를 야기할 수 있다고 생각할까?[22] 근골격계 통증에 관해서는, 여성과 남성(또는 적어도 암컷과 수컷 실험쥐)이 고통을 다르게 처리할 것이라는 증거가 나타나고 있다.[23] 남성에게는 확인된 면역체계 기전이 여성에게는 작동하지 않을 수 있지만, 여성의 통증 기전은 거의 연구되지 않았다.[24]

통증에 있어서 젠더/성별 차이를 연구하는 것은 부분적으로는 동일성/차이 논쟁 때문에 매우 정치적일 수 있다(5장을 참조하라). 여성과 남성의 뇌가 *선천적*으로 다른지, 어느 정도까지 다른지에 대해서는 많은 허무맹랑한 소리들이 있다.[25] 모든 사람이 뇌가 가소성이 좋다는 것에 동의하기 때문에 나에게는 이것이 중요한 질문은 아니다. 즉, 뇌는 경험에 따라 변화한다는 뜻이다. 따라서 모든 경험의 차이가 뇌에 반영될 것이다. 만약 평균적으로 성인 여성의 뇌와 신경계가 선천적이든, 호르몬에 의해 결정되었든, 또는 젠더 역할에 영향을 받든 상관없이 형태와 기능 면에서 남성의 그것들과 어떤 차이도 보이지 않는다면 놀라운 일일 것이다.

일터에서의 통증

퀘벡 노동자 중에서는 업무 관련 통증이 "작년 한 해 동안 항상 또는 대부분의 시간 동안 그들의 일상적인 활동을 방해"했다고 호소한 여성이 남성보다 훨씬 많았다.[26] 2007년부터 2008년까지 퀘벡 인구에 대한 노동환경조사EQCOTESST, Enquéte québécoise surdes detrovive, d'emploi, de santécuité duavi 연구는 여성 노동자의 25퍼센트가, 그러나 남성 노동자는 16퍼센트만이 이러한 직업성 근골격계 질환을 앓고 있다고 밝혔다.[27] 7년 후, 퀘벡인구건강조사Quebec Survey of Population Health에 따르면 이 추정치는 각각 31퍼센트와 20퍼센트로 올랐고,[28] 그래도 여성이 남성보다 여전히 50퍼센트 더 높았다. 왜 그랬을까? 여성들이 육체적 한계에 더 가깝게 일하고 있는 걸까?[29] 우리 직업의 예방 노력이 부족해서일까? 우리가 정말 불평이 더 많거나 미리 불평하는 것일까? 아니면 다른 설명들이 있을까?

전통적인 여성의 직업과 관련된 위험은 사고보다는 질병으로 진단되는 경향이 있다. 반복적 조작과 미세하고 정밀한 움직임은 서서히 그리고 극적이지 않게 손목터널증후군과 상과염 같은 상지 근골격계 질환으로 이어진다. 오랫동안 고정된 자세로 서 있는 것(접수원과 식료품점 계산원, 바리스타를 떠올려 보라)은 혈액순환 문제, 요통, 그리고 부어오른 발목과 다리로 인한 통증을 유발한다.

비록 신체 부위에 따라 그 비율이 조금씩 다르기는 하지만, 많은 연구가 남성보다 여성이 직업성 근골격계 질환을 1.5배 더 많이 앓는다고 보고한다. 남성은 무릎 통증이 더 많은데, 이는 아마도 그들이 업무 중에 더 자주 돌아다니기 때문일 것이다. 여성은 목 통증을 더 많이 호소하는데, 이는 아마도 그들이 더 많이 모니터 앞에서 정적인 자세로 오랫동안 일하거나 사무실 장비가 여성들에게 너무 크기 때문일 것이다.[30]

열악한 공간 설계만이 문제가 아니다. 청소나 식당 일을 할 때, 같은 직장에서 같은 사업주에게 고용되어 일하는 여성과 남성이 다른 근무 자세에 노출된다는 것을 기억하기 바란다. "반복적인 작업", "중량물 들어올리기", "오래 서 있기"처럼 같은 분류나 명칭 안에서도 남성과 여성은 다르게 노출된다. 중량물을 들어올리는 남성은 여성보다 더 무거운 무게를 드는 경향이 있고 여성이 들어올리는 무거운 무게는 (꿈지럭대고, 버티고, 들어올리기 불편한 형태의) 사람일 때가 많다. 여성의 반복 작업 또한 남성보다 훨씬 더 많다(즉, 분당 움직임이 더 많다). 서서 작업하는 여성은 서서 작업하는 남성보다 움직이거나 이동할 기회가 더 적다.[31]

우리는 또한 EQCOTESST 연구를 통해 직장을 쉴 정도로 심각한 업무상 사고가 남성이 여성의 2배였음을 알게 되었다.[32] 사업주들이 남성을 위험에 노출시키는 게 더 편해서일까? 남성들이 경제적 책임감 때문에 "위험수당"을 더 자주 받아들이는 것일까? 남성들이 더 부주의해서일까? 이들이 사고를 더 심각하게 받아들이는 것일까? 남성들은 다쳐서 일을 잠시 쉬는 것이 여성보다 더 자유로울까? 왜냐하면 그들이 보수가 더 좋거나 혹은 집에 가서 과도한 가사노동을 하지 않기 때문에?

이러한 질문에 대해 건설업, 임업, 광업에서의 전통적인 남성 직무가 추락, 화상, 절단과 같은 눈에 보이는 극적인 사고로 더 자주 이어진다는 것이 어느 정도 답이 될 수 있다.[33] 남성들이 매우 무거운 중량물을 더 자주 들기 때문에, 작업장과의 연관성이 더 분명한 급성 요통에 노출될 가능성이 더 높다. 그리고 경찰관, 바텐더, 군인 같은 남성 지배적인 직종에서 그들의 사회적 역할은 신체적 폭력의 대상이 될 수 있다(보건의료 및 판매 같은 서비스 부문에서 여성에 대한 폭력도 증가하고 있긴 하다). 눈에 보이는 사고성 재해 또는 폭력적인 공격과 장애 사이의 연관성은 장기적이고 낮은 수준의 노출보다 더 정립이 쉽다. 따라서 질병보다 사고에 대한 인정과 보상을 받는 것이 더 쉽다. 노동조합은 자연스럽게 남성 직업에서 생명을 위협하는 조건에 집중하는 경향이 있다.

그러나 눈길을 끄는 조건은 직업 건강 연구의 우선순위를 결정할 좋은 방법이 아니다. 과학적 데이터는 직업성 통증에 대한 보상뿐만 아니라 예방 프로그램을 결정하는 데도 쓰이고, 지금 당장 여성들은 예방 또는 보상에 대한 공정한 몫을 얻지 못하고 있다.[34] 직장 내 건강과 평등을 달성하기 위해 여성과 남성의 직업성 근골격계 문제를 어떻게 연구할 수 있고, 또 어떻게 연구해야 할까?

12장

기술적인 것은 정치적인 것이다

내가 1990년부터 91년까지 프랑스에 인간공학을 배우러 갔을 때였다. 그때는 수업이 끝나면 시간이 많아 프랑스 국립보건의학연구소인 인세름Inserm에서 일하던 친구 마리-조제프 소렐-퀴비졸Marie-Josèphe Saurel-Cubizolles을 만나러 갔다. 나는 직업 보건 문제 관련 논문을 이해하기 위해 인구집단 건강에 관한 통계적 연구인 역학을 충분히 배우고 싶었다. 나는 역학자들이 어디서, 어떻게 질병을 예방할 것인지 결정하는 데 많은 힘을 쏟는다는 것을 알게 되었다. 역학자들은 엄격한 규칙과 절차를 사용해 대형 데이터 뱅크를 분석하기 때문에 어떤 요인이 질병을 일으키는지 파악할 수 있다. 예를 들어, 그들은 특정 조건이나 화학물질에 노출된 노동자의 직업성 암에 따른 산업재해 승인 여부에 결정적 영향을 미친다.

나는 특히 노동자들의 건강에 대한 역학 연구에서 젠더가 어떻게 다뤄지는가에 관심이 있었다. 인세름에는 가금류 가공 산업의 작업과 건강에 대한 설문지로 만든 데이터 뱅크가 있었다. 젠더에 대한 내 관심을 공유한 마리-조와 동료들은 나에게 역학 분석의 기본을 친절하게 설명해주었고, 데이터 뱅크의 문을 열어 분석할 수 있도록 컴퓨터를 설치해주었다. 통계 분석이 노동 조건을 변화시키는 데 정치적 중요성을 가지고 있다는 것을 내가 어떻게 깨닫게 되었는지, 그리고 일부 분석 전략이 어떻게 여성 노동자들에게 덫이 될 수 있다는 걸 발견했는지 아래에서 설명하겠다.

분석에서 여성과 남성을 구분하려는 이유

그 당시 여성과 남성의 데이터를 분석하는 표준적인 방법은 작업 환경(화학물질, 온도, 동작, 작업 스케줄 등)에 대한 환경평가나 노동자 설문에 따라 가능한 모든 노출을 정렬하고 평가하는 것이었다. 그러고 나서 그 작업을 한 과학자들은 다시 노동자들에게 질문하거나 의료적 절차에 따라 그들의 건강을 평가하곤 했다. 그런 다음 역학자가 노출 데이터와 그들이 관심 있는 건강 위험 데이터를 교차해 건강 문제와 통계적으로 관련이 있는 위험이 있는지 확인했다. 만약 그 위험이 건강 문제와 관련이 있다면, 그들은 그 위험이 건강에 문제를 일으키는 것이 어떻게 가능한지 방식을 생각해야 했다. 결국, 과학자들이 그 위험이 건강 문제를 야기한다고 확신했을 때, 그들은 그것을 제거함으로써 예방할 것을 요구한다.

그러나 역학자들이 노출-질병 관계가 예를 들어 노동자의 젠더, 나이, 인종, 체중, 흡연의 영향 때문으로 볼만한 이유가 있다면, 그들은 "보정"이라고 불리는 절차를 도입할 것이다. 역학자들은 여성과 남성이 더 비슷해지도록 수학적으로 교정함으로써 "젠더를 보정"할 것이다. 그렇게 여성과 남성의 생물학적 차이 또는 다른 차이 때문에 발생할 수 있는 어떤 교란도 없이 노출과 질병 사이 특정 관계를 분리하고 드러낸다. 예를 들어, 그들이 무딘 칼로 일하는 것이 근골격계 문제와 관련이 있는지 알고 싶다면, 가금류 가공 공장에서 일하는 여성들이 일반적으로 남성들보다 더 많은 건강 문제를 가지고 있다면, 그리고 여성들이 무딘 칼을 더 많이 사용해서 일한다면, 컴퓨터 프로그램은 무딘 칼과 근골격계 문제 사이의 관계를 바로잡으라고 할 것이다. 그런 식으로, 무딤과 건강 사이의 특정한 관계의 힘은 젠더가 끼어들어 복잡하게 만들지 않아야 평가될 수 있다. 여기에서 근본적인 가정은, 어찌 됐든 여자이거나 남자라는 점이 무딘 칼 외에 다른 기전에 의해 질병을 일으킬 수 있다는 것이다. 그래서 우리는 젠더에 의해 "야기된" 질병의 비율을 없애고 그저 무딘 칼을 보고 싶어 한다.

마리-조와 나 둘 다 이 절차에 의문을 가졌다. 나는 인간공학 수업을 통해 노동자들을 주의 깊게 관찰하게 되었고, 두 사람이 설문지에서 동일한 노출 항목("오래 서 있기", "추위", "무딘 칼")에 체크했어도 둘의 실제 노출이 완전히 다를 수 있다는 걸 알게 되었다. 잔느에게 "서 있기"는 종일 비좁은 공간에서 불편한 자세로 가만히 서 있는 것이었고, 피에르에게 "서 있기"는 때때로 작업장을 돌아다니다가 피곤할 때 2, 3분 앉아 있는 것이었다. 앤에게 "추위"가 종일 조립 라인에 앉아 섭씨 4도에서 닭을 자르는 것이라면, 폴에게 "추위"는 영하 20도로 설정된 냉동고를 하루에도 여러 번 드나드는 것이었다. 그리고 마리의 "무딘 칼"은 루크의 칼보다 훨씬 더 무뎠다. 아무도 마리에게 칼을 가는 법을 알려주지 않았기 때문이다.

그래서 마리-조와 나는 "젠더를 보정"하는 것이 여성과 남성의 모든 측정되지 않은 노동 조건의 차이를 없애지 않을까, 그럼으로써 이 분석의 요점을 파괴해버리는 것은 아닐까 우려했다. 니콜 베지나와 도나 머글러가 선행연구에서 말했듯이,[1] 우리는 여성과 남성의 노동 조건이 매우 다르다는 걸 통계학자인 프랑스 티소France Tissot의 도움을 받아 증명할 수 있었다. 남성들이 더 자주 서 있고, 자극적인 가스에 더 자주 노출되며, 연장근무와 예측할 수 없는 근무일정을 더 자주 경험한 반면, 여성들은 매우 빠른 반복 동작을 더 자주 했고, 몸에 잘 맞지 않는 작업대에서 일했으며, 추위와 외풍을 더 많이 겪었다.

다음으로 우리는 근골격계 문제로 결근한 여성과 남성의 사례에서 이들의 이유가 같지 않음을 밝혔다(표 12.1의 중간

두 열). 사실상 남성에게 나타난 어떠한 위험 요인도 여성에게 위험 요인으로 나타나지 않았고, 그 반대도 마찬가지였다. 여성들은 작업대가 몸에 잘 맞지 않고 힘을 더 써야 할 때 근골격계 문제가 생길 위험이 컸다. 남성들은 상사와 관계가 좋지 않거나 습기에 노출될 때 근골격계 문제들을 가질 위험이 컸다.

만약 우리가 젠더를 "보정하는" 절차를 거쳤다면(표 12.1의 맨 오른쪽 열을 만들기 위해 우리가 했던 것처럼), 몇몇 위험이 두 젠더 모두에게 과소평가되었을 것이고 어떤 것(남성의 경우 습도)은 확인되지 않았을 것이다. 그러나 습도에 노출된 남성은 근골격계 문제로 결근할 가능성이 두 배 이상(2.2배) 높았다.

이 연구에서 놀라운 점은 젠더를 분리해 분석하지 않았다면 아무도 남성에게서 근골격계 문제와 습도와의 관계를 알아차리지 못했을 것이라는 점이다. 근골격계 문제와 다른 요인들 사이의 관계 또한 과소평가되었을 것이다.[2] 그리고 아무도 잘못된 것을 알아차리지 못했을 것이다. 왜냐하면, 근골격계 질환 발생에서 이 여성들과 남성들 사이의 유의한 차이가 없었기 때문이다.

이러한 관계는 왜 다르게 나타날까? 왜 습도는 남자들에게만 중요할까? 그것은 습도에 대한 반응의 성차 때문일 수 있다. 예를 들어 습도가 물건을 미끄럽게 만들고 이것이 남성이 하는 특정한 작업에만 문제가 되었을 수 있다. 아니면 건물의 어느 구석만 습기가 많은데 그곳이 마침 남성 노동자들이 특별히 위험한 작업을 하는 장소여서 그랬을 수도 있다. 잘 모르겠다. 우리가 이 모든 것을 알아냈을 때는 이러한 질문들을 탐구할 수 있던 프랑스 가금류 가공 공장을 멀리 떠나온 이후였다.

표 12.1 프랑스 가금류 가공 공장의 여성 및 남성 노동자가 보고한 근골격계 질환으로 전년도 1회 이상의 결근과 관련된 위험(오즈비odds ratio)

가능한 위험 요인	해당 요인과 관련된 추가적인 결근 위험: 여성	해당 요인과 관련된 추가적인 결근 위험: 남성	해당 요인과 관련된 추가적인 결근 위험: 모두(젠더 보정 후)
여성의 몸에 맞지 않는 작업대	2.8[a]	너무 적은 남성이 이 요인에 노출되었기 때문에 계산할 수 없음	1.8
팔로 힘을 더 가하는 것	2.4	유의한 관계 없음	2.0
상사 또는 동료와의 나쁜 관계	유의한 관계 없음	3.1	2.5
작업대에서의 불쾌한 습도	유의한 관계 없음	2.2	유의한 관계 없음
여성	–	–	유의한 관계 없음

a. 이는 자신의 몸과 잘 맞지 않는 작업대에서 일하는 여성이 자신의 몸과 잘 맞는 작업대에서 일하는 여성보다 근골격계 질환으로 결근할 가능성이 2.8배 높음을 나타냄.

출처: Karen Messing, France Tissot, Marie-Josèphe Saurel Cubizolles, et al., "Sex as a Variable Can Be a Surrogate for Some Working Conditions: Factors Associated with Sickness Absence," *Journal of Occupational & Environmental Medicine* 40,3 (1998), 250-60.

하지만 우리는 인정받는 직업보건 과학자들을 한데 모아 직업성 근골격계 문제와 젠더에 관해 생각했고, 젠더에 따른 별도 분석이 중요하다는 데에 동의했다. 우리는 그다음 해에 함께 논문을 발표했고, 그 논문은 직업보건 분야 논문으로서는 매우 많은 200회 이상 인용되었다.[3] 이것은 아마도 더 많은 사람이 여성과 남성을 분리해 역학 분석을 하고 있다는 의미일 것이다. 이것이 과연 좋은 일일까?

기전과 관점

이 질문에 답하려면 우리는 과학자처럼 생각해야 한다. 질병을 예방하기 위해서는 질병이 생성되는 근본적인 기전을 최대한 많이 이해해야 한다. 따라서 습한 환경에 노출된 남성의 근골격계 질환을 어떻게 예방할지 알아내려면 다른 습한 환경을 살펴봐야 하고, 근육 조직이 습도에 어떻게 반응하는지 실험실에서 연구해야 하며, 가금류 도축장의 습한 환경 특징을 더 잘 포착해야 한다.

이러한 기전에 대한 강조는 일터에서의 성별/젠더 차이에 관한 과학적 연구에서 특히 중요하다. 이러한 차이들을 발견된 대로 건조하게 보고하는 것이 젠더 고정관념을 강화하는 경향이 있기 때문이다(아래를 참조하라). 여기가 바로 과학적인 관점이 들어설 곳이다. 보건과학자들은 오랫동안 과학적 "객관성"의 의미, 실현 가능성, 그리고 중요성을 토론해왔다. 그들의 입장은 객관성 개념 자체의 비판에서부터[4] 특정 그룹의 과학적 처리에서의 편향에 대한 설명,[5] 데이터의 객관적 표현을 보장하기 위한 규칙과 관행의 생성[6]에 이르기까지 다양하다. 2010년, 건강 연구자 조앤 이킨Joan Eakin은 "관점"이 공중보건 연구 관행을 설명할 더 유용하고 덜 논쟁적인 방법일 수 있다고 제안했다.[7] 연구자의 관점 또는 시각은 연구 주제의 선택, 연구 질문의 표현, 연구방법, 데이터 해석, 그리고 결과에 대한 소통에서 결정적일 수 있다.[8] 그리고 모든 사람은 자신을 "객관적"이라고 묘사하든 그렇지 않든 관점을 가지고 있다. 우리 신바이오스 연구자 대부분이 가지고 있는 관점은 일터에서의 여성 직업 건강과 젠더 평등 증진에 기여하고 싶다는 것이다. 그런 관점에서 여성과 남성의 데이터 분리는 장단점이 있다.

통계 분석에서 여성과 남성을 분리하는 것의 단점

데이터 분석에서 여성 노동자와 남성 노동자를 분리하는 것에 대한 논문을 발표한 후, 우리는 대의를 위해 싸웠다는 생각에 기뻤다. 하지만 몇 년 후 문제가 생기기 시작했다. 첫 번째는 일부 과학자들이 남성과 여성의 차이를 설명하려는 시도 없이 그저 보고만 했다는 점이다. 연구자들은 때때로 자신들이 분석 과정에서 무비판적으로 여성과 남성을 분리한 것을 정당화하기 위해 우리의 논문을 인용했다. 이는 역사적으로 여성의 머릿속을 유난히 약하고 복잡한 것으로 묘사하는 경향이 있는, 일의 심리적 효과에서 특히 문제가 되었다. 우리는 "우리 연구에서 여성들은 불안감을 더 많이 호소하는 데 반해 남성들은 상사와의 문제를 더 자주 호소했다" 같은 뻔뻔한 문장을 보고 싶지 않았다. 우리는 우리의 통계적 기법이 젠더 고정관념을 부추기는 데 이용되는 것은 아닌지 우려되었다.

우리는 남성의 일뿐만 아니라 여성의 일에서 건강 위험에 대한 이해를 진전시키고 싶었지만, 작용하는 기전에 대한 고려 없이 여성과 남성을 분리하는 것은 좋은 생각이 아니다.[9] 우리는 *추가 조사도 없이* "유기용제에 노출된 여성 노동자는 남성보다 더 우울증에 걸리기 쉽다"라거나 "현장 감독에게 지원받지 못하는 여성 노동자들은 비슷한 상황의 남성 노동자들보다 더 자주 심리적으로 고통받는다" 같은 말을 하는 여러 발표의 활성화에 기여하고 싶지 않다. 이봐요, 연구자분들. 남자들이 정말 비슷한 상황에 처해 있는 게 확실합니까?

일-가정 상호작용에 관한 우리의 권위자 멜라니 르프랑

수아는 역효과의 문제를 제기한다. 여성과 남성을 분리해 분석했을 때 아무런 차이를 발견하지 못한다면, 우리 역시 더 멀리 봐야 한다. 같은 근무일정이나 직무, 또는 피로도가 네 아이의 엄마와 네 아이의 아빠에게 같은 의미를 지닌다고 확신할 수 없다. 요약하자면, 우리 모두 직업 건강의 성별/젠더 차이의 기저에 있는 기전들을 탐구하는 것에 찬성하지만, 그러한 차이를 나열한 목록을 만드는 것은 유용한 방법이 아니라고 본다. 그러한 목록은 여성을 낙인찍을 위험이 있고 심지어 해로울 수도 있다.

두 번째 문제는 훨씬 더 풀기 복잡하다. 젠더는 직장에서의 노출에 영향을 끼치는 유일한 모집단 기술어descriptor가 아니다. 예를 들어, 이주노동자라는 사실은 직업 건강에 영향을 미치며,[10] 눈에 보이는 소수집단의 일원이거나[11] 덜 특권적인 경제계급 출신일 때도 마찬가지다.[12] 그리고 여성과 남성은 각각의 사회적 범주 안에서 직업적 노출에 차이가 있다. 퀘벡에서 이민자 여성들은 이민자 남성들과 다른 어려움에 직면한다.[13] 그러나 대부분의 연구에서 업무상 건강 위험을 토착민 남성, 흑인 이민 여성, 또는 젊은 히스패닉 여성과 같은 범주로 나눠 검토하는 것은 통계적 분석을 위한 표본 크기를 너무 작게 만드는 문제가 있다.

운이 좋게도, 나는 2008년 멕시코 사카테카스Zacatecas에서 열린 여성, 일 그리고 건강Women, Work and Health 컨퍼런스에 참석해 아니카 헤렌스탐Annika Härenstam의 기조연설을 들을 수 있었다.[14] 스웨덴의 저명한 연구자인 아니카는 더는 젠더에 따라 연구를 분리하지 않기로 했다고 말했다. 나는 아니카를 잘 알고 그가 여성 노동자들에게 마음을 쓰고 있다고 생각했기 때문에 충격을 받았다. 하지만 그의 주장이 이해되기 시작했다. 아니카는 여성과 남성이 완전히 다른 것은 아니기 때문에, 우선 노동 조건과 생활조건을 분석한 다음, 그 여성과 남성이 다양한 조건의 그룹 중 어디에 들어맞는지 살펴보는 것이 더 낫다고 말하고 있었다. 아니카와 그 동료들은 스웨덴 지방공무원들이 작성한 설문지를 이용해 이 작업을 수행했다.[15] 설문 응답자들은 그들의 직업과 개인적인 상황이 가진 모든 위험을 보고했다.

먼저, 아니카와 동료들이 직업의 특성을 살펴보니 몇몇 특징이 함께 존재했다. 수학적 요령을 써서 노동자들의 답변에 따라 그들을 그룹으로 나누었다. 육체적으로 힘든 직업을 가진 사람들을 한 집단, 다른 이를 돌봐야 하는 사람들을 다른 집단으로 묶었다. 그는 이 그룹들에 "신체적으로 긴장된", "힘든 대인 서비스" 같은 그룹의 특징을 연상시키는 이름을 붙였다. 그리고 건강 문제가 어디서 나타나는지, 여성과 남성은 어디에서 발견될지 살펴보았다(이민자 또는 다른 인종 그룹은 포함하지 않았지만, 찾으려고 했다면 찾을 수 있었을 것이다). 놀랄 것도 없이, 여성들은 생활 및 노동 조건과 건강 문제가 가장 심각한 군집에 포함되어 있었다.

그 후 아니카는 사람들이 정확히 어디에서 일했는지 보기 위해 각 군집을 조사했다. 이렇게 영리한 방법으로 그는 젠더에 대한 언급 없이 변화가 필요한 특정 지방정부 서비스를 짚어낼 수 있었다. 아니카의 모집단은 매우 잘 조직되어 있는 스웨덴 공공부문이었고, 그 서비스 분야는 연구결과에 귀를 기울였으며 여성들의 환경은 개선되었다. 아니카의 메시지는 그의 통계적 접근법("군집 분석")이 젠더 고정관념과 사람들의 민감한 부분을 건드리지 않고 여성들의 조건을 개선할 수 있다는 것이다. 아니카의 방법은 모집단 기술어의 숫자를 제한하지 않고, 아무리 적더라도 군집에 투영할 수 있다는 장점이 있다. 우리는 트랜스 여성, 이민자 남성, 교육수준이 낮은 노인들이 어디에 군집되어 있는지 물을 수 있다. 이런 종류의 탐색적 연구 후에, 우리는 문제를 가진 그룹에 집중할 수 있고, 우리가 바꾸고자 하는 특정한 위험을 확인할 수 있으며, 또한 특정 그룹을 최악의 조건에 놓이게 하는 차별을 발견하고 이를 타파할 수 있다.

우리는 프랑스 티소와 멜라니 르프랑수아와 함께 소매점 판매 노동자들의 일-가정 균형에 관한 우리의 데이터를 가지고 아니카의 접근 방식을 시험해 보았다.[16] 이는 우리가 가족이 있는 여성에게 너무 많은 관심을 가진다고 작업장에서 쫓겨났던, 7장에서 언급한 바로 그 연구다. 군집 분석을 했다면 더 많은 정치적 성공을 거둘 수 있었을지 궁금했다. 그래서 시도해 보았다. 노동자들을 그들이 경험하는 제약조건에 따라 군집화했고, 제약이 많은 두 군집과 비교적 적은 두 군집을 발견했다. 우리는 가족이 있는 고연령 여성들이 일-가정 요구가 가장 많은 군집에 포함된다는 것과 직업 만족도가 제일 낮다는 사실을 발견했다. 하지만 이 군집에 여성들만 있는 것은 아니었다. 40퍼센트는 남성이었다. 따라서, 근무일정을 변화시키는 것은 많은 수의 여성과 상당한 수의 남성에게 도움이 될 것이다. 만약 고용주에게 남성-여성 분석 말고 군집 분석을 보여줬다면 우리의 말에 귀를 기울였을까? 아마도 그랬을 것이다. 왜냐하면, 그는 남자들에게 관심이 더 많았기 때문이다.

데이터 재현과 행동 제안 둘 다를 더 잘할 수 있는 혁신적인 통계 기법들이 점점 더 많이 나오고 있다. 그리고 그것들을 더 많이 생각해야 한다.

기술적 결정의 정치적 중요성

캐나다보건조사연구소CIHR의 젠더 · 건강연구소는 2000년에 설립된 이래로 연구대상자에 여성을 포함하도록 의학 연구자들을 설득해 왔다.[17] 그들은 연구자들에게 연구대상에 여성을 포함하는지 묻는 식으로 간단하게 시작했다. 몇 년 후에는 여성을 포함하지 않은 연구자들에게 이유를 설명해 달라고 요청하는 형태로 발전했다. 다음으로는 CIHR에서 연구지원을 받은 많은 수혜자가 성별과 젠더에 관해 잘 아는 연구원을 팀에 포함할 것을 의무화했다. 그럼에도 불구하고 여성(및 암컷 실험쥐)을 포함할지와 그 방법에 대한 논쟁은 캐나다와 다른 곳에서 여전히 진행 중이다.

CIHR에서 일하는 사람들은 내게 자신들이 겪고 있는 문제를 이야기했다. 과학자들은 성인지 감수성이 있는 데이터 분석 기술을 사용하면 통계적으로 유의미한 결과를 찾을 수 있는 통계적 검정력이 줄어들기 때문에 이러한 방법을 꺼린다고 했다. 동물 실험의 경우 더 많은 동물을 사야 하는 걸 원치 않았고, 노동자를 연구하는 사람들은 연구대상을 규모가 큰 사업장으로 제한하고 싶지 않았다. 나는 과학자들이 틀렸을 수도 있고, 젠더를 고려하는 것이 사실상 통계적 검정력을 증가시킬 수 있다는 성급한 진술을 했다. 사람들은 내 말에 신이 났고 우리는 이것이 사실인지, 그리고 왜, 얼마나 사실인지 탐구하기 위한 프로젝트를 시작해야 했다.[18]

직업보건 연구에서 효과를 감지하는 통계적 검정력은 매우 중요하다. 왜냐하면, 위험한 작업장은 규모가 작아도 그 위험이 더 큰 경우가 종종 있기 때문이다. 만약 전자산업 노동자가 다른 사람들보다 더 현기증을 느끼고 정신적 혼란을 겪는다면, 이를 발견한 즉시 사업주인 "역대 가장 귀여운 휴대폰Cutest Phones Ever, CPE" 측을 압박할 수 있다. 원인이 되는 유기용제를 확인하고 노동자의 뇌가 영구적으로 손상되기 전에 작업장에서 이를 제거하도록 하는 것이다. 그러나 CPE는 청소에 시간과 돈을 들이기 전에 인지장애가 실제로 작업 때문에 유발되었는지 확신하고 싶어 한다. 그들을 설득하기 위해서는, 화학물질에 노출된 사람들의 타당성 있는 인지도 검사 결과 노출되지 않은 사람들보다 기능이 더 떨어져 있다는 것을 보여줄 필요가 있다.

이러한 위험을 입증하는 것은 노동자가 10명에 불과한 신생 기업인 인근의 "펑키 옐로우 모바일Funky Yellow Mobiles, FYM"보다 1,000명의 노동자를 고용하는 대기업인 CPE를 대상으로 할 때 훨씬 쉽다. 표 12.2는 대규모 사업장에서 소규모 사업장 대비 뇌 손상 위험이 10배 증가하는 결과를 제시한다. 이 결과를 보면 대기업에서의 위험은 통계적으로 입증할 수 있지만, 소규모 사업장에서는 그렇지 않았다. 연구대상자를 성별로 구분해 분석하더라도 여전히 많은 수의 여성과 남성이 있는 경우 이러한 결과가 바뀌지 않았다.

따라서 대상자가 많은 집단을 분석하는 것이 중요한데, 여성을 연구에 포함하라는 것은 (비용이 많이 드는 방식인) 대상자 수를 두 배로 늘리는 것이거나 남성 수를 절반으로 줄인다는 말이 될 수 있다. 연구자들이 보기에 이는 찾을 수 있는 어떤 결과의 발견 가능성이 감소한다는 의미이기 때문에 과학자들은 여성을 연구에 포함하는 것에 반대해왔다. 그러나 가금류 가공 종사자 연구(표 12.1)에서 보듯, 남성과 여성에서 작용하는 기전이 서로 다른 경우에는 젠더와 관련해 생각하고 표본을 성별로 나누는 것이 연관성을 찾을 가능성을 사실상 높이기 때문에 연구자들의 이러한 주장이 항상 유효한 것은 아니다. 그저 여성을 포함하는 것에 대한 편

표12.2 대기업과 위험이 같은데도 소규모 사업체에서 위험의 증가를 확인할 수 없는 가상의 예

인지기능 장애	CPE 노동자	FYM 노동자	작업 중 화학물질 노출이 없는 동일 도시	CPE 여성 노동자	작업 중 화학물질 노출이 없는 동일 도시 여성	CPE 남성 노동자	작업 중 화학물질 노출이 없는 동일 도시 남성
뇌손상	100	1	10	50	5	50	5
뇌기능정상	900	9	990	450	495	450	495
초과위험	10배	10배	비교집단	10배	비교집단	10배	비교집단
노출이 뇌손상과 관련이 *없을* 확률	0.0001 미만, 피셔의 정확성 검정	0.1042, 통계적 유의성 없음, 피셔의 정확성 검정	비교를 위한 대조집단	0.0001 미만, 피셔의 정확성 검정	비교를 위한 대조집단	0.0001 미만, 피셔의 정확성 검정	비교를 위한 대조집단

견일 뿐이다.[19] 어느 저명한 암 연구자는 "여성은 직업성 암에 걸리지 않으므로 연구대상자에 포함시키는 것이 경제적이지 않다"라고 나에게 말했다. 글쎄요, 과학자 선생, 우선, 여성도 직업성 암에 걸립니다. 예를 들어 야간노동을 포함하는 순환 교대근무[20]와 다양한 화학물질[21]에 대한 노출이

여성의 유방암과 관련 있다는 연구들이 있죠. 둘째, 1990년대부터 연구자들이 매우 드문 질병인 남성 유방암의 직업적 요인을 연구해 왔다는 걸 당신도 잘 알지 않나요?[22]

결과적으로, CIHR은 건강데이터 분석 시 성별과 젠더를 처리하는 방법과 관련해 연구대상자의 규모를 일련의 "팩트 시트Fact sheets"*에 포함하도록 했으며, 성별과 젠더에 주의를 기울이는 것이 질병 원인 규명 가능성을 높이는 이유를 제시했다.

의사결정

통계의 목적은 일반적으로 의사결정에 도움을 주는 것이다. 휴대폰 회사의 예에서 우리는 CPE에서 일하는 것이 뇌기능 이상과 관련 있다고 판단했다. 통계적 검정에 따르면 위험요인에의 노출이 뇌기능의 이상과 관련이 없을 가능성이 1만분의 1(0.0001) 미만인 것으로 나타났기 때문이다. 인상적인 결과였고, CPE 노동조합은 문제를 바로잡으려 할 것이다. 작업자는 환기 상태 개선을 요구하고 유기용제가 가득 찬 통에 덮개를 씌우고 싶어 할 것이며 마스크를 착용할 수도 있다.

---

* 제품, 물질 등 특정 주제에 관해 대중에게 배포할 목적으로 만드는 정보 전달용 문서.

그러나 매우 자주 그렇듯이 결과가 덜 극적이라고 가정해 보자. 행동을 시작하기 전에 얼마나 많은 위험을 감수할 수 있을 것인가? 초기 통계학자인 피셔R.A. Fisher는 임의 기준을 20분의 1로 설정했다. 그는 틀릴 가능성이 20분의 1이 안되면 연관성이 있는 것으로 생각하자고 제안했다. 그러나 내가 FYM에서 일했다면(표 12.2 참조), 0.1042의 확률에 만족하지 않았을 것이다. 이 확률은 10분의 1 이상의 오류 가능성, 즉 환기, 유기용제 덮개, 마스크를 확보하기에는 높은 오류 가능성을 의미한다. 나는 여전히 모든 사람을 동원해 노출을 낮추고 싶을 것이다. 따라서 통계적 검정은 의사결정에 도움이 되지만 의사결정을 대체하는 것은 아니다. 나는 분명 동료들과 FYM 상황에 대해 논의하고 싶을 것이고, 아마도 우리는 CPE 앞의 피켓시위 대열에 합류할지도 모른다.

FYM의 상사가 또 다른 관점을 가질 수도 있겠다는 생각이 든다. 그는 4장의 프랑스 인쇄소 관리자처럼 많은 여성 노동자의 뇌가 그다지 가치 있지 않다고 생각할 수도 있다. 상사는 CPE의 친구들과 이야기를 나누고, 그 결과 환경을 개선하는 데 돈을 쓰기 전에 연구를 다시 (그리고 다시) 수행하기를 원할 것이다. 1만분의 일의 확률이라도 그들을 설득하기에 충분하지 않을 수 있다. 노동자의 건강과 관련한 기술적 문제는 경제적 및 사회적 선택과 통합된다.

위험한 모험 - 성별과 젠더의 측정

직전의 예에서 나는 성별/젠더를 하나의 이진 변수로 취급했다. 그러나 점점 더 많은 사람이 성별과 젠더를 별개의 복잡한 구성으로 간주하고 있다. 따라서 일부 과학자들은 성별과 젠더를 연속 변수로 측정하는 방법을 연구하고 있다. 그 개념은 성별과 젠더가 이분법적이지 않으며, 사람들은 (예를 들어) 남성*이나* 여성, 또는 남성적*이거나* 여성적이라는 구분과 분명한 연관성을 확인할 수 없는 다양한 호르몬, 체형, 능력, 외모 및 심리적 특성을 가진다는 것이다. 양적 연구를 하는 보건 과학자의 그다음 논리적 단계는 성별과 젠더를 측정하고, 성별 또는 젠더가 건강에 미치는 영향을 평가할 수 있도록 남성에서 여성으로 또는 남성성에서 여성성으로 연속적으로 각 개인에 대한 점수를 얻는 것일지도 모른다.[23]

직업보건 분야에서 존경받는 몇몇 과학자들은 캐나다 노동력 조사에서 제공하는 특정 정보에 기반한 젠더 측정을 제안했다.[24] 이들은 내가 동의하는 관점에서 작업하며, 직장에서 여성과 남성의 건강을 개선하고 건강 결정에서 젠더의 역할을 이해하기를 원한다. 그들은 개인 또는 가족에 대한 책임감 때문에 결근이나 단축 근무한 경우, 여성이 더 많은 직업에서 일하는 경우, (반대 성별/반대 젠더로 추정되는) 파트너보다 노동시간이 짧은 경우, 또는 파트너에 비해 교육수준이 낮은 경우 더 높은 (더 여성적인) 점수를 부여했다.

따라서 여성에 가깝다는 것은 가족의 책임을 진지하게 받아들이고, 다른 여성들과 함께 일하고, 자신보다 상대적으로 경력이 더 중요하게 여겨지는 남편이 있다는 걸 의미했다(그들은 자기들이 이성애 커플을 전제로 이 문제를 다루고 있다는 사실은 몰랐다).

여기서 잠깐, 고정관념을 떠나 이 접근 방식에는 문제가 있다. 일반적으로 인구 보건학자들이 위험 요인을 건강 결과와 정량적으로 연관시키려는 이유는 건강을 개선하기 위해서다. 석면 노출이 암의 일종인 중피종과 관련 있음을 알고 있는가? 그렇다면 당신은 사람들이 석면에 노출되는 것을 막으려고 할 것이다. 이것이 효과가 있는 이유는 관련된 *기전*이 있기 때문이다. 들이마신 석면 섬유는 폐 세포를 죽이고 폐 세포를 암세포로 바꾸는 독성 단백질을 방출하기 때문이다.[25]

기전을 아는 것은 지적인 예방의 기초다. 유방암이 야간노동과 관련 있다는 것을 알아냈나? 그 기전을 오랫동안 빛에 너무 많이 노출되는 것으로 생각하는가? 그렇다면 당신은 조명을 어둡게 하거나 의료지원 노동자가 어두운 곳에서 쉬는 것이 도움이 되는지 연구할 것이다. 그러나 그 기전은 (또한?) 야간노동이 생체리듬을 망가뜨려 과식과 과체중으로 이어지는 것과 관련이 있을 수 있다. 따라서 사람들이 앉아서 식사할 수 있도록 식사 시간을 늘리고 간호사 대기실에 저칼로리 간식 제공을 고려할 수 있다.

이것이 젠더와 어떻게 작용할까? 젠더 측정에서 점수가 더 높은 (더 여성스러운) 사람들이 향후 5년 내 사망 가능성이 더 크다는 걸 알았다고 가정하자. 어떻게 그들의 죽음을 막을 수 있는가? 공중 보건학적 메시지는 무엇인가? 남성성을 더 높이기 위한 무슨 훈련에라도 그들을 보내고 싶은가? 아니면 실제로 어떤 구성 요소가 건강에 영향을 미치는지 알아내기 위해 젠더 측정값을 분석해야 하나? 그 사람 가족의 책임인가? 성별 분리된 직업에서 일하는가? 압박을 느끼는가? 사람들이 겪는 노동시장에서의 경험을 젠더로 집계하는 것은 기전을 찾는 것과 다른 방향으로 가는 것 같다.

물론 나는 직업보건에 관한 고정관념을 조장하는 것이 불만족스럽다. 이름을 밝히진 않겠지만, 얼마 전에 존경하는 여성 과학자와 대화를 나눴다. 그는 일터 내 젠더를 이분화하지 않는 방식의 젠더 측정법을 개발하기 위해 노력하고 있었다. 측정 항목 중 두 가지는 중량물 작업과 반복 동작이었다. 중량물 작업은 남성적인 것이었고 반복 동작은 여성적인 것이었다. 여러분도 기억하겠지만, 북미에서 중량물 작업은 그 중량물이 인간이 아닌 경우에만 남성 작업과 관련 있고, 반복 동작은 상대적으로 빠른 경우에만 여성 작업과 관련 있었다. 따라서 그는 직장에서의 움직임이 복잡하다는 점을 고려해 "반복적" 또는 "중량물"이라고 부르는 것에 주의해야 했다.

그러나 노출은 그 이상으로 특정 시간과 장소에서 한 젠더 또는 다른 젠더와 관련이 있다. 새로운 사업주가 도시로 이전해 컴퓨터에 코드를 입력할 남성을 고용했다고 하자. 알다시피 이때 남성의 젠더 점수는 여성과 비슷하게 올라간다. 반복적인 작업을 많이 하기 때문이다. 정말 이 남성이 여성과 비슷해졌다고 할 수 있나? 우리는 위험 및 건강과 관련된 모든 기전에서 멀어지고 있다. 그리고 누가 반복 동작과 여성성을 구체적으로 연관 짓도록 장려하고 싶겠는가? 젠더에 대한 이분법적 사고에 대응하기 위해 이분법 범주에서 노출 점수를 매기는 것은 모순적인 것 같다.

다른 한편으로, 특정 성별, 젠더 또는 젠더 비순응 유형으로 사람들을 구분하는 것이 작업장에서의 권력이나 억압의 원인이 될 때, 사람들의 성별 또는 젠더를 식별하는 것은 (두 젠더의 정확한 정도를 측정하려는 것과는 반대로) 중요하다. 그레타 바우어Greta Bauer와 그 동료들의 작업은 건강 조사에 사용할 수 있는, 배타적이지 않고 신뢰할 만한 자기 정체화 유형들을 고안하는 데 중요한 시사점을 준다.[26] 하지만 바우어는 젠더가 개인의 특징이라기보다는 사회적 관계라는 점을 처음으로 지적한 사람이기 때문에, 이를 분류할 때 신중해야 한다.[27]

인간공학적 분석과 젠더

인간공학자들은 작업을 분석할 때 각 작업을 작업장, 작업자가 상호작용하는 다른 작업장, 나머지 작업장, 작업장을 둘러싼 사회적, 정치적, 물리적 환경으로 구성된 생태계 일부로 분석한다. 작업과정은 생태계의 모든 요소를 완벽하게 통합한다.

나이, 소수자라는 지위, 사회 계급처럼 젠더는 전체 생태계에 영향을 준다. 다른 특성들과 마찬가지로 젠더는 개인의 특성인 동시에 작업과정을 결정하는 요소이자 생태계의 다른 많은 요소와 상호작용을 결정하는 요소다. 역설적으로 젠더와 성별은 여러 지점에서 노동 활동과 분리될 수 없고 영향을 주지만, 젠더/성별 차별은 이분법적인 과정이며 인종차별이 인종화된 인구집단에 특히 영향을 미치듯 여성에 대해 구체적으로 작용한다.

젠더, 이민자 지위 등을 인간공학적 분석에 통합하는 것은 인간공학자들에게 어려운 일이다. 개개인의 특성에 관해 생각하면 우리가 작업과정에 갖는 포괄적인 관점에서 벗어나기 때문이다. 이것이 3장에서 다룬 청소노동자 연구에서 셀린, 줄리, 그리고 내가 젠더에 대한 고려를 잊은 이유였다. 그리고 멜라니와 내가 일-가정 균형과 관련한 연구를 하는 동안에도 역시 같은 문제가 있었다(7장). 실제로 우리가 조사하는 대부분의 작업 상황은 많은 노동자로 구성되어 있으며 작업과정에는 팀원 간의 상호작용과 팀 사이의 상호작용이 포함된다.

팀에서의 노동과 건강 분석

이것은 상당히 기술적인 지점이지만 일과 건강을 개선하는 데 중요하다. 인간공학과 생물학, 그리고 종종 공중보건 분야에서 분석 단위는 특정 작업장에서의 작업 활동, 즉 노동자의 신체적, 사회적, 심리적 환경과 개인의 상호작용이다. 작업팀이 집단으로 건강해질 방법을 이야기하는 사람은 별로 없다. 연말 평가 시 팀을 함께 부르는 상급자도 그리 많지 않고, 따라서 연봉 조정도 일괄적이지 않다. 사실, 작업팀의 젠더 구성에 관해 내가 들은 거의 유일한 대중적 성찰은 여성을 이사 자리에 앉히는 것이 수익에 도움이 된다는 사실에 관한 것이다.[28]

인간공학자들은 사람들이 함께 일하는 방식을 생각하고 분석하기 시작했다.[29] 많은 직업에서 우리는 서로 다른 재능, 기질, 약점을 가장 잘 결합할 방법이 무엇인지 고려할 필요가 있다. 젠더가 혼합된 팀이 업무를 진행할 때 팀워크에 어떤 일이 벌어질지도 생각하기 시작했다.[30] 팀 측면에서 더 많이 생각할수록 다양성이 생산성에 도움이 된다는 것을 더 많이 깨닫게 된다. 그러나 이는 경영진이 팀워크를 장려하고 차별받는 젠더, 민족 또는 사회 계층을 보호하기 위해 어느 정도 노력을 기울이는 경우에만 가능하다.

나는 노동조합이 좋은 팀워크를 위한 젠더 관계의 중요성을 경영진에게 알리는 데 중요한 역할을 할 수 있다고 생각한다. 노동조합의 성공을 위해 연대가 중요하듯이, 일반적으로 노동자의 안녕에도 연대는 중요하다. 예전에 동료들과 은행원들을 관찰했을 때, 경영진을 비난하던 한 은행원이 떠오른다. 경영진이 누가 가장 많은 모기지와 신용카드를 팔 것인지 경쟁하게 했기 때문이다. 그 은행원은 외화 환전 방법, 새로운 컴퓨터 시스템 사용 방법, 어려운 고객을 대하는 방법을 알아내기 위해서는 창구 직원들이 항상 협력하고 상의해야 한다고 설명했다. 은행원 간의 경쟁은 분위기를 망치고 업무를 방해했다.

여성과 남성의 비교

여기서 언급할 정치적으로 중요한 마지막 기술적 주제는 과학자들이 여성과 남성의 신체적 기능 또는 생리적 평가치를 비교할 때 내리는 결정이다. 걷는 동안의 발 통증에 관한 기사를 읽으면서 이의 중요성을 깨달았다.[31] 개발자들은 여성과 남성을 위한 신발 개발에 관심이 있었기 때문에 사람들이 걸을 때 발바닥의 여러 부위에 가해지는 압력을 비교하려 했다. 그러나 비교를 위해 어떤 보행 속도를 사용해야 할까? 남자는 여자보다 키가 크고 더 오래 걸을 수 있다. 따라서 같은 속도라면 여성은 걸음 수가 더 많아지고 발에 더 자주 압력이 가해진다.

개발자들은 이 문제를 논의했고 연구 참가자가 "선호하

는 보행 속도"를 사용해 측정하기로 했다. 여성이 선호하는 속도는 남성과 거의 비슷한 것으로 밝혀졌지만, 여성은 키가 더 작으므로 같은 속도에 도달하기 위해 분당 걸음 수가 4.4퍼센트 많았다. 개발자가 연구 참가자의 발바닥에 가해지는 압력을 측정했을 때 남성과 여성 간의 여러 차이점을 발견했다. 나머지 차이점 중 일부는 남성이 일반적으로 더 무겁다는 사실에서 비롯되었다. 발과 지면 사이 공간의 성별 차이가 체중 차이보다 작기 때문에 걸을 때 체중을 지탱하는 남성 발 부분에 더 많은 압력이 가해졌다.

여기가 "정규화normalizing" 과정이 시작되는 지점이다. 연구자들은 발바닥에 가해지는 힘을 체중으로 나누었다. 이를 통해 체중이나 보폭의 차이에 영향받지 않고 여성과 남성의 압력점을 비교할 수 있었다. 그런 다음 여성과 남성이 걸을 때 발의 특정 부분에 압력이 가해지는 것을 확인할 수 있었다. 남성은 발뒤꿈치와 발가락에, 여성은 아치에 압력점이 있었다. 차이는 발 모양과 무게중심에서 기인하는 것이었고 그들은 여성과 남성을 위해 다른 신발 디자인을 제안했다.

체중으로 측정치를 정규화하고 표준 속도가 아닌 선호하는 속도를 사용해 여성과 남성을 비교하는 절차가 항상 사용되는 것은 아니다. 꼭 그래야 할까? 여성과 남성을 더 유사하게 만드는 것이 좋은 생각일까? 여성과 남성이 같은 올림픽 경기에서 경쟁하되, 다른 방법으로 성과를 평가할 수 있도록 보폭, 근육량, 또는 산소 대사를 고려해 능력을 비교해야 할까? 이것이 스포츠 대회에 젠더 비순응 여성과 남성을 어떻게 포함할지의 문제를 해결할 방법인가?

과학적 관점에서 볼 때 이 질문에 대한 보편적인 대답은 없다. 대답은 당신의 관점에 달려 있다. 기존에 남성만을 생각해 신발을 개발해왔고 새로운 런닝화를 디자인할 방법을 알고 싶다면 정규화하지 않는 것이 좋다. 그보다는 (남성) 인구를 위해 디자인된 신발과 새로운 (여성) 인구를 위해 디자인된 신발의 모든 차이를 보여주는 것이 더 나을 수 있다. 하지만 평등에 관심이 있고 어떤 과업에 대한 여성의 수행능력을 보여주고 싶다면 정규화하는 것이 나을지도 모른다.

그리고 아마 직장에서도 그럴 것이다. 때로는 작업복, 도구 및 장비를 디자인하면서 우리는 모든 차이를 알고 싶어 한다. 그러나 어떤 때는 크기와 형태의 차이를 고려할 때 여성의 능력이 남성과 비슷함을 보여주는 것이 가치가 있다. 그리고 우리는 항상 성별 또는 젠더 고정관념을 장려하거나 구체화하지 않도록 조심하려 한다.

이것들은 정치적 결정이며, 차세대 페미니스트 직업보건 과학자들이 가져갈 문제다.

여성 노동자를 지원하기 위한 연구 의제

가슴 크기에 관해 리서치게이트에 올린 질문의 답변을 읽는 일은 괴로웠다. 생리통이나 완경기 안면 홍조에 따른 업무 영향에 관해 질문했으면 어쩔 뻔했나! 하지만 우리는 작업장에서 여성과 남성의 신체에 관해 더 많이 알아야 한다. 다음은 건강과 평등을 달성하기 위해 수행해야 할 연구의 한참 미완성인 목록이다.

- 여성의 신체 크기와 형태가 남성과 정확히 얼마나 다르며 이는 도구, 장비, 작업 공간 및 작업복 디자인에 어떤 의미를 갖는가? (이 정보는 코로나19 대유행 기간에 여성과 비유럽 보건의료 종사자가 바이러스에 노출되는 동안 착용할 개인 보호 장비가 잘 맞지 않는다고 문제 제기한 후 그 필요성이 명확해졌다.)
- 여성과 남성의 힘, 민첩성, 균형 및 지구력 차이의 크기와 분포는 어떠하며 작업, 도구, 훈련, 팀워크 및 작업 일정의 설계에 어떤 영향을 주는가? 특히, 중량물을 들어올리는 기술에서 일반적으로 낮은 여성의 무게중심은 어떤 의미를 갖는가?
- 신체적 요구도가 있는 작업에서 모든 구성원의 힘, 민첩성, 지구력 및 균형 수준을 활용하도록 팀워크를 최적화하려면 어떻게 해야 하는가?
- 동일한 직책에서 여성과 남성의 업무 내용이 다를 때 건강과 평등을 보호할 최선의 방법은 무엇인가? 업무 내용이 성별/젠더에 따라 다른 이유는 무엇이고 이는 허용해야 하나, 막아야 하나? 혹은 면밀히 조사해야 하는가?

• 추위에 노출되면 생리통이 악화하는 이유는 무엇이며 이에 대해 무엇을 할 수 있나?[32]

• 여성의 요실금에 대한 작업장 결정 요인이 있는가? 그렇다면 어떻게 예방해야 하는가? (종일 서서 일하는 것이 골반저근에 영향을 미치지 않는다고 볼 수 없다. 판매 및 서비스 직원이 요실금을 더 많이 겪는 것은 사실이다.[33])

• 반복 작업에서 손과 팔의 통증에 대한 위험성은 남성과 여성이 다른가? 그렇다면 남성과 여성이 통증과 피로를 다르게 경험하기 때문인가, 아니면 근육을 다르게 사용하기 때문인가? 통증을 최소화하기 위해 작업을 어떻게 설계해야 하는가? 통증을 최소화하기 위해 조립 라인은 어떻게 구성해야 하는가?

• 여성과 남성의 생물학적 특성(가령 보행 속도)에 관한 자료는 어떻게 분석해야 하는가? 남성과 여성의 성과를 직접 비교하거나 성별에 대한 평균, 중앙값 또는 최댓값과 관련지어야 하는가? 아니면 키, 몸무게 또는 근육 크기와 연관시켜야 하는가?

• 작업장에서 중량물 들기 작업에 관한 안전보건 기준이 여성과 남성에게 달라야 하는가? 크기나 체중이 다른 사람들을 위해서는? 요양기관이나 아동 돌봄 시설에서처럼 공격적이거나 저항할 수 있는 사람이 중량물일 때는 무게 제한이 달라져야 하는가? 특정 한계 이상으로 무게를 들어올리는 데 도움이 되는 기계를 항상 가지고 있어야 하는가? 중량

물 한도는 여성과 남성이 같아야 하는가? 모양, 질감 및 중량물의 특성은 어떻게 고려해야 하는가?

• 취업 전 체력 평가(힘, 달리기 속도, 민첩성)의 합격 수준이 성별/젠더에 따라 달라야 하는가?[34] 이것이 팀 구성에 도움이 되는가?

• 연장된 근무일정이 신체에 미치는 영향을 고려할 때[35] 임신, 간호 및 가족 부양책임이 현재의 연공서열에 따라 근무일정을 정하는 순서에 영향을 미치는가? 그렇다면 남성의 자녀 수와 나이는 여성의 경우와 똑같이 고려되는가?

• 휴식시간은 어떻게 정해야 하는가? 많은 여성의 가사노동 부담과 그로 인한 피로를 고려해 휴식시간이 더 유연해야 하는가? 예를 들어, 더 짧은 휴식을 자주 취할 수 있어야 하는가?

• 어떤 종류의 근무일정 배치 소프트웨어가 다른 노동자에게 불이익을 주지 않으면서 노동자의 가족에 대한 책임과 가용 근무 시간을 맞추는 데 도움이 되는가?

• 여성이 이전에 성별 분리되어 있던 직업을 갖게 될 때 어떤 기술이 도움이 되는가? 역할극 훈련이 도움이 될까? 상급자는 무엇을 해야 하는가? 여성이 성별/젠더 때문에 업무 수행을 거부하면 어떻게 해야 하는가? 남성이 거부하는 경우에는?

• 호르몬과 관련된 영향이 있더라도 작업장에서의 화학물질 노출 기준은 여성과 남성이 같아야 하는가?[36]

우리는 이런 연구를 수행할 수 있도록 지원하는 캐나다 젠더와 건강 연구소 같은 기관을 홍보하고 강화해야 하며 그 결과를 출판할 수 있는 국제보건서비스저널*New Solutions, International Journal of Health Services*이나 미국산업의학저널*American Journal of Industrial Medicine* 같은 매체를 만들고 지원해야 한다.

13장

함께 앞으로 나아가기

2등 신체, 2등 직업, 2등의 사회적 역할을 가진 일하는 여성들은 건강 연구의 2등 주제이기도 하다. 여성의 일이 나아지게 하려면 페미니스트들은 어떻게 해야 할까? 우리는 어떻게 평등과 직업 건강 사이의 모순을 제거할 수 있을까? 우리를 뒤로 물러나 있게 하는 수치심에 대해 무엇을 할 수 있을까? 어떻게 우리를 위한 연대를 만들 수 있을까?

고용주를 변화시키기

최근 우리 연구그룹 중 하나는 온라인 회의를 열어 여성 쉼터에 대한 우리의 두 번째 개입을 어떻게 설계할지, 그리고 그 계획을 위해 어떻게 기금을 마련할지 논의했다. 모니터를 통해 심리학 교수 나탈리 울포Nathalie Houlfort, 인간공학자이자 노사관계 교수인 제시카 히엘, 우리의 (공동) 박사과정 학생인 바네사 블란쳇-루옹을 만났다. 여성 쉼터 연합에서는 상담사를 더 채용할 방법을 파악할 수 있게 도와달라고 했다. 우리는 그 직업 전반을 연구할 용의가 있었다. 다만 연구비 지원 단체가 우리의 전문성을 일-가정 조화 영역에서 인정할 것이었기 때문에 쉼터 코디네이터와 상담사들의 일-가정 상호작용에 집중해 연구비를 신청하는 것이 좋겠다고 생각했다. 노동자들을 지치게 하는 쉼터 업무를 고려할 때, 일-가정 균형 맞추기의 어려움을 설명하는 것이 쉬운 방법이었다.

그런데 일-가정 균형 맞추기가 일정을 관리하는 쉼터 코디네이터들에게 문제로 다가왔을까? 누군가 쉼터에서의 업무를 관찰하고 있던 바네사에게 코디네이터들이 일-가정 문제를 지금은 어떻게 처리하고 있는지 물었다. 바네사는 스케줄 교대, 관리자가 찾기 너무 어려운 대체 인력 구하기, 일정 조정 등 몇 가지 방법을 설명했다. 쉼터 코디네이터들은 일-가정 조화가 용이해질 수 있도록 최선을 다했고 동료들도 일정을 맞춰주기 위해 애썼다.

코디네이터들이 공통의 문제를 논의하는 회의에 우리를 초대했다. 그랬다, 이들은 일정을 조율하기 위해 고군분투하고 있었고, 더 선임인 상담사들과 가족이 있는 젊은 상담사들 모두에게 맞춰주려 애쓰고 있었다. 이들 중 한 명은 "일정 조율을 정말 열심히 해야 해요. 안 그러면 일요일 밤 순번을 내가 맡게 되니까요."라고 말했다.

나는 놀랐고 감탄했다. 왜냐고? 우리는 이전에 관리자가 대단히 공식적인 선의를 보이거나 사업주가 노동자의 편의를 봐주는 걸 본 적이 없기 때문이다. 맞다, 청소노동자 연구에서 자녀가 아픈 여성의 스케줄을 맞춰주려 조용히 애쓰던 일정 코디네이터를 본 적이 있다. 드물게 호의적인 경우였다. 소매업에서는 때로 일할 사람이 아무도 없을 때 사업주가 관리자에게 일을 강요했었다. 그런데 어려운 순번에 자원할 준비가 되어있는 관리자라니? 노동자의 편의를 위한 일정을 짜려고 모든 노력을 하는 관리자를 이해하기란? 아니, 다른 일터에서 사업주는 공식적으로 일정과 관련한 모든 문제가 개인적인 것이라는 태도를 보였고, 해결은 노동자의 몫인 듯했다. 문제를 해결할 수 없다면 그 사람은 그 일을 할 능력이 없다는 것이다. 트랜스펙 관리자들이 근무일정을 빼야 하는 한 부모 청소노동자 대신 밤 근무를 선다는 것은 상상할 수 없었다. (노동조합 지도부에게 물었더니 이들 역시 상상할 수 없다고 말했다.) 관리자들은 그냥 한 부모 노동자를 해고하려 할 것이고, 그 노동자는 친구나 친척에게 애원하거나 자녀를 집에 혼자 둘 것이다. 법원이 일상을 침해하는 근무일정에 대해 일부 책임이 사용자에게 있다고 보았음에도 말이다.[1]

더 일반적으로, 우리는 저임금 직종에서 미리 대처하는 사용자를 별로 보지 못했다. 여성들이 남성 지배적 업종에 진입했을 때, 이 여성 동료가 적응할 수 있게 안내하거나, 관리자들이 팀이 결속하도록 도우려는 어떤 특별한 노력도 목격한 적이 없다. 분명 사용자가 빈틈없이 여성 편입에 성공했다면 우리를 불렀을 리가 없다. 그러나 나는 아주 최근까지, 그리고 정부의 압력이 있기 전까지 사용자들이 노력했다는 정황을 한 번도 들어본 적이 없다.

어떤 사용자들은 성추행과 성폭력 문제에 따르는 나쁜 평판 때문에 이 문제에 더 적극적인데, 특히 고임금 직업군에서 그렇다. 그러나 공장 노동자들과 서비스직 노동자들이 당하는 일상적인 따돌림과 괴롭힘을 완화하기 위해선 어떤 행동을 하나? 장비와 작업도구 조정은? 새로 고용된 여성 노동자 사고율이 두 배라는 사실에 대한 관심은? 아직 없다. 나는 여성의 사고율이 남성의 두 배에 달하는 상황을 자주 듣지만 사용자들은 어떤 도움도 주지 않고 있다.

사용자들을 변화시키기 위해 무엇을 할 수 있을까? 노동조합을 통한 해결은 구식이 될 것이다. 사용자들이 정규 인력 채용을 피할 모든 방법을 찾은 지금이라면 특히 더 그렇다. 경제가 우버화*되면서 하청업체에 고용된 불안정한 노동자들이 노동조합에 가입하기란 거의 불가능해졌다. 하지만, 여전히 노동조합은 통상 노동자들이 건강을 보호할 수 있는 유일한 방법이다. 노동자들이 뭉치면 변화를 만들어낼 수 있다. 호텔 청소노동자 노동조합은 업무량을 줄였고, 소

---

* Uberized. 모바일 차량공유 서비스 우버Uber에서 나온 신조어. 구매나 사용을 중개 없이 연결하고 공유하며 서비스 시장이 바뀌는 현상. 특히 온라인 플랫폼을 사용한다.

매업 노동조합은 판매 노동자들의 의자를 설치했다. 청소노동자 노동조합은 청소 업무를 통합했고, 운수 노동조합은 일-가정 균형의 필요에 대한 인식을 어느 정도 끌어냈으며, 교사 노동조합은 학급 규모를 줄였다. 이 외에도 많다.

정부 규제는 일과 가정의 양립을 도울 수 있다. 정부 고용정책에서도 연대가 역시 성과를 냈다. 퀘벡의 여성 단체들은 가정에서 요구되는 역할, 임금 균등화, 고용 접근성에 대해 인정받기 위해 노동조합에 합류했다.

프랑스에서는 현재 사용자들과 직업 건강 전문가들을 훈련해 성차별을 타파하려는 결연한 정부 활동이 있다. 그리고 그들은 정말로, 공식적으로 그것을 성차별이라고 부른다.[2] 어떤 정부 기관은 의사들에게 여성의 직업 건강에 관한 훈련 프로그램을 제공한다. 그 프로그램에는 사용자가 업무를 여성에게 맞게 조정할 책임이 있다는 확고한 입장이 담겨 있다. 퀘벡 주정부와 캐나다 정부는 아직 덜 적극적인 편이다.

어떻게 연대를 구축할 것인가?

다른 사람들과 일하기란 종종 어렵다. 운수노동조합의 한 여성 조합원은 동료들의 공격 때문에 노동조합 대의원직을 그만둔 적이 있다고 말해주었다. 그 동료들은 노동조합이 업무 조건을 개선하지 못한 책임이 있다고 평가했다. 조합원들은 종종 노동조합의 힘이 실제보다 더 크다고 생각하고, 이는 노동조합 대표자들을 힘들게 한다. 그렇지만 어쨌거나 노동조합이 해야 할 일이 있다.

여성들 사이의 연대, 노동자들 사이의 연대를 형성하기란 어려운 일이다. 어떤 집단은 성공하지만 어떤 집단은 그러지 못한다. 아주 오래전 한 페미니스트 단체에 가입한 적이 있었는데, 이 단체는 우리에게 등을 돌렸고 결국 우리를 쫓아내기까지 했다. 당시 나는 정말 많이 울었다. 내가 속한 (교수) 노동조합은 특이하게도 노동자 정체성이 있는데, 실제로 청소노동자와 건설노동자를 포괄하는 노동조합연맹 산하에 있다. 그렇지만 우리는 다른 대학 직원을 배제하거나 그들과 연대하는 문제 사이에서, 편협한 경제적 의제와 사회 정의 사이에서 이리저리 흔들려왔다. 내가 지지하는 페미니스트 운동은 이제 히잡, 성노동, 젠더 유동성과 관련해 (단순하게 말하자면) 여성의 "주체성"을 두고 발생한 고통스러운 분열의 상처를 어루만져주고 있다. 우리가 한 선택들은 집단적 문제와 개인적 문제 사이에서 동요한다.

정치적 싸움은 받아들이기 어려웠고, 신바이오스를 세우는 일에는 그만큼의 고통이 따랐다. 내가 전에 지도했던 학생들은 여성운동에서 남성의 위치에 관한 토론 끝에 대부분의 젊은 남성이 신바이오스를 떠난 일을 떠올리게 한다. 피난처를 만드는 일은 때로 벽을 세우는 것과 마찬가지인 것 같다. 그리고 우리는 문을 어디에 둘 것인지를 두고 분투해야만 한다. 그러나 그것은 분투할 만한 가치가 있는 일이다.

수치심 극복하기

이 책을 쓰면서 내가 개입했던 일로 수치심을 느끼기도 했다. 예를 들어, 3장에서 다룬 청소노동자들에 관해 2017년에 출판한 논문은 우리가 사용했던 방법과 결과에 대한 문제 제기를 담았다.[3] 여기서 나는 "가벼운" 일과 "무거운" 일 분류를 통합한 것 때문에 결국 여성 청소노동자들이 직장을 잃었고, 남은 여성들의 건강에도 제대로 된 이득 없이 끝난 것을 설명했다. 나는 그 논문 제목을 (의문의 여지없이) "여성에게 상처를 주는 여성주의적 개입A feminist intervention that hurt women"이라고 지었다. 당시 만났던, 직장을 떠난 나이 든 여성 청소노동자들에게 죄책감이 들었기 때문이다. 이 안타까운 여성들은 내 페미니즘 이념 때문에 자신들의 경제적 위치에서 쫓겨났다. 얼마나 경솔한 일이었나! 나는 우리 개입이 충분히 신중한 접근이었는지 따져 보면서 페미니스트들에게 경종을 울리고자 이 책을 쓰기 시작했다. 6장과 7장에서 나왔듯, 니콜과 우리 팀이 접근 면에서 어떻게 달랐는지, 그리고 결과적으로 어떤 면에서 각자 어느 정도 실패했는지 확인하려 했다.

하지만 청소노동자들에 관한 연구를 마치고 10년이 지나 내 동료들이 병원 청소 업무에서의 개입에 대해 노동조합 대표자들에게 질문했을 때, 그들은 개입이 성공적이었다고 말했다. 우리는 여성 게토를 파괴하는 데 성공했고, 여성에게 비용을 더 쓰도록 도왔으며, 모두에게 "가벼운" 업무의 중요성을 알려주었다. 그리고 경영진이 청소 업무를 상당히 개선하게 했다. 그렇다, 아마 우리는 여성을 위해 업무를 조정하도록 사용자를 더 밀어붙일 수 있었을지도 모른다. 그리고 나 역시 청소노동자들의 이야기를 더 많이 들었어야 했다. 그렇지만 어쩌면 이제 걸음마를 뗀 것으로 생각해도 좋을 것이다. 업무 통합은 여성의 임파워먼트를 향해 내딛는 바람직한 한 걸음이었는지도 모른다. 그리고 수치심은 내가 도울 수 있던 더 많은 방법에 관한 탐구를 방해해왔을 것이다.

용을 굴복시키기

과거에 우리가 했던 개입을 분석하면서, 마리 라베르지와 다른 신바이오스 연구자들은 이를 세 가지 유형으로 나누었다. 성/젠더를 개입의 명백한 부분으로 삼은 경우, 성/젠더 분석이 함축되어 있었지만 명확히 드러내지는 않았던 경우, 그리고 성/젠더 분석이 없었던 경우가 그 세 가지였다.[4] 세 번째 분류가 있다는 것이 우리를 놀라게 했다. 어떻게 우리가 훈련한 사람들이 노동자들에게 개입하는 동안 젠더 인식이 없을 수 있었을까? 특히 한 젊은 여성의 세미나 발표가 기억난다. 이 사람은 4장 앞부분에 언급했던 정원사 노동조합과 함께 일했었는데, 정원사들의 업무는 비공식적으로 젠더에 따라 나뉘어 있었고 장비가 여성에게 맞춰 변경되지 않은 곳이었다. 연구한 지 거의 30년이 지났으니, 그는 노동자 절반이 (여전히) 여성이라는 것에 충분히 주목하고 있었다. 그런데도 자신의 분석에서 성이나 젠더를 전혀 언급하지 않았다. 마지막에, 나는 이 여성에게 관찰한 여성과 남성이 같은 일을 하고 있었는지 물었다. 그는 절반이 여성이었으므로 분명 그랬을 거라고 대답했다. 의미 없는 답이었다. 나는 불과 몇 달 전에 인간공학자 마리 라베르즈가 개입에서 성/젠더 분석을 어떻게 적용지에 대해 그 발표자를 교육했다는 걸 알고 있었다. 그런데 그는 분명 그 훈련을 활용하지 않았다. 왜일까?

일터에서의 젠더 이슈를 다루는 것이 얼마나 어려운 일인지, 그리고 그것이 얼마나 우리를 불편하게 만드는지 과소평가해서는 안 된다. 우리 중 몇몇에게는 학문적 혹은 직업상 프로젝트를 하는 동안 "정치적" 문제를 꺼내는 것이 부적절한 일일 수 있다. 노동자에게 공감하는 다른 사람들은 노동자들이 듣고 싶지 않아 하거나 다툼이 생길 수도 있다고 생각하는 주제를 꺼내기 곤란해 한다. 어떤 사람들은 관리자들이 일터에서 이런 문제 제기 시도를 금지하는 방식으로 대응해 결국 노동 환경 개선이 불가능해질 것을 우려한다. 그리고 많은 인간공학자는 아무도 불만을 제기한 적 없는 영역에서 문제를 제기하는 것이 부적절하다고 여긴다. 우리는 의제를 개진만 할 것이 아니라, 일터가 가진 문제를 듣고 개선에 도움이 될 방법을 결정할 책임이 있다. 드러난 근골격계 질환처럼 일터에서 해결해야 할 문제는 충분히 많다.

결국, 일터를 변화시키는 데에 니콜의 접근법이나 나의 접근법 중 딱 잘라서 무엇을 택할지 최종적으로 결정할 수 있다고 생각하지 않는다. 때로는 젠더를 말하는 것이 노동자가 노동자에게 등 돌리게 하고 모두를 위한 업무 개선의 진전을 막아 분열을 야기한다. 때로는 젠더를 말함으로써 경영진, 노동조합, 정부 관료들이 부정의를 이해하고 그것을 해결하게 만들기도 한다. 때로 젠더를 말하는 것은 앞서 통신 기사들의 경우에서처럼, 여성들이 자신의 고통을 분명히 말하도록 돕고, 함께 모여 강력하게 맞설 힘을 주기 때문에 꼭 필요하다. 혹은 패배를 인정하고 다른 곳에서 계속 싸울 수 있게 하기도 한다. 아마도 니콜과 내 연구팀 둘 다에게 가장 중요한 요소는, 우리 모두가 성/젠더 문제를 인식하고 있고 젠더 평등과 여성의 더 나은 노동 조건을 위해 일하고 싶어 한다는 점일 것이다.

반대를 무릅쓰고 일치단결하기

우리 연구센터인 신바이오스와 이 센터가 명맥을 이어갈 수 있도록 부족한 시간과 에너지를 투여한 많은 여성들이 없었다면 나와 내 동료들은 학계에서 살아남지 못했을 것이다. 정말 쉽지 않았다. 대학 안에서도 반대 목소리는 종종 가혹했고, 또 지금도 그런 시기다. 이공계 동료들이 왜 신바이오스를 계속 없애려고 하는지 이해할 수 없었는데, 어느 날 다른 이공계 동료가 만나자고 했을 때 마침내 알게 되었다. 그의 이름을 미셸Michel이라고 하겠다.

우리는 수업 범위가 어떨 때는 너무 많고 어떨 때는 너무 적어 특히 골칫거리이던 방법론 수업의 재구성을 고민하고 있었다. 한 시간 정도 대화한 다음 미셸이 난데없이 물었다. "혹시 신바이오스의 센터장 아니신가요?" 나는 그렇다고 답했다. "그런데, 그런데…"라면서 그의 목소리가 작아졌다. "그런데 왜요?"라고 물었더니 결국 솔직하게 털어놓았다. 내가 과학에는 콧방귀도 뀌지 않는 격렬한 페미니스트 그룹과 연결되어 있는 사람인데도 (그의 표현으로는) "정상적인" 방식으로 오랫동안 대화하고 있었음을 그가 갑자기 깨달은 것이었다(이는 그의 두서없는 이야기를 내가 정리한 것이다). 그리고 뒤이은 대화로 왜 내 방법론 수업의 많은 학생이 그토록 문제를 일으켰는지 이해하게 되었다. 힘을 가진 남성 무리가 수준 높은 교육과 과학 연구에 우리 센터가 위험 요소가 된다고 그들 자신, 미셸, 그리고 많은 학생이 믿게 만든 것이다.

미셸은 우리에게 자격이 없다는 특별한 예를 내놓지 못했다(또 그는 이에 관해 나와 이야기하는 것을 상당히 당혹스러워했다). 그렇지만 그는 미팅을 마친 후 신바이오스를 아주 조금 덜 두려워하게 되었을 뿐이었다. 나는 신바이오스가 폐쇄되지 않도록 보호하는 것은 우리의 연대와 극소수 고위직 남성과 여성이 보여준 존중이라는 걸 알았다. 그 사람들은 무엇을 그렇게 두려워하는 것일까? 내가 생각하는 건 세 가지다. 첫째, 대학들이 으레 그렇듯 우리 대학은 늘 새로워야 하고, 이공계는 경쟁에서 살아남을 수 있도록 유능하다는 것을 입증해야 한다. 내가 있는 대학은 오래된 대학들의 이류 버전이 될 것인지, 아니면 두렵지만 새로운 방향으로 진출할 것인지 아직 결정하지 못했다. 대학 측은 환경 및 직업 건강 영역에서 지역공동체 연구를 지향하고 강조하는 신바이오스가 전통적인 과학, 즉 실험실에서 이루어지는 "증거 기반" 과학에 등을 돌린다고 생각할 수 있다. 따라서 결국 학문적 인정과 명성을 저버릴 것처럼 보는 것이다.

두 번째, 신바이오스의 많은 연구자 중에는 사회과학자들과 심지어 인문학자들도 있었으므로 우리는 그들이 말하는 정통이 아니다. 내가 속한 생물학과 동료들에게 이들은 과학자가 아니었다. 그러면 과학자들은 이공계에서 뭘 하던 걸까? 우리 이미지를 깎아내리고 있었을까?

그리고 마지막으로, 미셸의 머뭇거리는 말투는 남성들이 우리 방식을 얼마나 불쾌해하고 무서워하는지 알게 했다. 우리는 남성들과의 권력 게임에서 많은 여성이 그럴 권리를 갖지 못했던 데 반해 더 시끄럽고, 더 노골적이었다. (세 가지 이유 중 1번에 대한 답: 우리는 다학제 연구센터이고, 이는 대학들이 지원해야 할 연구기관의 모습이다. 2번에 대한 답: 우리는 30년 이상 성공적으로 연구기금을 지원받아왔고, 이것 역시 대학이 존중해야 할 일이다.)

요점은 미셸 같은 사람과 그 친구들이 있었음에도 신바이오스가 안전한 공간을 성공적으로 만들어왔다는 것이다. 여성에게 안전한 공간을 만들려면 반대 의견에 맞서야 하지만 거기엔 노력할 가치가 있다. 노동조합에 여성위원회를 만들고, 정부 내 여성 간부회의를 설치하며, 또 널리 여성 단체를 세우는 일은 용에 맞서 싸우는 하나의 방식이다.

우리와 꼭 같지 않은 여성들과도 연대해야 한다

신바이오스 연구자들 사이의 연결고리는 강력하다. 그러나 일시적으로나마 노동조합 여성위원회와 노동조합 안전보건 지지자들로부터 받은 응원과 연대가 없었다면, 결속력만으로 우리 센터와 지향을 지키기엔 역부족이었을 것이다. 노동조합의 여성들, 남성들과 맺은 파트너십이 우리를 가르쳤고 영감을 주었다. 퀘벡의 노동조합 운동은 노동조합 여성위원회가 여성 노동 개선에 참여하는 페미니스트 운동과 자주 협력할 수 있게 하고 이런 퀘벡에서 연구하는 우리는 운이 좋다고 생각한다. 그래서 우리도 여성 단체들을 비롯해 폭넓은 여성 노동자들로 이뤄진 연대체와 함께 활동하고 그들로부터 배울 수 있었다.

내가 소속된 대학은 기업이나 과학 연구기관보다 지역공동체에 과학적 응답의 우선순위를 두지는 않았다. 그런데도 이 대학은 지역공동체 현장 상담서비스를 지속해서 지원해 대학의 과학이 세금을 내는 퀘벡 시민에게 기여하도록 하고 있다. 40년이 지난 지금에도 우리 대학이 기금, 인력, 교수 자유 시간을 제공하고 지역공동체 주도의 협력 연구와 훈련을 정식으로 인정하는, 캐나다 유일의 대학이라는 점이 정말, 정말 안타깝다. 이는 우리가 이 모델을 알리려는 시도를 하지 않았기 때문이 아니다. 대학 직원이든 지역공동체 단체 누구든 이 책을 읽는다면 나에게 연락하기 바란다(messing.karen@uqam.ca). 나는 연구자와 지역단체 보호 체계 설치에 관해 모든 것을 설명해줄 수 있다.

모순을 직시하기

이 책을 쓰기 시작한 이유는 일터에서 여성의 성과와 안녕에 영향을 주는 성별 간 생물학적 차이를 덜 중요한 것으로 다루고자 한 우리의 여성주의적 의도가 일하는 여성들에게 상처를 주는 걸 보았기 때문이었다. 나는 우리가 몸을 더 강하게 만들 수 있는지와 상관없이, 일터가 원래 우리 신체 그대로에 환경을 맞추는 책임감을 가지길 바랐다. 나는 지구력이나 안정성 같이 우리 여성의 생리학적 이점을 더 연구해 일하는 사람들이 그로부터 이득을 얻을 수 있게 돕고 싶다.

책을 쓰는 동안, 나는 우리 모두가 여성, 남성, 그 밖의 모든 이에게 부과되거나 혹은 스스로 선택한 사회적 역할을 부정당함으로써 상처받고 있다는 것을 깨달았다. 모든 돌봄 책임이 여성에게 당연한 것으로 주어지는 현실에서 이를 남성이 더 나눠야 할지와는 별개로 일터가 여성 노동자에게 맞춰 바뀌기를 바란다. 나는 사람들이 자신이 가진 젠더 관련 정체성이 무엇이든 사과하거나 숨길 필요 없이 그것을 표현할 수 있기를 바란다. 그리고 우리 모두는 함께 모여야 하고, 우리 몸과 우리의 한계를 정하려는 것들에 수치스러워하기를 멈춰야 하고, 평등과 건강을 위해 싸워야 한다. 함께합시다.

감사의 말

이 책을 쓰는 데 도움을 주신 많은 분들께 감사드린다. 제시카 히엘은 초안을 읽고 의견을 주었고, 우리가 하는 일과 페미니스트 운동 사이의 연결고리를 이해할 수 있게 도와주었다. 멜라니 르프랑수아와 발레리 르데레르Valérie Lederer는 유용하게 쓰일만한 자세한 코멘트를 아끼지 않았다. 쥘리 꼬띠와 파비엔느 구티Fabienne Goutille는 새로운 아이디어들을 주었고, 마리 라베르지, 마티외-조엘 제르베Mathieu-Joël Gervais, 마리-이브 마조르Marie-Eve Major는 몇 가지 매우 유용한 비판도 해주었다.

마히 질베-오엠Mahée Gilbert-Oiem은 12장에 관해 도움이 될 만한 의견들을 주었는데, 오류에 대한 책임은 나에게 있다.

수잔 브래들리Susan Braedley는 멋진 칼튼 칼리지Carleton college 학생들이 내 원고로 토론할 수 있게 조직해주었다. 제나 클로스터만Janna Klostermann, 프린스 오우수Prince Owusu, 크리스틴 스트리터Christine Streeter, 로렌 브룩스-클리에터Lauren Brooks-Cleator, 타라 맥위니Tara MacWhinney는 많은 부분 내가 따를 만한 유용하고 고무적인 제안들을 해주었다.

바바라 스케일스Barbara Scales, 일리언 킨슬리Eliane Kinsley, 미카일 알-에이드루스Mikail Al-Aidroos, 셰일라 산토스Sheila Santos는 책 집필을 시작할 수 있게 도와주었다. 다우드 에이드루스Daood Aidroos는 내가 일터에서 겪은 경험에 대한 감정들이 있었고 이 사실을 인정해야 한다고 지적해주었다.

마리 라베르즈가 이끌고 캐나다보건조사연구소의 젠더 · 건강 연구소가 후원하는 GESTE(젠더Genre, 형평성Équité, 건강Santé, 일Travail, 환경Environnement) 팀 전체는 어떻게 하면 내가 더 잘할 수 있을지(그리고 어떻게 그렇게 잘 하지 못했는지) 깊이 생각하도록 자극을 주었고, 그 결과 중 일부는 6장과 7장에 제시되었다. 특히 활동Activité 3팀(마리 라베르즈, 멜라니 르프랑수아, 헬렌 술탄-타예브Hélène Sultan-Taïeb, 제시카 히엘, 마티외-조엘 제르베)과 우리의 파트너인 여성릴레이와 여성 및 환경Relais-femmes and Femmes et environment에 감사드린다. 또한 제시카 히엘이 이끌고 퀘벡연구재단-인문사회분과Fonds de recherche du Québec—Société et culture로부터 후원받는 SAGE 연구팀과, 나탈리 울포가 이끌고 캐나다 사회과학인문연구위원회로부터 후원받는 일/가정 양립 연구단체의 도움과 지원에 감사의 마음을 표한다.

또한 오랜 기간 동안 지지, 지도, 그리고 도움을 준 퀘벡몬트리올대학 지역사회서비스팀Service aux collectivites(실비 드 그로부아Sylvie de Grosbois, 마르틴 블랑Martine Blanc, 이브 마리 램프론Eve Marie Lampron)에 감사한다.

자전거 사고 후 두 달간의 입원과 네 달간의 재활치료 동안 내 의지와 몸이 거의 온전한 상태일 수 있도록 이끌어준 분들에게 많은 도움을 받았다. 나의 가족들(메싱Messings, 알-에이드루스Al-aidrooses, 소르마니Sormanys, 산토스Santoses 가 사람들), 나의 “무리들”(아나 마리아 사이페르, 제시카 히엘, 멜라니 르프랑수아, 마리 라베르주, 헬렌 술탄-타예브, 이브 라페리에르, 마르틴 샤동Martin Chadoin, 엘런 발카Ellen Balka, 캐시 바일랑쿠르Cathy Vaillancourt, 조헨 생-샤를, 프랑스 티소, 조헨 레두크Johanne Leduc, 질 블라이스Gilles Blais, 미셸린 사이르Micheline Cyr, 도나 머글러, 수전 스톡Susan Stock, 욜란데 코헨Yolande Cohen, 스테판 드자딘Stéphane Desjardins, 피에르 디아모르Pierre D'Amour, 쥘리 꼬띠, 마리-이브 마조르, 바네사 블란쳇-루옹, 캐서린 리펠, 노르만 킹Norman King, 그리고 크리스티안 듀포Christian Dufour)에게 감사드린다. 광저우 클리포드 병원Clifford Hospital의 놀라울 정도로 친절했던 모든 의료진, 그리고 나의 물리치료사 쥘리 가디너Julie Gardiner와 빈센트 시구인Vincent Sigouin에게도 감사의 마음을 표한다.

나를 가르치느라 애쓴 노동조합 운동에 큰 감사를 드리며, 특히 여성위원회와 미셸린 부셰, 지젤 부레Gisèle Bourret, 클라우데트 카르보네Claudette Carbonneau, 루시 더게너이스Lucie Dagenais, 지슬렌 플뢰리Ghislaine Fleury, 캐롤 징그러스, 다니엘 에베어Danièle Hébert, 피에르 르페브르Pierre Lefebvre, 고故 니콜 르파주Nicole Lepage와 샹탈 로카트Chantal Locat에 감사를 전한다.

비트윈 더 라인즈Between the Lines 출판사 직원들에 감사드리며, 항상 나를 독려해준 매우 인내심 많은 편집장 어맨다 크로커Amanda Crocker, 세심하고 감각 있는 틸만 루이스Tilman Lewis, 도움을 준 데빈 클랜시Devin Clancy에게 특히 감사의 마음을 전한다. 책의 제목을 정하는 데 아이디어를 준 카리나 팔미테스타Karina Palmitesta에 정말 고맙다. 프랑스어 번역에 도움을 준 에코소시에테Écosociété 분들, 다비드 머레이David Murray, 엘로디 콤투아Élodie Comtois, 그리고 근면하고 끈기있는 실방 놀트Sylvain Neault에게도 감사를 전한다. 또한, 『보이지 않는 고통』을 성심을 다해 번역해 준 김인아, 김규연, 김세은, 이현석, 최민, 그리고 한국에서 일하는 여성의 이슈를 진전시키기 위해 애쓰는 김현주와 동료들에게도 특별한 감사를 표한다.

영감을 주는 작가 린다 티라도Linda Tirado(『핸드 투 마우스: 부자 나라 미국에서 하루 벌어 하루 먹고사는 빈민 여성 생존기』의 저자)와 캐롤라인 크리아도 페레즈Caroline Criado Perez(『보이지 않는 여자들: 편향된 데이터는 어떻게 세계의 절반을 지우는가』의 저자), 그리고 일일이 언급하기에는 무수한 책을 썼고 모두 인용하기에는 굉장히 많은 아이디어를 내준 팻 암스트롱에게 지식적 그리고 정서적인 빚을 많이 지고 있다.

전문 편집자이자 무한히 너그러운 나의 파트너 피에르 소르마니Pierre Sormany에게 어떤 말을 전해야 할까? 처음부터 수없이 많은 도움이 되는 제안들을 해주었고, 내가 어찌할 바를 몰랐을 때 위로해주었다. 대단히 감사하다. 당신을 미치도록 사랑한다. Merci énormément, je t'aime à la folie.

미투 운동을 시작해 많은 이들이 느낄 수 있는 이름을 붙여준 용기 있는 여성들에게 감사드린다. 나에게 영감을 준 모든 용감한 여성 노동자들에게도 감사의 마음을 표한다.

옮긴이의 말

하나의 노동 현장은 모든 노동자에게 동일한 곳일까? 다른 몸을 가진 여성과 남성 노동자는 그 현장을 어떻게 경험할까? 많은 노동 현장이 남성을 기준으로 설계되어 있고, 노동자의 업무상 재해를 규정하는 법제도 역시 남성이 대다수인 산업을 위주로 만들어져 있다. 이런 현장에서 여성의 노동, 여성의 고통은 가려지거나 없는 것으로 여겨진다. 여성 노동자들이 다수인 산업에서 업무상 재해를 밝히는 데에도 긴 시간이 걸린다. 중량물을 들고 반복 작업을 한 결과 근골격계 질환이 생겨도 이것이 업무상 재해로 인정되기까지는 수많은 노동자의 드러내기와 연구, 싸움이 필요했다.

남성 지배적인 전통적 산업에서 일하는 여성은 배제되고 고통이 가려지지만, 새로 생긴 산업에 여성 노동자들이 진입할 때도 과거보다 건강과 더 많은 권리가 보장되는 일은 없었다. 여성 노동자들은 일과 가정생활의 조화를 위해 불안정한 일자리, 단시간 일자리에 몰리고, 많은 경우 일-가정 양쪽 모두에서 긴 시간 일하며 우왕좌왕하게 된다.

이 책은 통신업이나 조경업처럼 여성이 소수인 현장에서

여성에게 맞는 도구나 장비가 제공되지 않고 여성들이 폭력과 괴롭힘을 겪는 사례를 소개한다. 여성 노동자들은 신체 조건을 고려받지 못해 고통스러워했고 동료로서 존중받지도 못했다. 식당 여성 노동자들은 남성보다 좁은 보폭 때문에 더 많이 걸으면서도 보이지 않는 "식당 살림housekeeping" 업무와 더 많은 반복 작업을 해야 해서 큰 통증을 겪고 있었다. 콜센터의 여성 노동자들은 일과 가정 모두에서 주어진 역할이 너무 많지만, 이를 감안한 업무 배정을 받을 수 없었다. 이처럼 어떤 여성의 고통은 가려 있어 보이지 않고, 또 다른 여성은 알려진 것보다 더 많은 것을 하며 건강이 손상되는 현실을 보여준다.

한국에서 출간되는 세 번째 책에서 캐런 메싱은 고통받는 여성의 몸에 집중한다. 존중받지 못하는 여성 노동자들에게 연구자는 어떤 존재가 되어야 할까? 메싱은 일평생 여성 노동자의 일터 내 건강과 차별 문제에 천착해 그들의 목소리를 들었고 제도 개선에 공을 들였다. 연구자로서 그는 여성의 몸과 업무 관련 질병을 충분히 연구하지 않으면 일터에서 그들이 겪는 어려움이 분석되지 않고, 이는 여성의 일이 위험하지 않다는 편견을 강화해 결과적으로 재해 예방조차 어려워진다며 악순환을 지적한다. 또한 그는 책의 마지막에서 여성과 남성의 생물학적 차이를 숨기지 않고 드러냄으로써 일터가 여성의 몸에 맞게 바뀌어야 한다고 강조한다. 이렇게 일터에서 여성의 몸을 고려한다는 것은 '표준 남성'의 몸을 기준으로 삼는 것이 아니라 여성, 장애인, 성소수자, 노인 등 더 다양한 몸을 고려하고 존중한다는 것을 뜻한다. 이는 바로 우리가 지향해야 할 일터의 조건이며 메싱은 이렇게 일터를 변화시키는 동력이 '기술적'인 것이 아니라 '정치적'인 것이라고 말한다.

한편으로 메싱은 자신의 연구를 돌아보며 그 과정에서 느꼈던 혼란스러움과 고민을 독자와 공유한다. 그는 여성 노동자의 건강과 노동강도 완화를 위해 연구를 실시했지만, 일터를 개선하지 못하고 여성의 일자리를 불안정하게 만든 뼈아픈 경험을 한다. 또한 젠더를 드러내는 연구가 노동자에게 반드시 도움이 될 것인지, 아니면 젠더를 드러내기보다 업무 특성을 내세워 현장을 바꾸는 것이 더 좋을지 숙고한다. 연구 이후에 작업 현장이 과거로 되돌아가거나 악화하지 않도록 현장에서 이행할 일이 무엇인지에 대해서도 마찬가지다. 혹시나 '여성주의적 개입이 여성 노동자들에게 상처를 주는 것은 아닌지', 앞서 오랫동안 고민한 저자가 털어놓는 이야기는 이 책을 읽는 독자들, 이후 여성 노동자 건강에 대해 연구하고 실천할 이들에게도 유효하고 중요한 질문이 될 것이다.

이 책은 노동자의 시각으로 노동 현장을 보는 법을 알려주고 여성 노동자의 가려진 건강 문제를 인식하게 한다. 그리고 침묵을 깨고 행동하는 여성 노동자, 노동조합, 연구자가 연대할 때 발휘되는 연대의 힘을 믿게 해준다. 한 번에 모든 것이 변하지 않을지라도 계속해서 밀고 나가는 그 힘을.

옮긴이들을 대표하여

유청희

주

한국의 독자들에게

1 Mergler, D., & Vezina, N. (1985). "Dysmenorrhea and cold exposure." *The Journal of reproductive medicine*, 30(2), 106–111.

2 Kim, Y., & Kwak, Y. (2017). "Urinary incontinence in women in relation to occupational status." *Women & health*, 57(1), 1–18. https://doi.org/10.1080/03630242.2016.1150387

서문

1 Kari Bø, Raul Artal, Ruben Barakat, et al., "Exercise and Pregnancy in Recreational and Elite Athletes: 2016 Evidence Summary from the IOC Expert Group Meeting, Lausanne. Part 1—Exercise in Women Planning Pregnancy and Those Who Are Pregnant," British Journal of Sports Medicine 50,10 (2016), 571–89, doi: 10.1136/bjsports-2016-096218.

2 Karen Messing, *Pain and Prejudice: What Science Can Learn about Work from the People Who Do It* (Toronto: Between the Lines, 2014), preface and chapter 1. [캐런 메싱, 『보이지 않는 고통: 노동자의 목소리에 귀 기울이는 어느 과학자의 분투기』, 김인아 외 옮김, 동녘, 2017]

3 노틀상테À notre santé, 도미니크 바비에Dominique Barbier, 조지안 주에Josiane Jouet, 루이 반델라크Louise Vandelac 공동제작.

4 Stephanie Premji, Karen Messing, and Katherine Lippel, "Broken English, Broken Bones?: Mechanisms Linking Language Proficiency and Occupational Health in a Montreal Garment Factory," *International Journal of Health Services* 38,1 (2008), 1–19.

5 Stephanie Premji, "Immigrant Men and Women's Occupational Health: Questioning the Myths," in *Sick and Tired: Health and Safety Inequalities*, ed. Stephanie Premji (Black Point, NS: Fernwood Publishing, 2018), 105–116.

1장

1 Lena Gonäs, Anders Wikman, Marjan Vaez, et al., "Gender Segregation of Occupations and Sustainable Employment: A Prospective Population-Based Cohort Study," *Scandinavian Journal of Public Health* 47,3 (2019), 348 - 356, doi: 10.1177/1403494818785255.

2 성이 들어간 경우를 제외하고는 이 책에 등장하는 모든 이름은 우리의 윤리 절차에 따라 변형되었다.

3 Marie-Christine Thibault, "Les conditions d'insertion et de maintien des femmes dans les emplois non-traditionnels : l'impact des outils et des équipements de travail," MSc thesis, Université du Québec à Montréal, 2004.

4 인터뷰 녹취록: Je ne sais pas qu'est-ce qui a provoqué ça. Le technicien en face de moi, en parlant à la serveuse: «Maudite bitch!», des affaires de même. Moi ça a été: «Pardon!», là j'ai regardé la serveuse et j'ai dit: «Excuse là, mais moi je ne servirais pas du monde qui me parle de même». (Le technicien a répondu «Ah! C'est en joke! Tu devrais te tenir avec nous autres les gars!» J'ai dit: «Je regrette mais ça, ça s'appelle du savoir-vivre, s'adresser à quelqu'un comme ça, je trouve absolument pas ça drôle, mais pas pantoute!» Ils se sont tous levés d'un coup! Je te jure on était 10 à la table! «Oui, ok, c'est correct! Je pense qu'on va y aller!» Ils sont tous partis, j'a fini mes toasts toute seule! (Sophie)

5 Karen Messing, Ana Maria Seifert, and Vanessa Couture, "Les femmes dans les métiers non-traditionnels : Le général, le particulier et l'ergonomie," *Travailler* 15 (2006), 131 - 48.

6 Katelyn F. Allison, Karen A. Keenan, Timothy C Sell, et al., "Musculoskeletal, Biomechanical, and Physiological Gender Differences in the US Military," *US Army Medical Department Journal* (Apr - Jun 2015), 22 - 32.

7 Patrick Duguay, Alexandre Boucher, Pascale Prud'homme, et al., *Lésions professionnelles indemnisées au Québec en 2010–2012. Profil statistique par industrie—catégorie Professionnelle. Report R-963* (Montreal: Institut de recherche Robert-Sauvé en Santé et en Sécurité du Travail, Montreal, 2017).

8 Oyebode A. Taiwo, Linda F. Cantley, Martin D. Slade, et al., "Sex Differences in Injury Patterns among Workers in Heavy

Manufacturing," *American Journal of Epidemiology* 169,2 (2009), 161–6, doi: 10.1093/aje/kwn304.

9 Sophie Brochu, "Sophie Brochu : L'authenticité et la passion au service de la société," interview by Marie-France Bazzo, *Les grands entretiens*, Radio-Canada, December 6, 2016, https://ici.radio-canada.ca.

10 Commission des droits de la personne et droits de la jeunesse, "La commission des droits de la personne et des droits de la jeunesse se réjouit du jugement rendu par la Cour d'appel dans l'affaire Gaz Metro," June 30, 2011, www.cdpdj.qc.ca.

11 Éducation et Enseignement supérieur Québec, "Métiers et professions traditionnellement masculins," www.education.gouv.qc.ca.

12 https://cinbiose.uqam.ca; 『보이지 않는 고통』 8장을 참조하라.

13 Marie Laberge, Vanessa Luong-Blanchette, Arnaud Blanchard, et al., "Impacts of Considering Sex and Gender during Intervention Studies in Occupational Health: Researchers' Perspectives," *Applied Ergonomics 82*, doi: j.apergo.2019.102960.

2장

1 Confédération des syndicats nationaux, "Une syndicaliste récompensée par le Lieutenant-gouverneur," May 7, 2012, www.csn.qc.ca.

2 교육 프로그램은 내가 속한 대학과 퀘벡의 3대 노동조합연맹 사이에 맺은 협약에 따른 것으로, 대학 교수로서 내 역할의 일부였다.

3 François Aubry and Isabelle Feillou, "Une forme de gestion désincarnée de l'activité," *Perspectives interdisciplinaires sur le travail et la santé* 21,1 (2019), doi: 10.4000/pistes.6177.

4 François Aubry, "Les raisons du manque d'attrait du métier de préposée aux bénéficiaires," Le Devoir, February 26, 2018, www.ledevoir.com; Esther Cloutier and Patrice Duguay, "Impact de l'avance en age sur les scenarios d'accidents et les indicateurs de lesions dans le secteur de la sante et des services sociaux" (Montreal: Institut Robert-Sauvé de Recherche en Santé et en Sécurité du Travail, 1996), vol. 1, ch. 5 and Table 6-6; Hasanat Alamgir, Yuri Cvitkovich, Shicheng Yu, and Annalee Yassi, "Work-Related Injury among Direct Care Occupations in British Columbia, Canada," Occupational

Medicine 64 (2007), 769 – 75.

5 Sylvie Bédard, “L'importance des TMS chez les soignants en quelques chiffres,” *Objectif Prévention* 39,2 (2016), 19.

6 Ontario Health Coalition, *Caring in Crisis: Ontario's Long-Term Care PSW Shortage* (Toronto: Ontario Health Coalition, 2019), www.ontariohealthcoalition.ca.

7 Cloutier and Duguay, “Impact de l'avance en age.”

8 Karen Messing and Diane Elabidi, “Desegregation and Occupational Health: How Male and Female Hospital Attendants Collaborate on Work Tasks Requiring Physical Effort,” *Policy and Practice in Health and Safety* 1 (2003), 83 – 103.

9 Messing and Elabidi, “Desegregation and Occupational Health.”

10 Karen Messing, *One-Eyed Science: Occupational Health and Working Women* (Philadelphia: Temple University Press, 1998).[『반쪽의 과학: 일하는 여성의 숨겨진 건강 문제』, 정진주 외 옮김, 한울, 2012.]

11 Monique Lortie, “Structural Analysis of Occupational Accidents Affecting Orderlies in a Geriatric Hospital,” *Journal of Occupational Medicine* 29 (1987), 437 – 44.

3장

1 이 장의 일부 내용은 과학 학술지 논문으로 발표되었다. Karen Messing, “A Feminist Intervention That Hurt Women: Biological Differences, Ergonomics and Occupational Health,” *New Solutions: A Journal of Occupational and Environmental Health Policy* 27,3 (2017), 304 – 318. 나는『보이지 않는 고통』2장에서 청소노동자가 겪는 무시와 경멸, 그리고 그들의 기술적 · 사회적 어려움을 서술했다. 청소 업무를 외주화에 관한 경제적 논쟁은 Shimaa Elkomy, Graham Cookson, and Simon Jones, “Cheap and Dirty: The Effect of Contracting Out Cleaning on Efficiency and Effectiveness,” *Public Administration Review* 79,2 (2019), 193 – 202에 나와 있다.

2 해당 병원의 실제 이름이 아니다.

3 아주 최근까지도 건강 문제에서 성별과 젠더에 관해 어떤 언급이라도 한 연구는 쉽게 사회과학으로 분류되었다. 지금까지도 내 인간공학 연구는 기자들과 심지어 일부 학자들로부터 내가 거의 알지 못하는 분야인 사회학으로 자주 언급되고 있다.

4 당시 대학원생이었던 셀린 샤티니는 훗날 교수가 되었고 이 책 1장과 8장에서 기술한 다른 연구들을 함께 했다.

5 Karen Messing, Céline Chatigny, and Julie Courville, "'Light' and 'Heavy' Work in the Housekeeping Service of a Hospital," *Applied Ergonomics* 29 (1998), 451–59.

6 Sarah J. Locke, Joanne S Colt, Patricia A. Stewart, et al., "Identifying Gender Differences in Reported Occupational Information from Three U.S. Population–Based Case–Control Studies," *Occupational and Environmental Medicine* 71.12 (2014), 855–64, doi: 10.1136/oemed–2013–101801.

7 Messing, Chatigny, and Courville, "'Light' and 'Heavy' Work"; Karen Messing, "Hospital Trash: Cleaners Speak of Their Role in Disease Prevention," *Medical Anthropology Quarterly* 12 (1998), 168–87.

8 이전 시기의 데이터를 갖고 있지 않아 남부병원의 전후 비교는 할 수 없었다.

9 Bénédicte Calvet, Jessica Riel, Vanessa Couture, and Karen Messing, "Work Organisation and Gender among Hospital Cleaners in Quebec after the Merger of 'Light' and 'Heavy' Work Classifications," *Ergonomics* 55 (2012), 160–72, doi: 10.1080/00140139.2011.576776.

10 Confédération des Syndicats Nationaux, *Ciel, un hippopotame dans mon milieu de travail : Guide de sensibilisation aux impacts sur la santé au travail de rapports hommes-femmes difficiles* (Montreal: Confédération des Syndicats Nationaux, May 2005), www.csn.qc.ca.

4장

1 Karen Messing, Lucie Dumais, Julie Courville, et al., "Evaluation of Exposure Data from Men and Women with the Same Job Title," *Journal of Occupational Medicine* 36.8 (1994), 913–17.

2 Statistics Canada, Portrait of Canada's Labour Force, "Table 2. The 20most common occupations among women aged 15 years and over and the share of women in the total workforce, May 2011," www.statcan.gc.ca.

3 Eve Laperrière, Karen Messing, and Renée Bourbonnais, "Work Activity in Food Service: The Significance of Customer Relations, TippingPractices and Gender for Preventing Musculoskeletal

Disorders,"*Applied Ergonomics* 58 (2017), 89–101.

4 《Dans ma tête,je me répète : verre d'eau / facture / ketchup / café–thé / verre d'eau / facture/ ketchup / café–thé…》

5 Eve Laperrière, "Etude du travail deserveuses de restaurant," PhD diss., Universitédu Québec à Montréal, 2014.

6 Lynnelle K. Smith, Jennifer L. Lelas, and D. Casey Kerrigan, "Gender Differences in Pelvic Motions and Center of Mass Displacement during Walking: Stereotypes Quantified," *Journal of Women's Health & Gender-Based Medicine* 11,5(2002), 453–58; Magdalena I. Tolea, Paul T. Costa, Antonio Terracciano, et al.,"Sex–Specific Correlates of Walking Speed in a Wide Age–Ranged Population," *Journals of Gerontology: Psychological Science and Social Science* 65B,2 (2010), 174–84.

7 Laperrière, Messing, and Bourbonnais, "Work Activity in Food Service."

8 Matthew Parrett, "Customer Discrimination in Restaurants: Dining Frequency Matters," *Journal of Labor Research* 32,2 (2011), 87–112.

9 Laperrière, Messing, and Bourbonnais, "Work Activity in Food Service."

10 Lucie Dumais, Karen Messing, Ana Maria Seifert, et al., "Make Me a Cake as Fastas You Can: Determinants of Inertia and Change in the Sexual Division of Labour of an Industrial Bakery," *Work, Employment and Society* 7,3 (1993), 363–82.

11 Aude Lacourt, France Labrèche, Mark S. Goldberg, et al., "Agreement in Occupational Exposures between Men and Women Using Retrospective Assessments by Expert Coders," *Annals of Work Exposure and Health* 62,9 (2018), 1159–70.

12 Amanda Eng, Andrea 't Mannetje, Dave McLean, et al., "Gender Differences in Occupational Exposure Patterns," *Occupationaland Environmental Medicine* 68,12 (2011), 888–94.

13 Nicole Vézina and Julie Courville,"Integration of Women into Traditionally Masculine Jobs," *Women and Health* 18,3 (1992), 97–118.

14 Donna Mergler, Carole Brabant, Nicole Vézina, and Karen Messing, "The Weaker Sex?: Men in Women's Working Conditions Report Similar Health Symptoms," *Journal of Occupational Medicine*

29.5(1987), 417–21; Messing, Chatigny, and Courville, "'Light' and 'Heavy' Work."

15 Laurent Vogel, *Women and Occupational Diseases: The Case of Belgium* (Brussels: European Trade Union Institute, 2011), 40, www.etui.org.

16 France Tissot, Karen Messing, and Susan R. Stock, "Standing, Sitting and Associated Working Conditions in the Quebec Population in 1998," *Ergonomics* 48.3 (2005), 249–69.

17 Messing, Chatigny, and Courville, "'Light'and 'Heavy' Work."

18 Luc Cloutier–Villeneuve, "Heurestravaillées au Québec, aux États–Unis et ailleurs au Canada en 2017," *Travail et Rémunération* 13 (2019), 1–24, https://stat.gouv.qc.ca.

19 Melissa Moyser and Amanda Burlock, "Time Use: Total Work Burden, Unpaid Work, and Leisure" (Ottawa: Statistics Canada, 2018), Chart 3, www.statcan.gc.ca.

20 Calculated from Frank D. Denton and Sylvia Ostry, *Relevés chronologiques de lamain-d'œuvre canadienne* (Ottawa: Statistics Canada, 1967), 26, http://publications.gc.ca.

21 Calculated from Statistics Canada, "Labour Force Characteristics by Province, Monthly, Unadjusted for Seasonality" (Ottawa: Statistics Canada, 2020), www.statcan.gc.ca.

22 Statistics Canada,"Labour in Canada: Key Results from the 2016 Census" (Ottawa: Statistics Canada, 2017), www.statcan.gc.ca.

23 Michael Baker and Kirsten Cornelson, "Gender Based Occupational Segregation and Sex Differences in Sensory, Motor and Spatial Aptitudes" (Toronto: University of Toronto, 2016), https://econ.sites.olt.ubc.ca.

24 Alexis Riopel, Guillaume Levasseur, Cédric Gagnon, and Antoine Béland, "Les professions à risque sont–elles plus occupées par des femmes?," *Le Devoir*, May 8, 2020, www.ledevoir.com.

25 Campbell Robertson and Robert Gebeloff, "How Millions of Women Became the Most Essential Workers in America," *New York Times* (April 18, 2020).

26 Sharanjit Uppal and Sébastien LaRochelle–Côté, "Changes in the Occupational Profile of Young Men and Women in Canada" (Ottawa: Statistics Canada, 2014), www.statcan.gc.ca.

27 Florence Chappert, Karen Messing, Eric Peltier, and Jessica Riel, "Conditions de travail et parcours dansl'entreprise : vers une transformation qui intègre l'ergonomieet le genre?," *Revue multidisciplinaire sur l'emploi, le syndicalisme et le travail* (REMEST 9,2 (2014), 46–67, www.erudit.org;Florence Chappert and Laurence Théry, "Égalité entre les femmes et les hommes et santé au travail," *Perspectives interdisciplinaires sur le travail et la santé* 18,2 (2016), 1–28, http://journals.openedition.org; Florence Chappert, "Gendered Indicators in OHS: A Number to Convince and Transform Public Policies," in *Proceedings of the 20th Congress of the International Ergonomics Association* IX (Florence, Italy: International Ergonomics Association, 2018), 354–62.

28 Chappert, Messing, Peltier, and Riel, "Conditions de travail et parcours dans l'entreprise."

5장

1 Kristin W. Springer, Jeanne Mager Stellman, and Rebecca JordanYoung, "Beyond a Catalogue of Differences: A Theoretical Frame and Good Practice Guidelines for Researching Sex/Gender in Human Health," Social Science & Medicine 74,11 (2012), 1817–24.

2 앤 파우스토-스털링의 다음 논문에서 지속변이 대 이중 모드에 관한 논의를 확인할 수 있다. "On the Critiques of the Concept of Sex: An Interview with Anne Fausto-Sterling," Differences: *A Journal of Feminist Cultural Studies* 27,1 (2016), 189–205.

3 Michael I. Greenberg, John A. Curtis, and David Vearrier, "The Perception of Odor Is Not a Surrogate Marker for Chemical Exposure: A Review of Factors Influencing Human Odor Perception," *Clinical Toxicology* 51,2 (2013), 70–76, doi: 10.3109/15563650.2013.767908.

4 Stavros Sifakis, Vasilis Androutsopoulos, Aristeidis M. Tsatsakis, and Demetrios A. Spandidos, "Human Exposure to Endocrine Disrupting Chemicals: Effects on the Male and Female Reproductive Systems," *Environmental Toxicology and Pharmacology* 51 (April 2017), 56–70, doi: 10.1016/j.etap.2017.02.024.

5 나는 대학에서 유전학을 오랫동안 가르쳤기 때문에 이 학문에 대해 설명할 자격이 있다. 사실, 나는 유전학으로 박사학위를 취득했고 인간공학은 15년이 지난 뒤부터 공부했다. 내 2014년 책 『보이지 않는 고통』의 1장을

참고하라.

6 Anne Fausto-Sterling, "Beyond Difference: A Biologist's Perspective," *Journal of Social Issues* 53,2 (1997), 233-58; Anne Fausto-Sterling, "Against Dichotomy," *Evolutionary Studies in Imaginative Culture* 1,1 (2017), 63-65. And see also her comments at Anne Fausto-Sterling, "Why Sex Is Not Binary," *New York Times*, opinion, Oct. 25, 2018, www.nytimes.com.

7 Springer, Stellman, and Jordan-Young, "Beyond a Catalogue of Differences."

8 두 개 또는 두 개 이상의 X 염색체와 하나의 Y 염색체를 가진 일부 예외적인 사람들(클라인펠터 증후군Klinefelter's syndrome- 남성의 성염색체 이상 질환)은 남성 같은 외향을 갖는다. 염색체상 남성인 어떤 사람들은 자신을 여성이나 논바이너리로 정체화하고, 또는 약물이나 수술을 통해 전환을 거친다. 염색체상 남성이지만 스스로를 다르게 정체화하는 것이다.

9 Zohreh Jangravi, Mehdi Alikhani, Babak Arefnezhad, et al., "A Fresh Look at the Male-Specific Region of the Human Y Chromosome," *Journal of Proteome Research* 12,1 (2013), 6-22.

10 Nichole Rigby and Rob J. Kulathinal, "Genetic Architecture of Sexual Dimorphism in Humans," *Journal of Cellular Physiology* 230,10 (2015), 2304-2310.

11 루스 허바드와 앤 파우스토-스털링이 이에 관해 자세히 썼다. 하버드대학 젠더과학 연구소의 블로그도 참고하라. www.genderscilab.org/blog.

12 제이슨 팜Jason Pham이 그 예시를 보여주었다, "Serena Williams Shut Down Body Critics: 'I Am Strong and Muscular—and Beautiful,'" *Business Insider*, May 2018, www.businessinsider.com.

13 Allan Keefe and Harry Angel, *2012 Canadian Forces Anthropometric Survey (CFAS) Final Report* (Ottawa: Defence Research and Development Canada, 2015).

14 Kalypso Karastergiou, Steven R. Smith, Andrew S. Greenberg, and Susan K. Fried, "Sex Differences in Human Adipose Tissues-The Biology of Pear Shape," *Biology of Sex Differences* 3,1 (2012), 13.

15 M.D. Tillman, J.A. Bauer, J.H. Cauraugh, and M.H. Trimble, "Differences in Lower Extremity Alignment between Males and Females: Potential Predisposing Factors for Knee Injury," *Journal of Sports Medicine and Physical Fitness* 45,3 (2005), 355-59.

16 Hana Brzobohatá, Vaclav Krajíček, Zdenek Horák, and Jana Velemínská, "Sexual Dimorphism of the Human Tibia through Time: Insights into Shape Variation Using a Surface-Based Approach," PLoS One 11,11 (2016), e0166461, doi: 10.1371/journal.pone.0166461.

17 Inga Krauss, Stefan Grau, Marlene Mauch, et al., "Sex-Related Differences in Foot Shape," *Ergonomics* 51,11 (2008), 1693–1709.

18 Yoram Epstein, Chen Fleischmann, Ran Yanovich, and Yuval Heled, "Physiological and Medical Aspects That Put Women Soldiers at Increased Risk for Overuse Injuries," *Journal of Strength and Conditioning Research* 29,11 suppl. (2015), S107–10.

19 André Plamondon, Denys Denis, Christian Larivière, et al., *Biomechanics and Ergonomics in Women Material Handlers*, report R808 (Montreal: Institut de recherche Robert-Sauvé en santé et en sécurité du travail du Québec, 2008).

20 Jason Bouffard, Romain Martinez, André Plamondon, et al., "Sex Differences in Glenohumeral Muscle Activation and Coactivation during a Box Lifting Task," *Ergonomics* 62,7 (2019), 1–12, doi: 10.1080/00140139.2019.1640396.

21 Romain Martinez, Jason Bouffard, Benjamin Michaud, et al., "Sex Differences in Upper Limb 3D Joint Contributions during a Lifting Task," *Ergonomics* 62,5 (2019), 682–93, doi: 10.1080/00140139.2019.1571245.

22 Yoram Epstein, Ran Yanovich, D.S. Moran, and Yuval Heled, "Physiological Employment Standards IV: Integration of Women in Combat Units—Physiological and Medical Considerations," *European Journal of Applied Physiology* 113,11 (2013), 2673–90, doi: 10.1007/s00421-012-2558-7.

23 K.M. Haizlip, B.C. Harrison, and L.A. Leinwand, "Sex-Based Differences in Skeletal Muscle Kinetics and Fiber-Type Composition (Review)," *Physiology* 30,1 (2015), 30–39, doi: 10.1152/physiol.00024.2014.

24 Gregory Martel, Stephen Roth, Frederick M. Ivey, et al., "Age and Sex Affect Human Muscle Fibre Adaptations to Heavy-Resistance Strength Training," *Experimental Physiology* 91,2 (2006), 457–64.

25 Sandra K. Hunter, "Sex Differences in Human Fatigability: Mechanisms and Insight to Physiological Responses," *Acta Physiologica* (Oxford) 210,4 (2014), 768–89.

26 Amber Dance, "Genes That Escape Silencing on the Second X Chromosome May Drive Disease," *The Scientist*, March 1, 2020,www.the-scientist.com.

27 Larissa Fedorowich, Kim Emery, Bridget Gervasi, and Julie N. Côté, "Gender Differences in Neck/Shoulder Muscular Patterns in Response to Repetitive Motion Induced Fatigue," *Journal of Electromyography and Kinesiology* 23,5 (2013), 1183-9, doi: 10.1016/j. jelekin.2013.06.005.

28 Kim Emery and Julie N. Côté, "Repetitive Arm Motion-Induced Fatigue Affects Shoulder but Not Endpoint Position Sense," *Experimental Brain Research* 216,4 (2012), 553-64. doi: 10.1007/s00221-011-2959-6.

29 줄리 코테가 근육 세기에서의 성별 차이에 대해 쓴 자신의 논문을 분명하고 이해하기 쉽게 설명하는 유튜브 영상을 확인할 수 있다. Youtube: Julie Côté, "Can Using a Sex/Gender Lens Provide New Insights into MSD Mechanisms?," keynote presentation at PREMUS 2016, Toronto, https://youtu.be/8sd4ei8VuFU.

30 Bouffard, Martinez, Plamondon, et al., "Sex Differences in Glenohumeral Muscle Activation and Coactivation"; Martinez, Bouffard, Michaud, et al., "Sex Differences in Upper Limb 3D Joint Contributions"; Denis Gagnon, André Plamondon, and Christian Larivière, "A Comparison of Lumbar Spine and Muscle Loading between Male and Female Workers during Box Transfers," *Journal of Biomechanics* 81 (2018), 76-85, doi: 10.1016/j.jbiomech.2018.09.017; André Plamondon, Christian Larivière, Denys Denis, et al., "Difference between Male and Female Workers Lifting the Same Relative Load when Palletizing Boxes," *Applied Ergonomics* 60 (2017), 93-102, doi: 10.1016/j.apergo.2016.10.014.

31 Lena Karlqvist, Ola Leijon, and Annika Harenstäm, "Physical Demands in Working Life and Individual Physical Capacity," *European Journal of Applied Physiology* 89,6 (2003), 536-47.

32 Joan M. Stevenson, D.R. Greenhorn, John Timothy Bryant, et al., "Gender Differences in Performance of a Selection Test Using the Incremental Lifting Machine," *Applied Ergonomics* 27,1 (1996), 45-52.

33 Katherine Lippel, "Preventive Reassignment of Pregnant or Breast-Feeding Workers: The Québec Model," *New Solutions: A Journal of Occupational and Environmental Health Policy* 8,2 (1998), 267-80.

34 Anne-Renée Gravel, Jessica Riel, and Karen Messing, "Protecting Pregnant Workers while Fighting Sexism: Work-Pregnancy Balance and Pregnant Nurses' Resistance in Québec Hospitals," *New Solutions: A Journal of Occupational and Environmental Health Policy* 27,3 (2017), 424-37.

35 Stéphane Crespo, "L'emploi du temps professionnel et domestique des personnes agees de 15 ans et plus," *Coup d'œil sociodémographique* [online] 62 (Quebec: Institut de la statistique du Québec, March 2018), 1-10, www.stat.gouv. qc.ca.

36 Katherine Lippel, Karen Messing, Samuel Vézina, and Pascale Prud'homme, "Conciliation travail et vie personnelle," in *Enquête québécoise sur des conditions de travail, d'emploi, de santé et de sécurité du travail(EQCOTESST)* ed. Michel Vézina, Esther Cloutier, Susan Stock, et al. (Quebec: Institut national de santé publique du Québec and Institut de la statistique du Québec—Institut de recherche RobertSauvé en santé et sécurité du travail, 2011), chapter 3.

37 Donna Mergler and Nicole Vézina, "Dysmenorrhea and Cold Exposure," *Journal of Reproductive Medicine* 30,2 (1985), 106-11; Karen Messing, Marie-Josèphe Saurel-Cubizolles, Madeleine Bourgine, and Monique Kaminski, "Menstrual-Cycle Characteristics and Work Conditions of Workers in Poultry Slaughterhouses and Canneries," *Scandinavian Journal of Work, Environment & Health* 18,5 (1992), 302-309; C.-C. Lin, C.-N. Huang, Y.-H. Hwang, et al., "Shortened Menstrual Cycles in LCD Manufacturing Workers," *Occupational Medicine* 63,1 (2013), 45-52; France Tissot and Karen Messing, "Perimenstrual Symptoms and Working Conditions among Hospital Workers in Quebec," *American Journal of Indistrial Medicine* 27,4 (1995), 511-22.

38 Lorraine Greaves, "We Don't Know What We Don't Know: Advocating for Women's Health Research," in *Personal & Political: Stories from the Women's Health Movement, 1960–2010*, ed. Lorraine Greaves (Toronto: Second Story Press, 2018), 347-67.

39 Stacey Ritz, David Antle, Jule Côté, et al., "First Steps for Integrating Sex and Gender Considerations into Basic Experimental Biomedical Research," *FASEB Journal* 28,1 (2014), 4-13; Robert N. Hughes, "Sex Still Matters: Has the Prevalence of Male-Only Studies of Drug Effects on Rodent Behaviour Changed during the Past Decade?," *Behavioural Pharmacology* 30,1 (2019), 95-99.

40 Yoshimitsu Inoue, Yoshiko Tanaka, Kaori Omori, et al., "Sex- and Menstrual Cycle-Related Differences in Sweating and Cutaneous Blood Flow in Response to Passive Heat Exposure," *European Journal of Applied Physiology* 94,3 (2005), 323-32.

41 Briefly reviewed in Blanca Romero-Moraleda, Juan Del Coso, Jorge Gutiérrez-Hellín, et al., "The Influence of the Menstrual Cycle on Muscle Strength and Power Performance," *Journal of Human Kinetics* 68 (2019), 123-33.

42 Robert N. Hughes, "Sex Does Matter: Comments on the Prevalence of Male-Only Investigations of Drug Effects on Rodent Behaviour," *Behavioural Pharmacology* 18,7 (2007), 583-89.

43 Theresa M. Wizemann and Mary-Lou Pardue, eds., *Exploring the Biological Contributions to Human Health: Does Sex Matter?* (Washington, DC: National Academies Press, 2001).

44 Michael Gochfeld, "Sex Differences in Human and Animal Toxicology," *Toxicologic Pathology* 45,1 (2017), 172-89, doi: 10.1177/0192623316677327.

45 Donna Mergler, "Neurotoxic Exposures and Effects: Gender and Sex Matter! Hänninen Lecture 2011," *Neurotoxicology* 33,4 (2012), 644-51, doi: 10.1016/j.neuro.2012.05.009; Ritz, Antle, Côté, et al., "First Steps for Integrating Sex and Gender Considerations."

46 Teresa G. Valencaka, Anne Osterriederb, and Tim J. Schulz, "Sex Matters: The Effects of Biological Sex on Adipose Tissue Biology and Energy Metabolism," *Redox Biology* 12 (August 2017), 806-13.

47 Nobuko Hashiguchi, Yue Feng, and Yutaka Tochihara, "Gender Differences in Thermal Comfort and Mental Performance at Different Vertical Air Temperatures," *European Journal of Applied Physiology* 109,1 (2010), 41-48, doi: 10.1007/s00421-009-1158-7.

48 Tom Y. Chang and Agne Kajackaite, "Battle for the Thermostat: Gender and the Effect of Temperature on Cognitive Performance," *PLoS One* 15,5 (2019), e0216362, doi: 10.1371/journal.pone.0216362.

49 C. Noel Bairey Merz, Leslee J. Shaw, Steven E. Reis, et al., "Insights from the NHLBI-Sponsored Women's Ischemia Syndrome Evaluation (WISE) Study Part II: Gender Differences in Presentation, Diagnosis, and Outcome with Regard to Gender-Based Pathophysiology of Atherosclerosis and Macrovascular and Microvascular Coronary Disease," *Journal of the American College of Cardiology* 47,3 suppl.

(February 2006), S21 - 29, doi: 10.1016/j.jacc.2004.12.

50 Rachel Cox and Karen Messing, "Legal and Biological Perspectives on Selection Tests: A Post-Meiorin Examination," *Windsor Yearbook of Access to Justice* 24 (2006), 23 - 53.

51 Karen Messing and Joan Stevenson, "Women in Procrustean Beds: Strength Testing and the Workplace," *Gender Work & Organization* 3,3 (1996), 156 - 67.

52 Julie Courville, Nicole Vézina, and Karen Messing, "Comparison of the Work Activity of Two Mechanics: A Woman and a Man," *International Journal of Industrial Ergonomics* 7,2 (1991), 163 - 74.

53 『보이지 않는 고통』 5장을 참고하라.

54 International Labour Office, "The Prohibition of Women's Night Work in Industry: Current Thinking and Practice," in *General Survey of the Reports Concerning the Night Work (Women) Convention, 1919 (No. 4), the Night Work (Women) Convention (Revised), 1934 (No. 41), the Night Work (Women) convention (Revised), 1948 (No. 89), and the Protocol of 1990 to the Night Work (Women) Convention (Revised), 1948,* ed. ILO (Geneva, International Labour Office, 2009), www.ilo.org.

55 M. Sun, W. Feng, F. Wang, et al., "Meta-Analysis on Shift Work and Risks of Specific Obesity Types," *Obesity Reviews* 19,1 (2018), 20 - 48.

56 Jeanette Therming J ø rgensen, Sashia Karlsen, Leslie Stayner, et al., "Shift Work and Overall and Cause-Specific Mortality in the Danish Nurse Cohort," *Scandinavian Journal of Work, Environment & Health* 43,2 (2017), 117 - 26.

57 Cox and Messing, "Legal and Biological Perspectives on Selection Tests."

58 Kaye N. Ballantyne, Manfred Kayser, and J. Anton Grootegoed, "Sex and Gender Issues in Competitive Sports: Investigation of a Historical Case Leads to a New Viewpoint," *British Journal of Sports Medicine* 46,8 (2012), 614 - 17.

59 Anne Fausto-Sterling, "Bare Bones of Sex: Part 1-Sex and Gender," Signs 30,2 (2005), 1491 - 527; Hana Brzobohatá, Vaclav Krajíček, Zdenek Horák, and Jana Velemínská, "Sexual Dimorphism of the Human Tibia through Time: Insights into Shape Variation Using a Surface-Based Approach," PLoS One 11,11 (2016), e0166461, doi:

10.1371/journal.pone.0166461.

60 사실, 전 유전학자로서 말하자면, 사람들의 인종적 태생에 대해 DNA를 바탕으로 해서 몇 퍼센트-몇 퍼센트 유럽인, 아시아인, 등등으로 특징을 말하는 것은 말이 되지 않는다. 각 대륙은 이미 여러 지역에서 온 이주민으로 구성되어 있기 때문이고, 또 지리적 장소는 오직 유전자의 특정 형태("대립형질")의 빈도로 특징지어지기 때문이다. 절대적인 존재나 부재로 특징지어지는 것이 아니다. 정의 내려지는 개인들은 각 유전자에 하나 혹은 두 개만 갖기 때문에 특정 대립형질의 빈도를 가질 수 없다.

6장

1 Jeanne M. Stellman, *Women's Work, Women's Health* (New York: Pantheon, 1978).

2 Quebec, S-2.1—Act Respecting Occupational Health and Safety, Articles 40 and 46, LégisQuébec, http://legisquebec.gouv.qc.ca.

3 Agathe Croteau, Sylvie Marcoux, and Chantal Brisson, "Work Activity in Pregnancy, Preventive Measures, and the Risk of Preterm Delivery," *American Journal of Epidemiology* 166,8 (2007), 951-65; Agathe Croteau, Sylvie Marcoux, and Chantal Brisson, "Work Activity in Pregnancy, Preventive Measures, and the Risk of Delivering a Small-for-Gestational-Age Infant," *American Journal of Public Health* 96,5 (2006), 846-55.

4 『보이지 않는 고통』 11장을 참조하라.

5 인간공학에도 사회적 분석 및 노동자들과의 교류를 더 강조하기보다 노동 조건의 물리적 요소 설계에 더 중점을 두는 다른 "학파"가 있다.

6 Fabien Coutarel, Sandrine Caroly, Nicole Vézina, and François Daniellou, "Operational Leeway and Power to Act: Theoretical Issues of Ergonomics Intervention," *Le travail humain* 78,1 (2015), 9-29.

7 Marie St-Vincent, Nicole Vézina, Marie Bellemare, et al., *Ergonomic Intervention* (BookBaby, 2011).

8 Catherine Teiger, "≪ Les femmes aussi ont un cerveau ! ≫ Le travail des femmes en ergonomie : réflexions sur quelques paradoxes," Travailler 1,15 (2006), 71-130, doi: 10.3917/trav.015.0071.

9 Christian Demers, Nicole Vézina, and Karen Messing, "Le travail en présence de rayonnements ionisants dans des laboratoires universitaires," *Radioprotection* 26,2 (1991), 387-95.

10 Teiger, "≪Les femmes aussi ont un cerveau!≫"

11 Mergler, Brabant, Vézina, and Messing, "The Weaker Sex?"; Donna Mergler and Nicole Vézina, "Dysmenorrhea and Cold Exposure," *Journal of Reproductive Medicine* 30,2 (1985), 106-11.

12 Donna Mergler, Nicole Vézina, and Annette Beauvais, "Warts among Workers in Poultry Slaughterhouses," *Scandinavian Journal of Work, Environment & Health* 8, suppl. 1 (1982), 180-84.

13 미국 식품 가공 작업라인 속도에 대한 생생한 설명은 Vanesa Ribas, *On the Line: Slaughterhouse Lives and the Making of the New South* (Oakland, CA: University of California Press, 2016).를 참조하라.

14 Nicole Vézina, Johanne Prévost, Alain Lajoie, and Yves Beauchamp, "Élaboration d'une formation à l'affilage des couteaux : Le travail d'un collectif, travailleurs et ergonomes" [Preparation of training in knife sharpening: A collective effort by workers and ergonomists], *PISTES* 1,1 (1999), doi: 10.4000/pistes.3838.

15 Mergler, Brabant, Vézina, and Messing, "The Weaker Sex?"

16 Nicole Vézina, Julie Courville, and Lucie Geoffrion, "Problèmes musculo-squelettiques, caractéristiques des postes de travailleurs et des postes de travailleuses sur une chaîne de découpe de dinde," in *Invisible: Issues in Women's Occupational Health and Safety / Invisible: La santé des travailleuses,* ed. Karen Messing, Barbara Neis, and Lucie Dumais (Charlottetown, PE: Gynergy Books), 29-61.

17 Nicole Vézina and Julie Courville, "Integration of Women into Traditionally Masculine Jobs," *Women and Health* 18,3 (1992), 97-118.

18 Julie Courville, Nicole Vézina, and Karen Messing, "Analyse des facteurs ergonomiques pouvant entraîner l'exclusion des femmes du tri des colis postaux," *Le travail humain* 55 (1992), 119-34.

19 Niklas Krause, John W. Lynch, George A. Kaplan, et al., "Standing at Work and Progression of Carotid Atherosclerosis," *Scandinavian Journal of Work, Environment & Health* 26,3 (2000), 227-36, doi: 10.5271/sjweh.536; David Antle, Nicole Vézina, Karen Messing, and Julie Côté, "Development of Discomfort and Vascular and Muscular Changes during a Prolonged Standing Task," *Occupational Ergonomics* 11,1 (2013), 21-33; Karen Messing, France Tissot, and Susan Stock, "Distal Lower Extremity Pain and Working Postures in the Quebec Population," *American Journal of Public Health* 98,4

(2008), 705 - 13.

20 Société des Casinos du Québec, 2019 QCTAT 5726 (CanLII), www.canlii.org.

21 Thomas R. Waters and Robert B. Dick, "Evidence of Health Risks Associated with Prolonged Standing at Work and Intervention Effectiveness," *Rehabilitation Nursing* 40,3 (2015), 148 - 65.

7장

1 예를 들면 Hélène Camirand, Issouf Traoré, and Jimmy Baulne, *L'Enquête québécoise sur la santé de la population, 2014–2015 : pour en savoir plus sur la santé des Québécois. Résultats de la deuxième édition*이 있다. (Quebec: Institut de la statistique du Québec, 2016), chapter 21.

2 France Tissot, Karen Messing, and Susan Stock, "Studying Relations between Low Back Pain and Working Postures among Those Who Stand and Those Who Sit Most of the Work Day," *Ergonomics* 52,11 (2009), 1402 - 18.

3 Karen Messing, Susan Stock, and France Tissot, "Work Exposures and Musculoskeletal Disorders: How the Treatment of Gender and Sex in Population-Based Surveys Can Affect Detection of Exposure-Effect Relationships," in *What a Difference Sex and Gender Make in Health Research: A CIHR Institute of Gender and Health Casebook*, ed. Institute of Gender and Health (Ottawa: Canadian Institutes of Health Research, 2012), 42 - 49, www.cihr-irsc.gc.ca.

4 그 결과를 보여주는 네 가지 사례는 다음과 같다.

Société des Casinos du Québec, 2019 QCTAT 5726 (CanLII), www.canlii.org.

Librairie Renaud-Bray inc. c. Tribunal administratif du travail, 2018 QCCS 776 (CanLII), www.canlii.org.

Emma Hinchliffe, "Walmart Set to Pay $65 Million Over Making Cashiers Stand," *Fortune*, October 14, 2018, https://fortune.com.

Kilby v. CVS Pharmacy, Inc., Supreme Court of California, 2016, https://law.justia.com.

5 Ana Maria Seifert, Karen Messing, and Lucie Dumais, "Star Wars and

Strategic Defense Initiatives: Work Activity and Health Symptoms of Unionized Bank Tellers during Work Reorganization," *International Journal of Health Services* 27,3 (1997), 455–77.

6 Karen Messing, Ana Maria Seifert, and Evelin Escalona, "The 120–Second Minute: Using Analysis of Work Activity to Prevent Psychological Distress among Elementary School Teachers," *Journal of Occupational Health Psychology* 2,1 (1997), 45–62.

7 Ana Maria Seifert, Karen Messing, and Diane Elabidi, "Analyse des communications et du travail des préposées à l'accueil d'un hôpital pendant la restructuration des services," *Recherches féministes* 12,2 (1999), 85–108.

8 Katherine Lippel, "Compensation for Musculoskeletal Disorders in Quebec: Systemic Discrimination against Women Workers?," *International Journal of Health Services* 33,2 (2003), 253–81.

9 Ana Maria Seifert, Karen Messing, Céline Chatigny, and Jessica Riel, "Precarious Employment Conditions Affect Work Content in Education and Social Work: Results of Work Analyses," *International Journal of Law and Psychiatry* 30,4–5 (2007), 299–310.

10 Johanne Prévost and Karen Messing, "Stratégies de conciliation d'un horaire de travail variable avec des responsabilités familiales," *Le travail humain* 64 (2001), 119–43. 일–가정 양립에 관한 더 자세한 설명은 『보이지 않는 고통』 7장을 참조하라.

11 Ana Maria Seifert and Karen Messing, "Looking and Listening in a Technical World: Effects of Discontinuity in Work Schedules on Nurses' Work Activity," *PISTES* 6,1 (2004), https://journals.openedition.org.

12 Béatrice Barthe, Karen Messing, and Lydia Abbas, "Strategies Used by Women Workers to Reconcile Family Responsibilities with Atypical Work Schedules in the Service Sector," *Work* 40 suppl. (2011), S47–58.

13 Karen Messing, Martin Chadoin, Isabelle Feillou, et al., "Soignantes ou unités interchangeables? Repenser les horaires de travail," *Le Devoir*, May 22, 2020, www.ledevoir.com.

14 Karen Messing, France Tissot, Vanessa Couture, and Stephanie Bernstein, "Strategies for Work/Life Balance of Women and Men with Variable and Unpredictable Work Hours in the Retail Sales Sector in Québec, Canada," *New Solutions: A Journal of Environmental and

Occupational Health Policy 24,2 (2014), 171 - 94.

15 Daycare is government-supported in Quebec, so grocery store workers would in theory have had access to it.

16 Institut de la Statistique du Québec (ISQ), "Le marché du travail et les parents" (Quebec: ISQ, 2010), table 2.1, www.stat.gouv.qc.ca.

17 현재 멜라니 르프랑수아Mélanie Lefrançois는 퀘벡대학교의 조직 및 인적 자원 학과Department of Organization and Human Resources 교수이다.

18 Mélanie Lefrançois, Johanne Saint-Charles, and Karen Messing, "Travailler la nuit comme stratégie pour augmenter sa marge de manœuvre pour concilier travail et horaires atypiques : le cas d'un service de nettoyage dans le secteur des transports," *Revue Relations Industrielles* 72,1 (2017), 99 - 124.

19 Mélanie Lefrançois, Karen Messing, and Johanne Saint-Charles, "Time Control, Job Execution and Information Access: Work/Family Strategies in the Context of Low-Wage Work and 24/7 Schedules," *Community, Work and Family* 20,5 (2017), 600 - 622.

20 Gouvernement de France, "La loi pour l'égalité réelle entre les femmes et les hommes" [Law for true equality between women and men], May 15, 2017, www.gouvernement.fr.

21 Lippel, "Compensation for Musculoskeletal Disorders in Quebec"; Katherine Lippel, "Workers' Compensation and Stress: Gender and Access to Compensation," *International Journal of Law and Psychiatry* 22,1 (1999), 79 - 89, doi: 10.1016/s0160-2527(98)00019-3.

22 Katherine Lippel and Karen Messing, "A Gender Perspective on Work, Regulation and Their Effects on Women's Health, Safety and WellBeing" in Safety or Profit?: *International Studies in Governance, Change and the Work Environment,* ed. Theo Nichols and David Walters (New York: Baywood, 2014), 33 - 48.

23 Pamela Astudillo, Carlos Ibarra, and Julia Medel, *Guía de Formación en Ergonomía y Género para dirigentes sindicales* (Santiago, Chile: Instituto de Salud Pública de Chile, 2015), www.researchgate.net.

24 Cox and Messing, "Legal and Biological Perspectives on Selection Tests."

25 Lefrançois, Messing, and Saint-Charles, "Time Control, Job Execution and Information Access."

26 A reference to Simone de Beauvoir, The Second Sex, trans. Constance

Borde and Sheila Malovany-Chevallier (New York: Alfred A. Knopf, 2009).

27 Stephanie Bernstein and Mathilde Valentini, "Working Time and Family Life: Looking at the Intersection of Labour and Family Law in Québec," *Journal of Law and Equality* 14,1 (2018).

28 Agence nationale pour l'amélioration des conditions de travail (ANACT), *Un kit pour prévenir le sexisme* (Lyon, France, 2016), www.egalite-femmes-hommes.gouv.fr.

8장

1 Ana Maria Seifert and Karen Messing, "Cleaning Up after Globalization: An Ergonomic Analysis of Work Activity of Hotel Cleaners," *Antipode* 38,3 (2006), 557-77.

2 Céline Chatigny, Karen Messing, Eve Laperrière, and Marie Christine Thibault, "Battle Fatigue: Identifying Stressors That Affect Counsellors in Women's Shelters," *Canadian Woman Studies* 24,1 (2005), 139-44; Marie-Christine Thibault, Eve Laperrière, Céline Chatigny, and Karen Messing, *Des intervenantes* à *tout faire : analyse du travail en maison d'hébergement* (Montreal: Service aux collectivités, Université du Québec à Montréal, 2003).

3 Catherine Teiger and Colette Bernier, "Ergonomic Analysis of Work Activity of Data Entry Clerks in the Computerized Service Sector Can Reveal Unrecognized Skills," *Women and Health* 18,3 (1992), 67-77.

4 이것이 일반적으로 인간공학자들이 자신들을 가설을 세우고 이를 뒷받침하거나 무효화하는 근거를 생산하는 화학자나 물리학자 같은 실증주의 과학자로 묘사하는 이유다. 프랑스 국립예술산업대학(Conservatoire national des arts et métiers, CNAM)에서 가르친 인간공학 분과의 창시자는 의사 두 명과 공학자, 심리학자였고, 그들은 인간공학을 사회과학이 아닌 생의학으로 간주했다. 그러나 이러한 시각은 훗날 인간공학이 인류학 또는 민족지학(ethnography)에 더 가깝다고 한 알랭 위스너Alain Wisner로부터 문제제기를 받았다. 인간공학 내에는 실증주의적 전통과 구성주의적 전통이 여전히 공존하지만 나는 생물학 훈련을 받은 사람으로서 실증주의에 더 가깝다는 점을 인정한다.

5 Karen Messing, Nancy Guberman, Céline Chatigny, et al., *Analyse du travail dans les maisons d'hébergement pour femmes victimes*

de violence conjugale : approche en ergonomie et en travail social (Montreal: Université du Québec à Montréal, 2005).

6 평균 시간과 중앙값의 차이는 평균적으로 한 개 또는 두 개의 사건에 예외적으로 긴(또는 짧은) 시간이 소요될 때 발생할 수 있다. 예를 들어, 어떤 일대일 면접은 중단되기 전에 30분간 지속될 수 있으므로 평균 시간이 중앙값보다 길다.

7 이는 앉아서 쉴 수 있는 유일한 직원이 흡연자이던 소매점에서의 관찰을 떠올리게 했다. 자신도 흡연자였던 관리자가 흡연이 생리적으로 필요하다고 생각했기 때문이다(근무 자세에 대해서는 그가 공감능력을 발휘할 수 없었기 때문에 담배를 피우지 않는 노동자들은 앉아서 쉴 틈이 없었다). 나는 흡연이 때때로 직업 건강의 긍정적 결정요인이 될 수 있는지 궁금했다!

8 Céline Chatigny, "Devising Work Schedules for a Collective: Favouring Intergenerational Collaboration among Counsellors in a Shelter for Female Victims of Conjugal Violence," *Work* 40 suppl. (2011), S101–110.

9 Susan J. Lambert, Julia R. Henly, Michael Schoeny, and Meghan Jarpe, "Increasing Schedule Predictability in Hourly Jobs: Results from a Randomized Experiment in a U.S. Retail Firm," *Work and Occupations* 46,2 (2019), 176–226, doi: 10.1177/0730888418823241.

10 Vérificateur général du Québec, *Rapport du Vérificateur général du Québec* à *l'Assemblée nationale pour l'année 2019–2020 : Commission des normes, de l'équité, de la santé et de la sécurité du travail. Audit de performance prévention en santé et en sécurité du travail* (Québec: Vérificateur général du Québec, 2019), www.vgq.qc.ca.

9장

1 교수로 임용되기 전 나는 여성학과에서 생물학 수업을 강의한 적이 있다.

2 《Je suis blessée dans mon orgueil de femme!》

3 도나와 내가 대표 자리에 남성이 꼭 들어가지 않아도 팀을 이끌 수 있음을 깨닫게 된 이유, 또 우리 연구기금 기관이 어떻게 반응했는지에 대한 이야기는『보이지 않는 고통』8장을 확인하라.

4 Karen Messing, "La place des femmes dans les priorités de recherche en santé au travail au Québec," *Relations Industrielles / Industrial Relations* 57,4 (2002), 660–86.

5 www.relais-femmes.qc.ca

6 www.iref.uqam.ca

7 Syndicat des professeurs et professeures de l'Université du Québec à Montréal (SPUQ), "Conventions collectives : Convention des professeures et des professeurs signée le 20 décembre 2018, en vigueur jusqu'au 31 mai 2022," Article 29 : Accès à l'égalité pour les femmes, https://spuq.uqam.ca.

8 Shelia H. Zahm and Aaron Blair, "Occupational Cancer among Women: Where Have We Been and Where Are We Going?," *American Journal of Industrial Medicine* 44,6 (2003), 565-75; Isabelle Niedhammer, Marie-Josèphe Saurel-Cubizolles, Michèle Piciotti, and Sébastien Bonenfant, "How Is Sex Considered in Recent Epidemiological Publications on Occupational Risks?," Occupational and Environmental Medicine 57,8 (2000), 521-27.

9 Messing, "La place des femmes dans les priorités de recherche."

10 Karen Messing and Sophie Boutin, "La reconnaissance des conditions difficiles dans les emplois des femmes et les instances gouvernementales en santé et en sécurité du travail," *Relations Industrielles/Industrial Relations* 52,2 (1997), 333-62.

11 Katherine Lippel, "Workers' Compensation and Psychological Stress Claims in North American Law: A Microcosmic Model of Systemic Discrimination," *International Journal of Law and Psychiatry* 12,1 (1989), 41-70.

12 Aaron Derfel, "Job-Safety Rules Are Failing Women, UQAM Study Says," Montreal Gazette, March 18, 1996, 1.

13 Patrice Duguay, François Hébert, and Paul Massicotte, "Les indicateurs de lésions indemnisées en santé et en sécurité du travail au Québec : des différences selon le sexe," in Comptes rendus du congrès de la Société d'ergonomie de langue française(SELF), vol. 6 (Montreal: SELF, 2001), 65-69.

14 Canadian Institutes of Health Research (CIHR), "CIHR Research Chairs in Gender, Work and Health," www.cihr-irsc.gc.ca.

15 Pascale Prud'homme, Marc-Antoine Busque, Patrice Duguay, and Daniel Côté, *Immigrant Workers and OHS in Québec State of Knowledge from Published Statistical Surveys and Available Data Sources* (Montreal: Institut de Recherche Robert-Sauvé en Santé et en

Sécurité du Travail, 2017), www.irsst.qc.ca.

16 안타깝게도 보수인 하퍼Harper 정부 때 입은 손해는 다음 리버럴 정부에서 복구되지 않았다.

17 Karen Messing, *Occupational Health and Safety Concerns of Canadian Women: A Background Paper* (Ottawa: Labour Canada, 1991).

18 Karen Messing, Barbara Neis, and Lucie Dumais, eds., *Invisible: Issues in Women's Occupational Health and Safety / Invisible : La santé des travailleuses* (Charlottetown, PE: Gynergy Books, 1995).

19 Karen Messing and Donna Mergler, eds., *Women's Occupational and Environmental Health* (special issue), *Environmental Research* 101,2 (2006), 147–286.

20 Greaves, "We Don't Know What We Don't Know."

21 Joy Johnson, Zena Sharman, Bilkis Vissandjée, and Donna E. Stewart, "Does a Change in Health Research Funding Policy Related to the Integration of Sex and Gender Have an Impact?," PLoS One 9,6 (2014), e99900, doi: 10.1371/journal.pone.0099900; Zena Sharman and Joy Johnson, "Towards the Inclusion of Gender and Sex in Health Research and Funding: An Institutional Perspective," *Social Science & Medicine* 74,11 (2012), 1812–6, doi: 10.1016/j.socscimed.2011.08.039; Cara Tannenbaum, Lorraine Greaves, and Ian D. Graham, "Why Sex and Gender Matter in Implementation Research," *BMC Medical Research Methodology* 16,1 (2016), 145, doi: 10.1186/s12874-016-0247-7; Annie Duchesne, Cara Tannenbaum, and Gillian Einstein, "Funding Agency Mechanisms to Increase Sex and Gender Analysis," *Lancet* 389,10070 (2017), 699, doi: 10.1016/s0140-6736(17)0343-4.

22 책 제목은 그렇지 않지만, 이 책은 법학과 인간공학 모두에서 행한 분석을 다루고 있다. 재해를 당한 여성 노동자들이 겪는 부족한 재활 정책과 불공정한 보상과 같은 주제를 다루는 책이다.

23 Karen Messing and Piroska Östlin, *Gender Equality, Work and Health: A Review of the Evidence* (Geneva: World Health Organization, 2006), www.who.int.

24 Linda M. Pottern, Shelia Hoar Zahm, and Susan S. Sieber, "Occupational Cancer among Women: A Conference Overview," *Journal of Occupational Medicine* 36,8 (1994), 809--813.

25 현재 매우 보수적인 퀘벡 정부에서도 여당은 (다른 세 개의 주요 정당과

마찬가지로) 40퍼센트의 여성 후보와 50퍼센트의 여성 장관을 포함해야 했다.

10장

1 Vilma Hunt, *Work and the Health of Women* (Boca Raton, FL: CRC Press, 1979); Jeanne M. Stellman, *Women's Work, Women's Health: Myths and Realities* (New York: Pantheon, 1978); Pottern, Zahm, and Sieber, "Occupational Cancer among Women."

2 Messing, One-Eyed Science.

3 Isabelle Niedhammer, Marie-Josèphe Saurel-Cubizolles, Michèle Piciotti, and Sébastien Bonenfant, "How Is Sex Considered in Recent Epidemiological Publications on Occupational Risks?," *Occupational and Environmental Medicine* 57,8 (2000), 521-27.

4 Karin Hohenadel, Priyanka Raj, Paul A. Demers, et al., "The Inclusion of Women in Studies of Occupational Cancer: A Review of the Epidemiologic Literature from 1991-2009," *American Journal of Industrial Medicine* 58,3 (2015), 276-81; Olivier Betansedi, Patricia Vaca Vasquez, and Émilie Counil, "A Comprehensive Approach of the Gender Bias in Occupational Cancer Epidemiology: A Systematic Review of Lung Cancer Studies (2003-2014)," *American Journal of Industrial Medicine* 61,5 (2018), 372-82, doi: 10.1002/ajim.22823.

5 Annaliese K. Beery and Irving Zucker, "Sex Bias in Neuroscience and Biomedical Research," *Neuroscience & Biobehavioral Reviews* 35,3 (2011), 565-72; Gochfeld, "Sex Differences in Human and Animal Toxicology."

6 Rosemary M. Bowler, Donna Mergler, Stephen S. Rauch, and Russell P. Bowler, "Stability of Psychological Impairment: Two Year Follow-Up of Former Microelectronics Workers' Affective and Personality Disturbance," *Women and Health* 18,1 (1992), 27-48. According to Donna Mergler, women are 15%-20% of those exposed to solvents at work.

7 Donna Mergler, "Les défis de transfert de connaissances et de l'intégration du sexe et du genre," invited lecture, CINBIOSE team on integrated knowledge transfer, April 16, 2019.

8 Sabrina Llopa, Maria-Jose Lopez-Espinosa, Marisa Rebagliatob, and

Ferran Ballester, "Gender Differences in the Neurotoxicity of Metals in Children," *Toxicology* 311,1 – 2 (2013), 3 – 12.

9 Holly O. Witteman, Michael Hendricks, Sharon Straus, and Cara Tannenbaum, "Are Gender Gaps Due to Evaluations of the Applicant or the Science?: A Natural Experiment at a National Funding Agency," *Lancet* 393,7439 (2019), 531 – 40.

10 Markus Helmer, Manuel Schottdorf, Andreas Neef, and Demian Battaglia, "Gender Bias in Scholarly Peer Review," *eLife* 6 (2017), e21718, doi: 10.7554/eLife.21718; Charles W. Fox and C.E. Timothy Paine, "Gender Differences in Peer Review Outcomes and Manuscript Impact at Six Journals of Ecology and Evolution," *Ecology and Evolution* 9,6 (2019), 3599 – 619.

11 Helen Shen, "Inequality Quantified: Mind the Gender Gap," *Nature* 495 (March 7, 2013), 22 – 24.

12 Lippel, "Compensation for Musculoskeletal Disorders in Quebec." 항소 단계는 승인률을 측정할 수 있는 유일한 단계이다. 그보다 더 아래 단계에서 심의된 청구건들에 대한 데이터는 구할 수 없기 때문이다.

13 Ola Leijon, Emil Lindahl, Kjell Torén, et al., "First-Time Decisions Regarding Work Injury Annuity Due to Occupational Disease: A Gender Perspective," *Occupational and Environmental Medicine* 71,2 (2014), 147 – 53.

14 Lippel, "Compensation for Musculoskeletal Disorders in Quebec."

15 Katherine Lippel, Marie-Claire Lefebvre, Chantal Schmidt, and Joseph Caron, *Managing Claims or Caring for Claimants: Effects of the Compensation Proces on the Health of Injured Workers* (Montreal: Université du Québec à Montréal, Service aux collectivités, 2007), 45.

16 Lippel, Lefebvre, Schmidt, and Caron, *Managing Claims or Caring for Claimants*, 30.

17 Karina Lauenborg Møller, Charlotte Brauer, Sigurd Mikkelsen, et al., "Copenhagen Airport Cohort: Air Pollution, Manual Baggage Handling and Health," BMJ Open 7,5 (2017), e012651, doi: 10.1136/ bmjopen-2016- 012651; Henrik Koblauch, "Low Back Load in Airport Baggage Handlers," *Danish Medical Journal* 63,4 (2016), 1 – 35, https://ugeskriftet.dk; Alireza Tafazzol, Samin Aref, Majid Mardani, et al., "Epidemiological and Biomechanical Evaluation of Airline Baggage Handling," *International Journal of Occupational Safety and Ergonomics* 22,2 (2016), 218 – 27, doi:

10.1080/10803548.2015.1126457; Sane Pagh Mølller, Charlotte Brauer, Sigurd Mikkelsen, et al., "Risk of Subacromial Shoulder Disorder in Airport Baggage Handlers: Combining Duration and Intensity of Musculoskeletal Shoulder Loads," *Ergonomics* 61,4 (2018), 576-87.

18 Valérie Simonneaux and Thibault Bahougne, "A Multi-Oscillatory Circadian System Times Female Reproduction," *Frontiers in Endocrinology* 6 (2015), 157, doi: 10.3389/fendo.2015.00157.

19 Donna Mergler and Nicole Vézina, "Dysmenorrhea and Cold Exposure," *Journal of Reproductive Medicine* 30,2 (1985), 106-11; Karen Messing, Marie-Josèphe Saurel-Cubizolles, Madeleine Bourgine, and Monique Kaminski, "Factors Associated with Dysmenorrhea among Workers in French Poultry Slaughterhouses and Canneries," *Journal of Occupational Medicine* 35,5 (1993), 493-500; Tze Pin Ng, Swee Cheng Foo, and Theresa Yoong, "Menstrual Function in Workers Exposed to Toluene," *British Journal of Industrial Medicine* 49,11 (1992), 799-803.

20 Kuntala Lahiri-Dutt and Kathryn Robinson, "'Period Problems' at the Coalface," *Feminist Review* 89 (2008), 102-121.

21 Priya Kannan, Stanley Winser, Ravindra Goonetilleke, and Gladys Cheing, "Ankle Positions Potentially Facilitating Greater Maximal Contraction of Pelvic Floor Muscles: A Systematic Review and MetaAnalysis," *Disability and Rehabilitation* 41,21 (2019), 2483-91.

22 Cara Kelly, "NASA's Spacesuit Issue Is All Too Familiar for Working Women," *USA Today*, March 28, 2019, www.usatoday.com.

23 설계 부문에서의 성차별에 관해 잘 정리된 멋진 설명을 원한다면 Caroline Criado Perez, Invisible *Women: Exposing Data Bias in a World Designed for Men* (London: Chatto & Windus, 2019)을 추천한다.

24 Ana Maria Seifert and Karen Messing, "Looking and Listening in a Technical World: Effects of Discontinuity in Work Schedules on Nurses' Work Activity," *PISTES* 6,1 (2004), doi: 10.4000/pistes.3285.

25 Cassidy R. Sugimoto, Yong-Yeol Ahn, Elise Smith, et al., "Factors Affecting Sex-Related Reporting in Medical Research: A Cross-Disciplinary Bibliometric Analysis," *Lancet* 393,10171 (2019), 550-59; Sarah Hawkes, Fariha Haseen, and Hajer Aounallah Skhiri, "Measurement and Meaning: Reporting Sex in Health Research," *Lancet* 393,10171 (2019), 497-99, doi: 10.1016/S0140-

6736(19)30283-1.

11장

1 Stephanie Premji, Karen Messing, and Katherine Lippel, "Broken English, Broken Bones?: Mechanisms Linking Language Proficiency and Occupational Health in a Montreal Garment Factory," *International Journal of Health Services* 38,1 (2008), 1-19.

2 tephanie Premji, Katherine Lippel, and Karen Messing, "≪On travaille à la seconde!≫ Rémunération à la pièce et santé et sécurité du travail dans une perspective qui tient compte de l'ethnicité et du genre," *PISTES* 10,1 (2008), doi: 10.4000/pistes.2181.

3 Stephanie Premji, Patrick Duguay, Karen Messing, and Katherine Lippel, "Are Immigrants, Ethnic and Linguistic Minorities Overrepresented in Jobs with a High Level of Compensated Risk?: Results from a Montréal, Canada Study Using Census and Workers' Compensation Data," *American Journal of Industrial Medicine* 53,9 (2010), 875-85.

4 France Tissot, Susan Stock, and Nektaria Nicolakakis, *Portrait des troubles musculo-squelettiques d'origine non traumatique liés au travail: résultats de L'enquête québécoise sur la santé de la population*, 2014-2015(Québec, Institut national de santé publique, 2020), www.inspq.qc.ca.

5 Marie-Eve Major and Nicole Vézina, "The Organization of Working Time: Developing an Understanding and Action Plan to Promote Workers' Health in a Seasonal Work Context," *New Solutions: A Journal of Occupational and Environmental Health Policy* 27,3 (2017), 403-423, doi: 10.1177/1048291117725712.

6 Nicole Vézina, Daniel Tierney, and Karen Messing, "When Is Light Work Heavy?: Components of the Physical Workload of Sewing Machine Operators Which May Lead to Health Problems," *Applied Ergonomics* 23,4 (1992), 268-76.

7 Courville, Vézina, and Messing, "Analyse des facteurs ergonomiques"; Katherine Lippel, Karen Messing, Susan Stock, and Nicole Vézina, "La preuve de la causalité et l'indemnisation des lésions attribuables au travail répétitif : rencontre des sciences de la santé et du droit,"

Windsor Yearbook of Access to Justice XVII (1999), 35–86.

8 France Tissot, Karen Messing, and Susan Stock, "Standing, Sitting and Associated Working Conditions in the Quebec Population in 1998," *Ergonomics* 48,3 (2005), 249–69; Karen Messing, Sylvie Fortin, Geneviève Rail, and Maude Randoin, "Standing Still: Why North American Workers Are Not Insisting on Seats, Despite Known Health Benefits," *International Journal of Health Services* 35,4 (2005), 745–63.

9 Jun Deokhoon, Zoe Michaleff, Venerina Johnston, and Shaun O'Leary, "Physical Risk Factors for Developing Non-specific Neck Pain in Office Workers: A Systematic Review and Meta-analysis," *International Archives of Occupational and Environmental Health* 90,5 (2017), 373–410, doi: 10.1007/s00420-017-1205-3.

10 Tim Morse, Renee Fekieta, Harriet Rubenstein, et al., "Doing the Heavy Lifting: Health Care Workers Take Back Their Backs," *New Solutions: A Journal of Occupational and Environmental Health Policy* 18,2 (2008), 207–19, doi: 10.2190/NS.18.2.j.

11 Karen Messing and Åsa Kilbom, "Standing and Very Slow Walking: Foot Pain-Pressure Threshold, Subjective Pain Experience and Work Activity," *Applied Ergonomics* 32 (2001), 81–90.

12 Yolande Lucire, "Social Iatrogenesis of the Australian Disease 'RSI,'" *Community Health Studies* 12,2 (1988), 146–50; J.L. Quintner, "The Australian RSI Debate: Stereotyping and Medicine," *Disability and Rehabilitation* 17,5 (1995), 256–62.

13 Charles V. Ford, "Somatization and Fashionable Diagnoses: Illness as a Way of Life," *Scandinavian Journal of Work, Environment & Health* 23, suppl. 3 (1997), 7–16.

14 Theo Vos, Abraham D. Flaxman, Mohsen Naghavi, et al., "Years Lived with Disability (YLDS for 1160 Sequelae of 289 Diseases and Injuries, 1990–2010: A Systematic Analysis for the Global Burden of Disease Study, 2010," *Lancet* 380,9859 (2012), 2163–96.

15 Alessio D'Addona, Nicola Maffulli, Silvestro Formisano, and Donato Rosa, "Inflammation in Tendinopathy," *Surgeon* 15,5 (2017), 297–302.

16 Lars Arendt-Nielsen, Søren T. Skou, Thomas A. Nielsen, and Kristian K. Petersen, "Altered Central Sensitization and Pain Modulation in the CNS in Chronic Joint Pain," *Current Osteoporosis*

Reports 13 (2015), 225 – 34.

17 Kayleigh De Meulemeester, Patrick Calders, Robby De Pauw, et al., "Morphological and Physiological Differences in the Upper Trapezius Muscle in Patients with Work–Related Trapezius Myalgia Compared to Healthy Controls: A Systematic Review," *Musculoskeletal Science and Practice* 29 (2017), 43 – 51.

18 Arendt–Nielsen, Skou, Nielsen, and Petersen, "Altered Central Sensitization and Pain Modulation."

19 Roxanne Pelletier, Karin H. Humphries, Avi Shimony, et al., "SexRelated Differences in Access to Care among Patients with Premature Acute Coronary Syndrome," *Canadian Medical Association Journal* 186,7 (2014), 497 – 504, doi: 10.1503/cmaj.131450.

20 Valérie Lederer and Michèle Rivard, "Compensation Benefits in a Population–Based Cohort of Men and Women on Long–Term Disability after Musculoskeletal Injuries: Costs, Course, Predictors," *Occupational and Environmental Medicine* 71,11 (2014), 772 – 79.

21 O.A. Alabas, O.A. Tashani, G. Tabasam, and M.I. Johnson, "Gender Role Affects Experimental Pain Responses: A Systematic Review with Meta–Analysis," *European Journal of Pain* 16,9 (2012), 1211 – 23.

22 E.J. Bartley and R.B. Fillingim, "Sex Differences in Pain: A Brief Review of Clinical and Experimental Findings," *British Journal of Anaesthesia* 111,1 (2013), 52 – 58.

23 Robert E. Sorge, Josiane Mapplebeck, and Sarah Rosen, "Different Immune Cells Mediate Mechanical Pain Hypersensitivity in Male and Female Mice," *Nature Neuroscience* 18,8 (2015), 1081 – 83.

24 최근 젠더 · 건강 연구소의 소장 카라 태넌바움Cara Tannenbaum과 연구원 제프리 모길Jeffrey Mogil을 인터뷰한 CBC 방송은 이 문제를 다음과 같이 기술했다. "쥐 실험에 따르면 성차별이 여성에게 의학적인 해를 끼칠 수 있다고 과학자들은 경고한다," CBC News, April 20, 2016, www.cbc.ca. 다음 방송도 참조하라. "실험쥐와 여성: 연구를 위해 실험용 쥐의 성별 차이를 고치는 과학자들Of Mice and Women: Scientists Push to Fix Gender Gap in Lab Rats For Research," The Current, CBC Radio, April 20, 2016, www.cbc.ca.

25 Cordelia Fine, *Delusions of Gender: How Our Minds, Society, and Neurosexism Create Difference* (New York: WW Norton, 2010).

26 Camirand, Traoré, and Baulne, *L'Enquête québécoise sur la santé de la population*, 2014 – 2015, 185.

27 Susan Stock, Amélie Funes, Alain Delisle, et al., "Troubles Musculosquelettiques" in *EQCOTESST*, ed. Vézina, Cloutier, Stock, et al., chapter 7.

28 Camirand, Traoré, and Baulne, *L'Enquête québécoise sur la santé de la population,* 2014–2015.

29 Susan R. Stock and France Tissot, "Are There Health Effects of Harassment in the Workplace?: A Gender-Sensitive Study of the Relationships between Work and Neck Pain," *Ergonomics* 55,2 (2012), 147–59.

30 Karen Messing, France Tissot, Susan Stock, "Distal Lower Extremity Pain and Working Postures in the Quebec Population," *American Journal of Public Health* 98,4 (2008), 705–13.

31 Karen Messing, Susan Stock, Julie Côté, and France Tissot, "Is Sitting Worse Than Static Standing?: How a Gender Analysis Can Move Us toward Understanding Determinants and Effects of Occupational Standing and Walking," *Journal of Occupational and Environmental Hygiene* 12,3 (2015), D11–17.

32 Esther Cloutier, Patrice Duguay, Samuel Vézina, and Pascale Prud'homme, "Accidents de travail," in EQCOTESST, ed. Vézina, Cloutier, Stock, et al., chapter 8.

33 나는 코로나19 대유행 기간 동안 우리가 보았듯이 서비스 부문의 성장이 직업상 유해요인의 초상을 변화시키고 있다는 점을 언급하고 싶다. 현재 여성 교사, 여성 병원 노동자, 여성 편의점 계산원들은 고객으로부터 점점 더 많이 공격받고 있고, 이는 직장에서 여성들이 남성들보다 훨씬 더 많이 신체적인 공격에 노출되도록 만들었다. 그리고 여성은 청소 업무, 음식 서비스를 비롯한 다른 직업들에서 미끄러지고 넘어질 수 있는 반면, 남성은 장기간 서 있는 것으로부터 만성적인 근골격계 문제에 노출될 수 있다.

34 Susan Stock, Nektaria Nicolakakis, France Tissot, et al., *Inégalités de santé au travail entre les salariés visés et ceux non visés par les mesures préventives prévues par la loi sur la santé et la sécurité du travail*(Quebec: Institut national de santé publique, 2020).

12장

1 Mergler, Brabant, Vézina, and Messing, "The Weaker Sex?"

2 (이 글을 읽고 있을지도 모를 통계학자 또는 역학자를 위해 부연하면) 젠더와의 상호작용에 관한 일반적인 테스트는 그럼에도 불구하고 유의한 곱셈 상호작용을 보여주지 않았다. 이는 아마도 남성과 여성의 노동 조건이 서로 매우 다르다는 사실로 인해 결측치 또는 거의 결측에 가까운 셀이 너무 많았기 때문일 것이다.

3 Karen Messing, Laura Punnett, Meg Bond, et al., "Be The Fairest of Them All: Challenges and Recommendations for the Treatment of Gender in Occupational Health Research," *American Journal of Industrial Medicine* 43,6 (2003), 618–29.

4 Michael B. Lax, "The Fetish of the Objective Finding," *New Solutions: A Journal of Occupational and Environmental Health Policy* 10,3 (2000), 237–56.

5 Pat Armstrong and Karen Messing, "Taking Gender into Account in Occupational Health Research: Continuing Tensions," *Policy and Practice in Health and Safety* 12,1 (2014), 3–16; Nancy Krieger, "Women and Social Class: A Methodological Study Comparing Individual, Household, and Census Measures as Predictors of Black/White Differences in Reproductive History," *Journal of Epidemiology and Community Health* 45,1 (1991), 35–42.

6 Stephen S. Bao, Jay M. Kapellusch, Arun Garg, et al., "Developing a Pooled Job Physical Exposure Data Set from Multiple Independent Studies: An Example of a Consortium Study of Carpal Tunnel Syndrome," *Occupational and Environmental Medicine* 72,2 (2015), 130–37.

7 Joan Eakin, "Towards a 'Standpoint' Perspective: Health and Safety in Small Workplaces from the Perspective of the Workers," *Policy and Practice in Health and Safety* 8,2 (2010), 113–27.

8 Karen Messing, "Pain and Prejudice: Does Collecting Information from the Standpoint of Exposed Workers Improve Scientific Examination of Work-Related Musculoskeletal Disorders?," *International Journal of Health Services* 46,3 (2016), 465–82.

9 Karen Messing and Jeanne M. Stellman, "Sex, Gender and Health: The Importance of Considering Mechanism," *Environmental Research* 101,2 (2006), 149–62, doi: 10.1016/j.envres.2005.03.015.

10 Martha Stanbury and Kenneth D. Rosenman, "Occupational Health Disparities: A State Public Health-Based Approach," *American Journal of Industrial Medicine* 57,5 (2014), 596–604, doi: 10.1002/

ajim.22292.

11 Anu Polvinen, Mikko Laaksonen, Raija Gould, et al., "The Contribution of Major Diagnostic Causes to Socioeconomic Differences in Disability Retirement," *Scandinavian Journal of Work, Environment & Health* 40,4 (2014), 353-60, doi: 10.5271/sjweh.3411.

12 Stephanie Premji, "'It's Totally Destroyed Our Life': Exploring the Pathways and Mechanisms between Precarious Employment and Health and Well-Being among Immigrant Men and Women in Toronto," *International Journal of Health Services* 48,1 (2018), 106-127, doi: 10.1177/0020731417730011.

13 Premji, Duguay, Messing, and Lippel, "Are Immigrants, Ethnic and Linguistic Minorities Over-represented in Jobs with a High Level of Compensated Risk?"

14 Annika Härenstam, "Exploring Gender, Work and Living Conditions, and Health—Suggestions for Contextual and Comprehensive Approaches," *Scandinavian Journal of Work, Environment & Health* 35,2 (2009), 127-33.

15 Ola Leijon, Annika Härenstam, Kerstin Waldenströma, et al., "Target Groups for Prevention of Neck/Shoulder and Low Back Disorders: An Exploratory Cluster Analysis of Working and Living Conditions," *Work* 27,2 (2006), 189-204.

16 Karen Messing, Mélanie Lefrançois, and France Tissot, "Genre et statistiques : est-ce que ≪ l'analyse de grappes ≫ peut nous aider à comprendre la place du genre dans la recherche de solutions pour l'articulation travail-famille?," *PISTES* 18,2 (2016), doi: 10.4000/pistes.4854.

17 그들의 활동을 살펴보려면 이 연구소의 웹사이트를 참조하라. https://cihr-irsc.gc.ca/e/8673.html

18 현재 젠더와 건강 연구소는 역학자 마헤 질베르-위메Mahée Gilbert-Ouimet와 이 프로젝트에 대해 협력하고 있다.

19 Hohenadel, Raj, Demers, et al., "The Inclusion of Women in Studies of Occupational Cancer."

20 Lani R. Wegrzyn, Rulla M. Tamimi, Bernard A. Rosner, et al., "Rotating Night-Shift Work and the Risk of Breast Cancer in the Nurses' Health Studies," *American Journal of Epidemiology* 186,5 (2017), 532-40, doi: 10.1093/aje/kwx140.

21 E. Garcia, P.T. Bradshaw, and E.A. Eisen, "Breast Cancer Incidence and Exposure to Metalworking Fluid in a Cohort of Female Autoworkers," *American Journal of Epidemiology* 187,3 (2018), 539–47, doi: 10.1093/aje/kwx264; James T. Brophy, Margaret M. Keith, Andrew Watterson, et al., "Breast Cancer Risk in Relation to Occupations with Exposure to Carcinogens and Endocrine Disruptors: A Canadian Case-Control Study," *Environmental Health* 11,87 (2012), doi: 10.1186/1476-069X-11-87; Per Gustavsson, Tomas Andersson, Annika Gustavsson, and Christina Reuterwall, "Cancer Incidence in Female Laboratory Employees: Extended Follow-Up of a Swedish Cohort Study," *Occupational and Environmental Medicine* 74,11 (2017), 823–26, doi: 10.1136/oemed-2016-104184.

22 P. Cocco, L. Figgs, Mustafa Dosemeci, et al., "Case-Control Study of Occupational Exposures and Male Breast Cancer," *Occupational and Environmental Medicine* 55,9 (1998), 599–604; Anne Grundy, Shelley A. Harris, Paul A. Demers, et al., "Occupational Exposure to Magnetic Fields and Breast Cancer among Canadian Men," *Cancer Medicine* 5,3 (2016), 586–96.

23 Susan Phillips, "Measuring the Health Effects of Gender," *Journal of Epidemiology and Community Health* 62,4 (2008), 368–71.

24 Peter Smith and Mieke Koehoorn, "Measuring Gender When You Don't Have a Gender Measure: Constructing a Gender Index Using Survey Data," *International Journal for Equity in Health* 15,1 (2016), 82.

25 Haining Yang, Zeyana Rivera, Sandro Jube, et al., "Programmed Necrosis Induced by Asbestos in Human Mesothelial Cells Causes High-Mobility Group Box 1 Protein Release and Resultant Inflammation," *Proceedings of the National Academy of Sciences* 107,28 (2010), 12611–16, doi: 10.1073/pnas.1006542107.

26 Greta R. Bauer, Jessica Braimoh, Ayden I. Scheim, Christoffer Dharma, "Transgender-Inclusive Measures of Sex/Gender for Population Surveys: Mixed-Methods Evaluation and Recommendations," *PLoS One* 12,5 (2017), e0178043, doi: 10.1371/journal.pone.0178043.

27 Greta R. Bauer and Ayden I. Scheim, "Methods for Analytic Intercategorical Intersectionality in Quantitative Research: Discrimination as a Mediator of Health Inequalities," *Social Science*

and Medicine 226 (2019), 236 - 45.

28 Conference Board of Canada, *The Business Case for Women on Boards* (Ottawa: Conference Board of Canada, 2012), www.conferenceboard.ca.

29 Jessica Riel, Céline Chatigny, and Karen Messing, "On veut travailler ensemble, mais c'est difficile. Obstacles organisationnels et sociaux au travail collectif en enseignement d'un métier à prédominance masculine en formation professionnelle au secondaire au Québec," *Revue des sciences de l'éducation* 42,3 (2016), 36 - 68; Mélanie Lefrançois, Johanne Saint-Charles, and Jessica Riel, "Work/Family Balancing and 24/7 Work Schedules: Network Analysis of Strategies in a Transport Company Cleaning Service," *New Solutions: A Journal of Occupational and Environmental Health Policy* 27,3 (2017), 319 - 41, doi: 10.1177/1048291117725718.

30 Sandrine Caroly, "How Police Officers and Nurses Regulate Combined Domestic and Paid Workloads to Manage Schedules: A Gender Analysis," *Work* 40, suppl. 1 (2011), S71 - 82, doi: 10.3233/ WOR-2011-1269.

31 Meng-Jung Chung and Mao-Jiun Wang, "Gender and Walking Speed Effects on Plantar Pressure Distribution for Adults Aged 20 - 60 Years," *Ergonomics* 55,2 (2012), 194 - 200.

32 Donna Mergler and Nicole Vézina, "Dysmenorrhea and Cold Exposure," *Journal of Reproductive Medicine* 30,2 (1985), 106 - 11.

33 Yoonjung Kim and Yeunhee Kwak, "Urinary Incontinence in Women in Relation to Occupational Status," *Women & Health* 57,1 (2017), 1 - 18, doi: 10.1080/03630242.2016.1150387.

34 Joan M. Stevenson, D.R. Greenhorn, John Timothy Bryant, et al., "Gender Differences in Performance of a Selection Test Using the Incremental Lifting Machine," *Applied Ergonomics* 27,1 (1996), 45 - 52.

35 Allard Dembe and Xiaoxi Yao, "Chronic Disease Risks from Exposure to Long-Hour Work Schedules over a 32-Year Period," *Journal of Occupational and Environmental Medicine* 58,9 (2016), 861 - 67; Jørgensen, Karlsen, Stayner, et al., "Shift Work and Overall and Cause-Specific Mortality."

36 Mergler, "Neurotoxic Exposures and Effects: Gender and Sex Matter!"

13장

1 "… 업무에 반드시 지장을 주는 광범위한 가족 부양 의무를 지니는 여성–그리고 남성–을 포함하는 '보통 노동자'의 재정의는 일–가정 균형을 달성하기 위한 필수 요소다." Stephanie Bernstein, "Addressing Work–Family Conflict in Quebec: The Gap between Policy Discourse and Legal Response," *Canadian Labour & Employment Law Journal* 20,2 (2017), 273–306에서 인용. 또한 Bernstein and Valentini, "Working Time and Family Life."를 참고 바람.

2 Agence nationale pour l'amélioration des conditions de travail (ANACT), *Un kit pour prévenir le sexisme* (Lyon, France, 2016), www.egalite–femmes–hommes.gouv.fr.

3 Messing, "A Feminist Intervention That Hurt Women."

4 Marie Laberge, Vanessa Luong–Blanchette, Arnaud Blanchard, et al., "Impacts of Considering Sex and Gender during Intervention Studies in Occupational Health: Researchers' Perspectives," *Applied Ergonomics* 82,1 (2020), doi: 10.1016/j.apergo.2019.102960.

알라딘 북펀드 후원자

이 책은 알라딘 북펀드에 참여한 아래 독자의 후원으로 제작되었습니다.

(사)노동인권연대	김선	레나	배종령
Alex HJ	김선영	류가형	배종령
ccho	김선영	류현철	배준영
cipher0	김성아	림보	배현숙
GD	김세원	마산창원여성노동자회	백승호
gyeom	김세은	맹정은	백지형
MUA	김수경	문근영	범숙학교
NJH	김순희	문다슬	보건의료노조
강경희	김승섭	문문	부산노동권익센터
강기린	김양양	문정주	비파나
강세린	김연희	문주현	비행기
경희령	김영정	문혜경	서선영
고시현	김영주	민주노총김수경	성명애
고재원	김유진	박경진	소매 이경순
공유정옥	김진희	박기형	소양
곽명진	김태연	박다해	손정범
권미정	김태정카밀라	박다혜	솔키
권영은	김한올	박선아	송윤정
김경림	김혜영	박세중	송지훈
김경은	김희정	박소연	수경
김나현	꿈의사람하문	박유진	시목
김대호	나경아	박은정	신수진
김라온	나나	박장준	신지영
김민재	나민오	박재선	안우혁
김보경	나영정	박정임	안프로
김사영	나효	박지은	양다영
김새롬	뉴스피크	박채은	양돌규
김서룡	독서의흔적	박혜경	양문영
김서영	라이언팍	반짝	양승훈

양인아
양지혜
엔진
오명용
오영주
오정희
옥순주
우춘희
원흥왕후
유명주
유정원
유형섭
육이삼
윤서의찬
윤수근
윤정원
윤혜지
윤희진
이권열
이기태
이나래
이다현
이미경
이보람
이상엽
이새롬
이수진R
이숙견
이양지
이영일
이전규
이종희
이준해
이지훈
이진아
이태진
이하경
이하나
이학준
이해교
이혜경
이혜림
이혜은
이혜인
이혜정
이후연구소
일하는여자
일하는토마토
임봉
임수연
장병순
장상은
장순주
장영철
장유진
장종수
장주영
장진영
재현
저녁뭐먹지
전가람
전기화
전다혜
정경욱 사헬
정경희
정미정
정미하
정민주
정민지
정여진
정영섭
정영은
정윤희
정인
정일선
정지윤
정진명
정하윤
조금치
조민지
조복희
조성애
조영숙
조이혜연
조혜연
진냥
차없수스테파노
참안전 박지민
책방79-1
최민
최보경
최연수
최영진
최유미
최윤정
최진일
티야
페미니스트 책방 펨
ㅎㅅㅎ
하은지
하주영
한국지엠 안규백
한량
한보노연 재광
한승인
한윤미
한은진
한준성
해인
허성완
허지현
현일구
헤니
홍정순
황재민
흑임자
희망씨김은선
외 33명

일그러진 몸

2022년 9월 26일 초판 1쇄 발행

지은이 캐런 메싱
옮긴이 김인아 · 류한소 · 박민영 · 유청희

편집 최인희 조정민
디자인 이경란
인쇄 도담프린팅
종이 페이퍼프라이스

펴낸곳 나름북스
등록 2010.3.16. 제2014-000024호
주소 서울 마포구 월드컵로15길 67 2층
전화 (02)6083-8395
팩스 (02)323-8395
이메일 narumbooks@gmail.com
홈페이지 www.narumbooks.com
페이스북 www.facebook.com/narumbooks7

ISBN 979-11-86036-74-7 03330
값 17,000원